초등

영어듣기평가 완벽대비
Listen & Speak Up

6-2

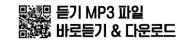

듣기 MP3 파일
바로듣기 & 다운로드

⬇ 정답과 해설 및 듣기 MP3 파일은 EBS 초등사이트(primary.ebs.co.kr)에서 다운로드 받으실 수 있습니다.

교 재 내 용 문 의	교재 내용 문의는 EBS 초등사이트 (primary.ebs.co.kr)의 교재 Q&A 서비스를 활용하시기 바랍니다.	교 재 정오표 공 지	발행 이후 발견된 정오 사항을 EBS 초등사이트 정오표 코너에서 알려 드립니다. 교재 검색 → 교재 선택 → 정오표	교 재 정 정 신 청	공지된 정오 내용 외에 발견된 정오 사항이 있다면 EBS 초등사이트를 통해 알려 주세요. 교재 검색 → 교재 선택 → 교재 Q&A

HOME SCHOOL

집에서 즐겁게 공부하는 초등 영어

EBS랑 홈스쿨 초등 영어

다양한 부가 자료와 함께 TV·인터넷·모바일로 쉽게 하는 홈스쿨링 영어

○ EBS 초등사이트 eWorkbook(받아쓰기, 단어테스트, 리뷰테스트 등) PDF/MP3/무료 강의 제공 ○

초등 영문법 1, 2

초등 영독해 LEVEL 1 ~ 3

초등

영어듣기평가
완벽대비
Listen & Speak Up

6-2

구성과 특징

효과적인 활용법

이 책은 어떤 내용들로 이루어져 있을까요? 구성에 따른 특징과 효과적인 학습 방법을 알아봐요!

WARM UP | 어휘로 예습하기

듣기평가 모의고사에서 접하게 될 핵심 어휘들을 예습해 봅니다. 어휘들의 소리부터 의미, 철자까지 미리 공부하고 이 어휘들을 이용해 주어진 우리말의 의미를 완성하는 문제까지 풀어 보면서 듣기평가 모의고사를 풀어 볼 준비를 해 봅니다.

이것만은 꼭!

A, B 문제를 다 풀고 나서 단어, 어구, 문장을 큰 소리로 읽어 보세요. 읽을 수 있다면, 듣기평가 모의고사 문제를 풀 때도 잘 들을 수 있답니다.

LISTEN UP | 문제 풀며 듣기 집중력 강화하기

듣기평가 모의고사

실전 문제를 풀어 보며 다양한 문제 유형을 경험하고, 문제를 풀기 위한 기술을 익힙니다.

이것만은 꼭!

문제를 틀려도 괜찮아요. 틀린 문제는 여러 번 들어 보면서 어휘와 표현을 학습하면 된답니다.

실력 높여 보기

듣기평가 모의고사보다는 조금 어려울 수 있지만 더 긴 문장, 더 많은 내용이 담긴 문장들을 들어 보면서, 여러 가지 정보를 정확히 이해하고 문제에서 요구하는 답을 찾는 능력을 기릅니다.

이것만은 꼭!

문제가 어렵게 느껴질 수 있지만, 어렵다고 포기하지 마세요. 조금 긴 문장도 반복적으로 여러 번 듣다 보면 소리가 잘 들리고 내용이 잘 이해되는 순간이 온답니다. 천천히 실력을 높여 보도록 노력해 봐요!

JUMP UP | 받아쓰기로 복습하기

받아쓰기 활동을 통해 듣기평가 모의고사 문제에서 들었던 다양한 표현과 어휘들의 소리를 복습하고 익혀 봅니다. 받아쓰기 활동 옆에는 앞에서 풀어 봤던 듣기평가 모의고사 문제가 미니 사이즈로 구성되어 있어서, 다시 한번 문제를 풀어 보면서 문제의 유형을 파악하고 복습해 볼 수 있습니다.

이것만은 꼭!

받아쓰기를 하면서 한 번에 완성하지 못한 빈칸은 여러 번 반복해서 들으면서 하나씩 완성해 보세요. 철자를 몰라서 쓰지 못했다면 어휘 복습을 한 뒤에, 다시 한번 시도해 봅니다.

FLY UP | 통문장 받아쓰기로 실력 높이기

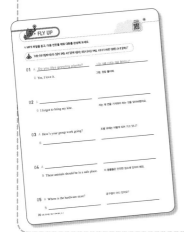

의사소통을 위한 주요 표현 및 핵심 문장들을 듣고 받아쓰는 연습을 합니다. 정확히 소리를 식별하고 내용을 파악함과 동시에 긴 문장을 듣고 쓰면서 문장 속 주요 표현에 익숙해집니다.

이것만은 꼭!

통문장을 쓰는 것이 어렵다면, 여러 번 들으면서 조금씩 나누어 써도 좋습니다. 꾸준히 하다 보면, 통문장을 쓰는 것에 익숙해질 거예요.

SPEAK UP | 말하기와 쓰기로 영어 어순 체득하기

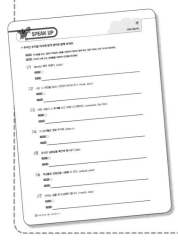

주어진 우리말 의미에 맞게 바로 말해 본 후, 글쓰기 과정을 통해 생각을 정리하고 영어 어순을 체득합니다. 단순한 말하기와 영작이 아니라, 주어진 단어들을 알맞은 순서로 배열하거나 단어들을 이용하여 문장을 완성하는 과정을 통해, 쉽고 자연스럽게 영어의 어순을 습득합니다.

이것만은 꼭!

쓰기 활동을 먼저 하면 안 돼요! 말하기 연습 후, 마지막으로 글쓰기로 정리해야 해요!

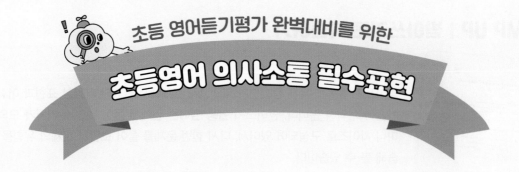

초등 영어듣기평가 완벽대비를 위한

초등영어 의사소통 필수표현

개인 정보 묻고 답하기	A: Where are you from? 너는 어디 출신이야? B: I'm from Canada. 나는 캐나다에서 왔어. A: What grade are you in? 너는 몇 학년이니? B: I'm in the sixth grade. 나는 6학년이야.
좋아하는 것 묻고 답하기	A: What's your favorite subject? 네가 가장 좋아하는 과목은 뭐니? B: My favorite subject is music. 내가 가장 좋아하는 과목은 음악이야. A: What season do you like? 너는 어떤 계절을 좋아하니? B: I like spring. 나는 봄을 좋아해.
일상에 대해 묻고 답하기	A: What do you do in your free time? 너는 여가 시간에 무엇을 하니? B: I listen to music. 나는 음악을 들어. A: How often do you exercise? 너는 얼마나 자주 운동하니? B: I exercise four times a week. 나는 일주일에 네 번 운동을 해.
위치 묻고 답하기	A: Where is the library? 도서관은 어디에 있나요? B: It's next to the post office. 그것은 우체국 바로 옆에 있어요. A: How can I get to the museum? 박물관에 어떻게 가나요? B: Go straight and turn left. 곧장 가서 왼쪽으로 도세요.
가격 묻고 답하기	A: How much is this hairpin? 이 머리핀은 얼마인가요? B: It's three dollars. 그것은 3달러입니다. A: How much are these shoes? 이 신발은 얼마인가요? B: They're fifty dollars. 그것은 50달러입니다.
외모 표현하기	A: What does she look like? 그녀는 어떻게 생겼니? B: She has short curly hair. 그녀는 짧은 곱슬머리를 가지고 있어. A: Where is your little sister? 너의 여동생은 어디에 있어? B: Over there. She's wearing glasses. 저쪽에 있어. 그녀는 안경을 착용하고 있어.

직업과 장래 희망 말하기	A: What does your father do? 너의 아빠는 무슨 일을 하시니?
	B: He's a police officer. 아빠는 경찰관이셔.
	A: What do you want to be in the future? 너는 장래에 무엇이 되고 싶니?
	B: I want to be a painter. 나는 화가가 되고 싶어.

바라는 것 묻고 답하기	A: What do you want to do? 너는 무엇을 하고 싶니?
	B: I want to go to the beach. 나는 해변에 가고 싶어.
	A: What would you like to have? 너는 무엇을 먹고 싶어?
	B: I'd like fried rice. 나는 볶음밥을 먹고 싶어.

증상 표현하기	A: What's wrong? 어디가 안 좋아?
	B: I have a headache. 나는 머리가 아파.
	A: I have a toothache. 나는 이가 아파.
	B: You should go to the dentist. 너는 치과에 가 보는 것이 좋겠어.

과거의 동작 묻고 답하기	A: What did you do this summer? 너는 이번 여름에 무엇을 했니?
	B: I visited my grandfather's. 나는 할아버지 댁을 방문했어.
	A: Who wrote the book? 누가 그 책을 썼니?
	B: Hemingway did. 헤밍웨이가 썼어.

미래의 동작 묻고 답하기	A: What will you do this winter? 너는 이번 겨울에 무엇을 할 거니?
	B: I will join a ski camp. 나는 스키 캠프에 참가할 거야.
	A: What are you going to do this afternoon? 너는 오늘 오후에 무엇을 할 예정이니?
	B: I'm going to see a movie. 나는 영화를 볼 예정이야.

충고와 제안하기	A: You should wear a helmet. 너는 헬멧을 착용해야 해.
	B: Okay, I will. 응, 그럴게.
	A: How about going on a picnic? 소풍을 가는 건 어떨까?
	B: That's a good idea. 그거 좋은 생각이야.

이유와 의견 말하기	A: Why are you so excited? 너는 왜 그렇게 신났니?
	B: My team won the game. 우리 팀이 경기에서 이겼어.
	A: The earth is getting sick. What do you think? 지구가 병들고 있어. 어떻게 생각해?
	B: I think we should save the earth. 우리가 지구를 구해야 한다고 생각해.

비교하기	A: I'm taller than you. 내가 너보다 키가 더 커.
	B: Right. But I'm stronger than you. 맞아. 하지만 나는 너보다 힘이 더 세.
	A: Your pizza is bigger than mine. 너의 피자는 나의 것보다 더 크구나.
	B: No, it isn't. 아니야. 그렇지 않아.

차 례

인공지능 DANCHOQ
푸리봇 문|제|검|색

EBS 초등사이트와 EBS 초등 APP 하단의
AI 학습도우미 푸리봇을 통해 문항코드를
검색하면 푸리봇이 해당 문제의 해설 강의를
찾아 줍니다.

문제별 문항코드 확인

[241040-0001]

1. 아래 그래프를 이해한 내용으로 가장 적절한 것은?

241040-0001

문항코드 검색

초등 영어듣기평가 완벽대비를 위한 학습 계획표

나만의 학습 계획을 세워서 공부해 보세요!
아래 구성에 따라 계획을 세우면 초등 영어듣기평가 완벽대비 20일 완성!

학습 단원	학습 내용	학습 날짜 및 확인	학습 내용	학습 날짜 및 확인
Listen & Speak Up 1	WARM UP 어휘 예습 LISTEN UP 듣기평가 모의고사 실력 높여 보기	월 일	JUMP UP 받아쓰기 FLY UP 통문장 받아쓰기 SPEAK UP 주요 표현 말하고 영작하기	월 일
Listen & Speak Up 2	WARM UP 어휘 예습 LISTEN UP 듣기평가 모의고사 실력 높여 보기	월 일	JUMP UP 받아쓰기 FLY UP 통문장 받아쓰기 SPEAK UP 주요 표현 말하고 영작하기	월 일
Listen & Speak Up 3	WARM UP 어휘 예습 LISTEN UP 듣기평가 모의고사 실력 높여 보기	월 일	JUMP UP 받아쓰기 FLY UP 통문장 받아쓰기 SPEAK UP 주요 표현 말하고 영작하기	월 일
Listen & Speak Up 4	WARM UP 어휘 예습 LISTEN UP 듣기평가 모의고사 실력 높여 보기	월 일	JUMP UP 받아쓰기 FLY UP 통문장 받아쓰기 SPEAK UP 주요 표현 말하고 영작하기	월 일
Listen & Speak Up 5	WARM UP 어휘 예습 LISTEN UP 듣기평가 모의고사 실력 높여 보기	월 일	JUMP UP 받아쓰기 FLY UP 통문장 받아쓰기 SPEAK UP 주요 표현 말하고 영작하기	월 일
Listen & Speak Up 6	WARM UP 어휘 예습 LISTEN UP 듣기평가 모의고사 실력 높여 보기	월 일	JUMP UP 받아쓰기 FLY UP 통문장 받아쓰기 SPEAK UP 주요 표현 말하고 영작하기	월 일
Listen & Speak Up 7	WARM UP 어휘 예습 LISTEN UP 듣기평가 모의고사 실력 높여 보기	월 일	JUMP UP 받아쓰기 FLY UP 통문장 받아쓰기 SPEAK UP 주요 표현 말하고 영작하기	월 일
Listen & Speak Up 8	WARM UP 어휘 예습 LISTEN UP 듣기평가 모의고사 실력 높여 보기	월 일	JUMP UP 받아쓰기 FLY UP 통문장 받아쓰기 SPEAK UP 주요 표현 말하고 영작하기	월 일
Listen & Speak Up 9	WARM UP 어휘 예습 LISTEN UP 듣기평가 모의고사 실력 높여 보기	월 일	JUMP UP 받아쓰기 FLY UP 통문장 받아쓰기 SPEAK UP 주요 표현 말하고 영작하기	월 일
Listen & Speak Up 10	WARM UP 어휘 예습 LISTEN UP 듣기평가 모의고사 실력 높여 보기	월 일	JUMP UP 받아쓰기 FLY UP 통문장 받아쓰기 SPEAK UP 주요 표현 말하고 영작하기	월 일

It's time to listen and speak up!

Are you ready?

Listen & Speak Up 1

WARM UP

새로운 어휘들을 미리 공부해 볼까요?

| 정답과 해설 2쪽 |

A MP3 파일을 잘 듣고, 알맞은 번호 옆에 어휘의 철자와 뜻을 쓰세요.
뒷장으로 넘어가기 전, 한 번 더 들어 보고 싶은 경우에는 네모 박스에 체크하세요.

01 ☐ **alone**   혼자서   06 ☐ _____ _____

02 ☐ _____ _____   07 ☐ _____ _____

03 ☐ _____ _____   08 ☐ _____ _____

04 ☐ _____ _____   09 ☐ _____ _____

05 ☐ _____ _____   10 ☐ _____ _____

B 주어진 우리말 의미에 맞도록 빈칸을 채우세요.
위에서 학습한 어휘들을 이용해 보세요.

01   연을 날리다   _____ kites

02   사회 조별 과제   _____ _____ group work

03   이웃을 인터뷰하다   _____ our neighbor

04   지저분한 방   _____ room

05   우체국 맞은편에   _____ _____ the post office

06   나는 집에 혼자 있었다.   I was _____ at home.

07   소녀들은 그림을 그리고 있다.   The girls are _____ing.

08   그것은 얼마나 오래 지속되나요?   How long does it _____?

09   그것은 마치 영화를 보고 있는 것 같다!   It _____ _____ we are watching a movie!

10   바닥에 금이 많이 가 있다.   There are many _____ on the floor.

● MP3 파일을 잘 듣고, 물음에 답하세요.

01
▶ 241040-0001

다음을 듣고, 무엇에 관한 내용인지 고르시오.

① Benzi 간호하기
② Benzi 밥 먹이기
③ Benzi 목욕시키기
④ Benzi 산책시키기

02
▶ 241040-0002

대화를 듣고, 두 아이가 오후에 할 일을 고르시오.

① 장미정원을 방문하기
② 초록색 집을 찾아가기
③ 온실을 찾아가 구경하기
④ 식목일 나무와 꽃을 심기

03
▶ 241040-0003

대화를 듣고, 여자아이가 아빠에게 전화를 하려는 목적을 고르시오.

① 선생님께서 찾으셔서
② 휴대 전화를 잃어버려서
③ 함께 공원에 놀러 가려고
④ 연을 갖다 달라고 부탁하려고

04
▶ 241040-0004

대화를 듣고, 남자아이가 오늘 할 일을 고르시오.

① 방과 후 학원 다녀오기
② 사회 과제 할 친구 구하기
③ 사회 과제 조원과 인터뷰하기
④ 오후 4시에 스터디 그룹 가기

05
▶ 241040-0005

다음을 듣고, 그림의 상황으로 알맞은 것을 고르시오.

①   ②   ③   ④

06

241040-0006

대화를 듣고, 내용과 일치하는 것을 고르시오.

①

②

③

④

07

241040-0007

대화를 듣고, 아이스크림 가게에 사람이 많은 이유를 고르시오.

① 새로 연 가게여서

② 인터넷에 홍보가 되어서

③ 무료 아이스크림 행사일이어서

④ 사람이 많이 다니는 곳에 있어서

08

241040-0008

다음을 듣고, 대화가 자연스럽지 <u>않은</u> 것을 고르시오.

①   ②   ③   ④

09

241040-0009

대화를 듣고, 그림의 상황에 가장 알맞은 것을 고르시오.

①   ②   ③   ④

10

241040-0010

대화를 듣고, 두 아이가 길고양이에 관해 말한 내용과 일치하는 것을 고르시오.

① 입양을 해야 한다.

② 전염병으로 고생한다.

③ 새끼를 만지면 안 된다.

④ 먹이와 보살핌이 필요하다.

11

▶ 241040-0011

대화를 듣고, 남자아이가 찾아가야 하는 장소의 위치를 고르시오.

12

▶ 241040-0012

대화를 듣고, 두 아이가 무엇에 관해 이야기하고 있는지 고르시오.

① 식목일 행사
② 허브 기르기
③ 교실 청소하기
④ 공원 숲 가꾸기

13

▶ 241040-0013

대화를 듣고, 여자아이가 좋아하는 과목과 그 이유가 바르게 짝지어진 것을 고르시오.

	과목		이유
①	과학	–	재미있는 실험을 많이 해서
②	역사	–	흥미로운 이야기를 많이 들려줘서
③	실과	–	현장을 직접 방문하고 체험해서
④	수학	–	수학 문제 푸는 것이 재미있어서

14

▶ 241040-0014

대화를 듣고, 동아리실을 쓸 수 없는 이유와 새 모임 장소가 바르게 짝지어진 것을 고르시오.

	이유		장소
①	인원이 많아서	–	미술실
②	비가 새서	–	도서실
③	행사가 있어서	–	음악실
④	실내 소독을 해서	–	학생회실

15

▶ 241040-0015

대화를 듣고, 다음 빈칸에 들어갈 말로 알맞게 짝지어진 것을 고르시오.

Hobin's Blog

Date: Apr. 5th

I went to Jeong-eup today.

• 축제명: _____
• 축제 기간: _____

	축제명		축제 기간
①	걷기 축제	–	4.4.~4.7. (4일간)
②	벚꽃 축제	–	4.4.~4.8. (5일간)
③	벚꽃 축제	–	4.5.~4.9. (5일간)
④	불꽃 축제	–	4.6.~4.9. (4일간)

16

241040-0016

다음을 듣고, 여자아이가 말한 내용과 일치하는 것을 고르시오.

① 눈을 자주 감았다 떠야 한다.
② 안약을 사용하는 것은 좋지 않다.
③ 스마트폰은 정보를 찾는 데 유용하다.
④ 스마트폰을 오래 쓰면 눈이 건조해진다.

17

241040-0017

대화를 듣고, 이어질 응답으로 알맞지 <u>않은</u> 것을 고르시오.

① Where is Lucy? Let's call her.
② This cake is out of this world.
③ It is really delicious. I love your cake.
④ I wanted to eat something sweet. Thanks.

18

241040-0018

대화를 듣고, 이어질 응답으로 알맞은 것을 고르시오.

① Busan is good place to visit.
② Busan is famous for its seafood.
③ Summer is hot. Drink lots of water.
④ Insects bites are itchy. Get some medicine.

19

241040-0019

대화를 듣고, 이어질 응답으로 알맞은 것을 고르시오.

① Let's find who did it.
② I want to buy a computer.
③ Yes, thank you for helping me.
④ Don't blame me. I didn't do it.

20

241040-0020

대화를 듣고, 이어질 응답으로 알맞은 것을 고르시오.

① The weather is wonderful.
② Umbrellas are not for sale.
③ We can go shopping for new bags.
④ We can borrow them from the teacher's office.

LISTEN UP 실력 높여 보기

| 정답과 해설 6쪽 |

● MP3 파일을 잘 듣고, 물음에 답하세요.

01 ▶ 241040-0021

다음을 듣고, 'this'가 무엇인지 가장 적절한 것을 고르시오.

① desk
② computer
③ locker
④ school bag
⑤ lunch box

02 ▶ 241040-0022

다음을 듣고, 여자가 언급하지 <u>않은</u> 것을 고르시오.

① 쉬는 시간을 갖는 이유
② 쉬는 시간의 시작 시각
③ 보드게임실 사용 가능 시간
④ 보드게임실 사용 가능 학년
⑤ 쉬는 시간에 사용 가능한 장소

03 ▶ 241040-0023

대화를 듣고, 남자의 심정으로 가장 적절한 것을 고르시오.

① 불안한
② 피곤한
③ 귀찮은
④ 화나는
⑤ 안심되는

04 ▶ 241040-0024

대화를 듣고, 대화의 내용과 일치하지 <u>않는</u> 것을 고르시오.

① 남자는 어제 늦게까지 잠을 자지 못하였다.
② 남자의 동생 Toby는 생후 3개월이다.
③ 남자의 부모님은 어제 강아지를 데려왔다.
④ 여자는 남자에게 축하를 해 주고 있다.
⑤ 남자는 오랫동안 강아지를 기르고 싶어 했다.

05 ▶ 241040-0025

대화를 듣고, 여자의 마지막 말에 이어질 남자의 말로 가장 적절한 것을 고르시오.

① Ms. Jackson is calling her.
② Ms. Jackson is teaching her.
③ Mr. Swanson is looking for you.
④ Mr. Swanson likes reading books.
⑤ I am taking his English class, too.

● MP3 파일을 잘 듣고, 다음 빈칸을 채워 보세요. 빈칸을 채운 뒤, 한 번 더 문제를 풀어 보세요.

01

다음을 듣고, 무엇에 관한 내용인지 고르시오.

① Benzi 간호하기
② Benzi 밥 먹이기
③ Benzi 목욕시키기
④ Benzi 산책시키기

M: I _____ _____ with my dog, Benzi. Benzi was really sick. He had a _____. I gave him cold water and took care of him. Luckily he _____ _____ in the morning.

green thumb은 green(초록색)과 thumb(엄지손가락)이 결합된 표현으로 green은 식물을 상징하고, thumb은 어느 분야에 재능이 있는 것을 말한답니다. 따라서 이 말은 '식물을 가꾸는 데 재능이 있는 사람'을 의미해요.

02

대화를 듣고, 두 아이가 오후에 할 일을 고르시오.

① 장미정원을 방문하기
② 초록색 집을 찾아가기
③ 온실을 찾아가 구경하기
④ 식목일 나무와 꽃을 심기

G: Do you like growing _____?
B: Yes, I love it.
G: I am happy you like flowers and trees.
B: My _____ is "Green thumb".
G: I am going to _____ a rose garden this afternoon. Do you want to join me?
B: _____ great.

03

대화를 듣고, 여자아이가 아빠에게 전화를 하려는 목적을 고르시오.

① 선생님께서 찾으셔서
② 휴대 전화를 잃어버려서
③ 함께 공원에 놀러 가려고
④ 연을 갖다 달라고 부탁하려고

M: Today, we are going to _____ kites. Let's go out.
G: May I use your phone, Mr. Albert?
M: Is there a _____?
G: Yes. I need to call my dad.
M: What for?
G: I _____ to bring my kite. My dad can _____ it to me.
M: Don't worry. I have extra kites for you.

04

대화를 듣고, 남자아이가 오늘 할 일을 고르시오.

① 방과 후 학원 다녀오기
② 사회 과제 할 친구 구하기
③ 사회 과제 조원과 인터뷰하기
④ 오후 4시에 스터디 그룹 가기

G: How's your group work _____?
B: You're talking about social studies group work, right?
G: Yes. How is it going?
B: Good. My team is interviewing our _____.
G: When are you doing that?
B: We are having the interviews _____ _____ today.

05

다음을 듣고, 그림의 상황으로 알맞은 것을 고르시오.

① ② ③ ④

06

대화를 듣고, 내용과 일치하는 것을 고르시오.

07

대화를 듣고, 아이스크림 가게에 사람이 많은 이유를 고르시오.

① 새로 연 가게여서
② 인터넷에 홍보가 되어서
③ 무료 아이스크림 행사일이어서
④ 사람이 많이 다니는 곳에 있어서

08

다음을 듣고, 대화가 자연스럽지 <u>않은</u> 것을 고르시오.

① ② ③ ④

① M: It's time for bed. They need to sleep.
② M: The girls are _____ on the white board.
③ M: They cannot enter the room.
④ M: They are _____ the living room.

G: You look _____.
B: Do you like it? I _____ a gray jacket and black pants.
G: The colors _____ well.
B: Thank you. I didn't want to wear _____ colors.
G: I am wearing a black jacket and black pants.
B: You look nice, too.

G: What is the date today?
B: It's July 15th. Why do you ask?
G: It's _____ ice cream day!
B: Free ice cream day?
G: When we buy _____ _____, we get a free ice cream cone.
B: So that's why there were so many people in the ice cream store.
G: Let's go. The event won't last _____.

① W: Your room is _____. Clean your room.
   M: Okay. I'll do it.
② W: Look. There's a _____ _____.
   M: Let's go and find something good.
③ W: Who's there?
   M: He wasn't there yesterday.
④ W: Did you see the fire? It was _____.
   M: Someone called 119 and the fire was put out.

우리나라의 응급 전화번호는
119인 것, 다들 알고 있죠?
이와 비슷하게 911은 미국, 캐나다 등
세계 여러 나라에서
사용되는 응급 전화번호입니다.

09

대화를 듣고, 그림의 상황에 가장 알맞은 것을 고르시오.

 ①   ②   ③   ④

10

대화를 듣고, 두 아이가 길고양이에 관해 말한 내용과 일치하는 것을 고르시오.

① 입양을 해야 한다.
② 전염병으로 고생한다.
③ 새끼를 만지면 안 된다.
④ 먹이와 보살핌이 필요하다.

11

대화를 듣고, 남자아이가 찾아가야 하는 장소의 위치를 고르시오.

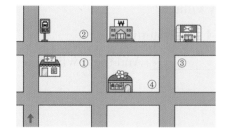

12

대화를 듣고, 두 아이가 무엇에 관해 이야기하고 있는지 고르시오.

① 식목일 행사
② 허브 기르기
③ 교실 청소하기
④ 공원 숲 가꾸기

① M: May I take your _____?

    W: I'd like a fruit salad.

② M: Do you want to eat noodles?

    W: I am tired. Let's eat _____ this time.

③ M: What's this?

    W: This is fruit punch. _____ _____.

④ M: How many boxes of cookies do you want?

    W: Five boxes.

G: Look! There are stray cats over there.

B: Oh, they are cute. What do you think about stray cats?

G: I think they need _____.

B: I agree. These animals should be in a _____ place.

G: I heard cats on the street are hungry.

B: You're right. They _____ food, too.

B: Mom, where is the hardware store?

W: What's the problem?

B: I need some bolts to _____ my robot.

W: Oh. Do you see the _____ _____? Turn right at the drug store.

B: Go straight from here and turn right at the drug store.

W: Then, go _____ two blocks. It's on your right.

B: I got it.

W: It's across from the post office. You can't miss it.

G: Be careful with these boxes.

B: What's there inside the boxes? They are really _____.

G: There are flower pots and herb seeds in them.

B: Oh. Are we growing herbs in class?

G: Yes. Every student will grow one _____ plant this year.

B: _____! The classrooms will turn green.

13

대화를 듣고, 여자아이가 좋아하는 과목과 그 이유가 바르게 짝지어진 것을 고르시오.

과목	이유
① 과학	– 재미있는 실험을 많이 해서
② 역사	– 흥미로운 이야기를 많이 들려줘서
③ 실과	– 현장을 직접 방문하고 체험해서
④ 수학	– 수학 문제 푸는 것이 재미있어서

14

대화를 듣고, 동아리실을 쓸 수 없는 이유와 새 모임 장소가 바르게 짝지어진 것을 고르시오.

이유	장소
① 인원이 많아서	– 미술실
② 비가 새서	– 도서실
③ 행사가 있어서	– 음악실
④ 실내 소독을 해서	– 학생회실

15

대화를 듣고, 다음 빈칸에 들어갈 말로 알맞게 짝지어진 것을 고르시오.

Hobin's Blog

Date: Apr. 5th, 202○
I went to Jeong-eup today.

• 축제명: _____
• 축제 기간: _____

축제명	축제 기간
① 걷기 축제	– 4.4.~4.7. (4일간)
② 벚꽃 축제	– 4.4.~4.8. (5일간)
③ 벚꽃 축제	– 4.5.~4.9. (5일간)
④ 불꽃 축제	– 4.6.~4.9. (4일간)

16

다음을 듣고, 여자아이가 말한 내용과 일치하는 것을 고르시오.

① 눈을 자주 감았다 떠야 한다.
② 안약을 사용하는 것은 좋지 않다.
③ 스마트폰은 정보를 찾는 데 유용하다.
④ 스마트폰을 오래 쓰면 눈이 건조해진다.

B: Ms. Kim's class is really great.

G: I agree. I like her _____ class. She tells a lot of interesting stories.

B: Yes. Her _____ is so real.

G: Yeah. It feels like we are watching a _____!

B: Next class is about the Goryeo Kingdom.

G: I can't _____.

G: Bad news. Our club room is _____ today.

B: What happened?

G: Do you remember the heavy rain last night? The _____ is lcaking.

B: I'm sorry to hear that. Is there a _____ for us?

G: We can use the _____. There is a group study room inside.

B: Good. I'll tell everyone about this.

G: Hobin, I saw your blog yesterday.

B: Oh, did you see my post about my village?

G: Yes, the _____ blossom road was beautiful.

B: The cherry blossoms are in full _____. And there will be a cherry blossom festival.

G: When does the _____ start?

B: It goes from April 5th to April 9th. It runs for five days.

G: Don't use your _____ too much. It makes your eyes _____. Use eye drops when your eyes are dry. Also, _____ your eyes up and down. These can help with the problem.

17

대화를 듣고, 이어질 응답으로 알맞지 <u>않은</u> 것을 고르시오.

① Where is Lucy? Let's call her.
② This cake is out of this world.
③ It is really delicious. I love your cake.
④ I wanted to eat something sweet. Thanks.

18

대화를 듣고, 이어질 응답으로 알맞은 것을 고르시오.

① Busan is good place to visit.
② Busan is famous for its seafood.
③ Summer is hot. Drink lots of water.
④ Insects bites are itchy. Get some medicine.

19

대화를 듣고, 이어질 응답으로 알맞은 것을 고르시오.

① Let's find who did it.
② I want to buy a computer.
③ Yes, thank you for helping me.
④ Don't blame me. I didn't do it.

20

대화를 듣고, 이어질 응답으로 알맞은 것을 고르시오.

① The weather is wonderful.
② Umbrellas are not for sale.
③ We can go shopping for new bags.
④ We can borrow them from the teacher's office.

G: What are you doing?

M: Lucy, come here. I am making a chocolate cake for you.

G: Really? Thank you, Dad.

M: You were _____ for 3 hours. You need something _____ .

G: Can I have a _____ ?

M: Of course. It's cake time! Here is _____ _____ _____ cake. How do you like it?

G: _____

M: What will you do this summer?

W: I will study _____ programming. How about you?

M: I will go to Busan.

W: I went to Busan last year. It was great.

M: It's my _____ time to go there. What is _____ in Busan?

W: _____

M: Someone used a key and didn't _____ it.

W: Sorry?

M: The key to the computer _____ . It's not there.

W: Did you check the lab?

M: Yes. The door is _____ , and the students can't get inside.

W: I have a _____ key for this situation. Will you go with me?

M: _____

G: It's raining. I didn't bring an _____ .

B: Will you call your mom?

G: No. She is _____ . I will just run.

B: Running in the rain? You got a cold last time.

G: It is not raining that _____ . Let's run.

B: That is not a good idea. Where can we _____ umbrellas?

G: _____

● MP3 파일을 듣고, 다음 빈칸을 채워 대화를 완성해 보세요.

> "A에는 B의 대답에 어울리는 질문이, B에는 A의 질문에 어울리는 대답이 들어갈 거예요. A와 B가 어떠한 대화를 나누게 될까요?"

01 A <u>Do you like growing plants?</u> 너는 식물 기르는 것을 좋아하니?

B Yes, I love it. 그럼, 정말 좋아해.

02 A _____ _____

B I forgot to bring my kite. 저는 제 연을 가져와야 하는 것을 잊어버렸어요.

03 A How's your group work going? 조별 과제는 어떻게 되어 가고 있니?

B _____ _____

04 A _____ _____

B These animals should be in a safe place. 이 동물들은 안전한 장소에 있어야 해요.

05 A Where is the hardware store? 공구점이 어디 있어요?

B _____ _____

"한 번에 문장을 다 쓰긴 어려워요. 여러 번 들으면서 메모하며 천천히 적어도 좋아요. 문장이 완성되면, 우리말 뜻도 적어 보세요!"

06 Her __storytelling is so real__ .

그녀의 이야기는 정말 생생해요.

07 When _____?

_____

08 Use _____.

_____

09 I _____.

_____

10 There _____.

_____

SPEAK UP

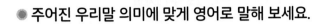

● **주어진 우리말 의미에 맞게 영어로 말해 보세요.**

> **STEP 1** 우리말을 읽고, 앞에서 학습한 내용을 이용하여 영어로 말해 봐요. 말한 뒤에는 네모 박스에 체크해요.
>
> **STEP 2** 주어진 어휘 또는 표현들을 이용하여 문장을 완성해요.

01 Benzi는 매우 아팠다. (sick)

STEP 1 ☐

STEP 2 _____

02 너는 그 재킷을 입으니 멋있어 보이는구나. (look, nice)

STEP 1 ☐

STEP 2 _____

03 어떤 사람이 그 화재를 보고 119에 신고했어요. (someone, the fire)

STEP 1 ☐

STEP 2 _____

04 이 상자들은 정말 무거워. (heavy)

STEP 1 ☐

STEP 2 _____

05 당신은 실험실을 확인해 봤나요? (lab)

STEP 1 ☐

STEP 2 _____

06 학생들은 운동장을 사용할 수 있다. (school yard)

STEP 1 ☐

STEP 2 _____

07 우리는 걸을 때 조심해야 합니다. (watch, step)

STEP 1 ☐

STEP 2 _____

Listen & Speak Up 2

WARM UP

🔍 새로운 어휘들을 미리 공부해 볼까요?

| 정답과 해설 8쪽 |

A MP3 파일을 잘 듣고, 알맞은 번호 옆에 어휘의 철자와 뜻을 쓰세요.
뒷장으로 넘어가기 전, 한 번 더 들어 보고 싶은 경우에는 네모 박스에 체크하세요.

01 ☐ **between** ～ 사이에   06 ☐ _____ _____

02 ☐ _____ _____   07 ☐ _____ _____

03 ☐ _____ _____   08 ☐ _____ _____

04 ☐ _____ _____   09 ☐ _____ _____

05 ☐ _____ _____   10 ☐ _____ _____

B 주어진 우리말 의미에 맞도록 빈칸을 채우세요.
위에서 학습한 어휘들을 이용해 보세요.

01 선반 위에   on the _____

02 시원하고 화창한   cool and _____

03 지난 여름 방학   last summer _____

04 박물관과 도서관 사이에   _____ the museum and the library

05 자전거를 타다   _____ a bike

06 도서관이 보이니?   Do you see the _____?

07 밖에서 야구를 하는 게 어때?   What about playing baseball _____?

08 나는 곧 축구 연습이 있어요.   I have soccer _____ soon.

09 이번 주말에 시간 괜찮으세요?   Are you free this _____?

10 쭉 가다가 모퉁이에서 오른쪽으로 도세요.   Go _____ and turn right at the corner.

듣기평가 모의고사 2

● MP3 파일을 잘 듣고, 물음에 답하세요.

01
241040-0026

대화를 듣고, 대화가 이루어지고 있는 장소를 고르시오.

① bank
② bakery
③ flower shop
④ clothing store

02
241040-0027

대화를 듣고, 두 아이가 공원에서 각각 할 일을 고르시오.

	남자아이		여자아이
①	자전거 타기	–	자전거 타기
②	자전거 타기	–	인라인스케이트 타기
③	인라인스케이트 타기	–	자전거 타기
④	인라인스케이트 타기	–	인라인스케이트 타기

03
241040-0028

대화를 듣고, 남자아이가 지난 여름 방학 동안 한 일을 고르시오.

① 책 읽기 ② 수영하기
③ 낚시하기 ④ 자전거 타기

04
241040-0029

대화를 듣고, 여자가 부탁하는 것을 고르시오.

① 숙제 끝내기
② 거실 청소하기
③ 축구 연습하기
④ 집에 일찍 오기

05
241040-0030

대화를 듣고, 여자아이가 찾고 있는 장소의 위치를 고르시오.

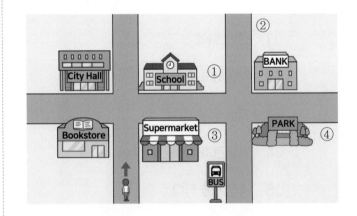

06

▶ 241040-0031

대화를 듣고, 내용과 일치하는 것을 고르시오.

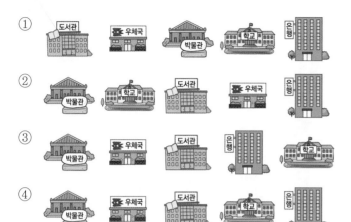

07

▶ 241040-0032

대화를 듣고, Sam의 전화번호로 알맞은 것을 고르시오.

① 017–3260–4567
② 017–3621–4567
③ 017–3261–4567
④ 017–6321–4657

08

▶ 241040-0033

대화를 듣고, 남자아이가 타지 못한 놀이기구와 그 이유로 알맞은 것을 고르시오.

놀이기구	타지 못한 이유
① 롤러코스터 –	고장 나서
② 범퍼카 –	줄이 길어서
③ 바이킹 –	줄이 길어서
④ 바이킹 –	고장 나서

09

▶ 241040-0034

다음을 듣고, 남자아이가 말한 내용과 일치하지 <u>않는</u> 것을 고르시오.

① 조부모님, 부모님과 함께 산다.
② 베트남에서 왔다.
③ 엄마는 간호사이다.
④ Linh이라는 이름의 개를 키운다.

10

▶ 241040-0035

대화를 듣고, 두 아이가 만나서 할 일과 만나기로 한 요일을 고르시오.

할 일	요일
① 쇼핑 가기 –	화요일
② 쇼핑 가기 –	금요일
③ 제빵 수업 –	화요일
④ 제빵 수업 –	금요일

11

▶ 241040-0036

대화를 듣고, 여자아이가 찾고 있는 물건이 어디 있는 지 고르시오.

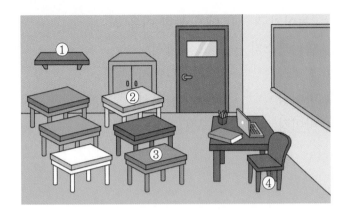

12

▶ 241040-0037

대화를 듣고, 두 아이가 무엇에 관해 이야기하고 있는 지 고르시오.

① 장래 희망
② 겨울 스포츠
③ 스키 타는 법
④ 겨울 방학 계획

13

▶ 241040-0038

다음을 듣고, 그림의 상황으로 알맞은 것을 고르시오.

①   ②   ③   ④

14

▶ 241040-0039

대화를 듣고, 그림의 상황에 가장 알맞은 것을 고르시오.

①   ②   ③   ④

15

▶ 241040-0040

다음을 듣고, 대화가 자연스럽지 <u>않은</u> 것을 고르시오.

①   ②   ③   ④

16
▶ 241040-0041

대화를 듣고, 두 아이가 공통으로 좋아하는 과일을 고르시오.

① 사과, 수박
② 수박, 체리
③ 바나나, 수박
④ 체리, 바나나

17
▶ 241040-0042

대화를 듣고, 이어질 응답으로 알맞지 <u>않은</u> 것을 고르시오.

① Oh, I'm sorry.
② Okay. I'll be quiet.
③ I didn't know that.
④ They didn't see the sign.

18
▶ 241040-0043

대화를 듣고, 이어질 응답으로 알맞은 것을 고르시오.

① They are fine, too.
② They liked the movie.
③ They told me about you.
④ They don't like it very much.

19
▶ 241040-0044

대화를 듣고, 이어질 응답으로 알맞은 것을 고르시오.

① I like walking, too.
② Taking walks is my hobby.
③ It takes me about 20 minutes.
④ Walking is good for your health.

20
▶ 241040-0045

대화를 듣고, 이어질 응답으로 알맞은 것을 고르시오.

① I will have this.
② Sorry, I am really busy now.
③ Yes. How many do you need?
④ Okay. Do you need anything else?

● MP3 파일을 잘 듣고, 물음에 답하세요.

01
▶ 241040-0046

다음을 듣고, 'this'가 무엇인지 가장 적절한 것을 고르시오.

① 튜브
② 수영복
③ 머리핀
④ 선크림
⑤ 수영 모자

02
▶ 241040-0047

대화를 듣고, 남자의 마지막 말에 드러난 남자의 심정으로 가장 적절한 것을 고르시오.

① sad
② bored
③ stressed
④ nervous
⑤ relieved

03
▶ 241040-0048

대화를 듣고, 여자가 한 마지막 말의 의도로 가장 적절한 것을 고르시오.

① 감사
② 조언
③ 승낙
④ 거절
⑤ 항의

04
▶ 241040-0049

다음을 듣고, 남자가 Saving Energy 주간에 대해 언급하지 않은 것을 고르시오.

① 실시 기간
② 참가 비용
③ 실시 이유
④ 참가 대상
⑤ 실천 방법

05
▶ 241040-0050

대화를 듣고, 남자의 마지막 말에 이어질 여자의 말로 가장 적절한 것을 고르시오.

① Let me help you.
② Can you help me?
③ Which one is yours?
④ Where are my sunglasses?
⑤ How much is the sunscreen?

|정답과 해설 9쪽|

● MP3 파일을 잘 듣고, 다음 빈칸을 채워 보세요. 빈칸을 채운 뒤, 한 번 더 문제를 풀어 보세요.

01

대화를 듣고, 대화가 이루어지고 있는 장소를 고르시오.

① bank
② bakery
③ flower shop
④ clothing store

02

대화를 듣고, 두 아이가 공원에서 각각 할 일을 고르시오.

남자아이	여자아이
① 자전거 타기	– 자전거 타기
② 자전거 타기	– 인라인스케이트 타기
③ 인라인스케이트 타기	– 자전거 타기
④ 인라인스케이트 타기	– 인라인스케이트 타기

03

대화를 듣고, 남자아이가 지난 여름 방학 동안 한 일을 고르시오.

① 책 읽기　　② 수영하기
③ 낚시하기　　④ 자전거 타기

04

대화를 듣고, 여자가 부탁하는 것을 고르시오.

① 숙제 끝내기
② 거실 청소하기
③ 축구 연습하기
④ 집에 일찍 오기

W: Good afternoon. May I help you?

M: Hi. How much are these _____?

W: They're two dollars _____.

M: They look _____. How about these cookies?

W: A box of them is five _____.

M: I'll have two cupcakes and a box of cookies.

B: It's cool and sunny _____.

G: Let's go to the park.

B: Okay. How about _____ bikes there?

G: I'm sorry. I don't know how to ride a bike.

B: Why don't you _____ _____ there? And I'll ride a bike.

G: Sounds good.

G: What did you do last summer _____?

B: I went to Jeju Island with my family.

G: What did you do there?

B: We _____ _____ at the beach. We made a sandcastle there, too.

G: _____ _____ you had a great time.

B: Yes. We had lots of fun.

W: Did you _____ your homework?

B: Yes, I did, Mom.

W: Can you _____ the _____ _____?

B: Sorry, I can't.

W: Why not?

B: I have soccer _____ soon.

> 미국인들은 머핀을 못생긴 컵케이크라고도 말한다고 해요. 컵케이크는 주로 아침 식사로, 머핀은 디저트나 간식용으로 많이 먹는다고 해요.

Listen & Speak Up 2

JUMP UP

05

대화를 듣고, 여자아이가 찾고 있는 장소의 위치를 고르시오.

06

대화를 듣고, 내용과 일치하는 것을 고르시오.

07

대화를 듣고, Sam의 전화번호로 알맞은 것을 고르시오.

① 017–3260–4567
② 017–3621–4567
③ 017–3261–4567
④ 017–6321–4657

08

대화를 듣고, 남자아이가 타지 못한 놀이기구와 그 이유로 알맞은 것을 고르시오.

놀이기구		타지 못한 이유
① 롤러코스터	–	고장 나서
② 범퍼카	–	줄이 길어서
③ 바이킹	–	줄이 길어서
④ 바이킹	–	고장 나서

G: Excuse me. Where is the_____ _____?

M: Go _____ and turn right at the supermarket.

G: Turn right at the _____?

M: Yes. Then go straight and turn left.

G: Okay.

M: Then go straight again. It's on your _____.

G: Tom, where is your school?

B: Do you see the _____?

G: Yes.

B: My school is _____ _____ it.

G: I see. Is it _____ the museum and the library?

B: No, that's the post office. My school is between the library and the _____.

G: Okay, I got it.

[Cell phone rings.]

G: Hi, Andy. _____ _____?

B: Sam and I need to meet this _____. But I don't know his _____ _____.

G: I have his phone number. It's 017–3621–4567.

B: 017–3621–4567?

G: That's right.

B: Thank you.

G: Did you have fun at the _____ _____?

B: Yes, I rode a rollercoaster.

G: What _____ did you ride?

B: I also rode the bumper cars.

G: Did you go on the Viking, too?

B: No. I couldn't _____ it.

G: Why not?

B: The line was too long.

09

다음을 듣고, 남자아이가 말한 내용과 일치하지
않는 것을 고르시오.

① 조부모님, 부모님과 함께 산다.
② 베트남에서 왔다.
③ 엄마는 간호사이다.
④ Linh이라는 이름의 개를 키운다.

10

대화를 듣고, 두 아이가 만나서 할 일과 만나기로
한 요일을 고르시오.

	할 일	요일
①	쇼핑 가기	– 화요일
②	쇼핑 가기	– 금요일
③	제빵 수업	– 화요일
④	제빵 수업	– 금요일

11

대화를 듣고, 여자아이가 찾고 있는 물건이 어디
있는지 고르시오.

12

대화를 듣고, 두 아이가 무엇에 관해 이야기하고
있는지 고르시오.

① 장래 희망
② 겨울 스포츠
③ 스키 타는 법
④ 겨울 방학 계획

B: Hi, my name is Huy. I _____ _____ my grandparents,
mom, dad, and little sister. We're from Vietnam, and we live in
Seoul, Korea. My sister's _____ is Linh. My dad is a
teacher, and my mom is a nurse. I have a dog. His name is Ming.
I walk him _____ _____.

B: Hi, Amie. What are you _____ to do next Friday?
G: I'm going shopping with my sister. Why?
B: There is a baking class that day. I hope to go there with you.
G: Oh, I see. Then I'll _____ _____ on Tuesday.
B: Then can you _____ the baking class with me on Friday?
G: Yes. I'll take it with you.

[Cell phone rings.]
G: Hello. Mr. Brown? This is Mina. Did you see my blue
_____?
M: Isn't it on the pink desk?
G: No. A _____ is on it.
M: What about on the _____?
G: I can't see it there.
M: Oh, I _____. It was under the chair next to my desk.
G: Oh, there it is. Thank you.

G: Steve, Do you have any _____ for winter _____?
B: Yes. I'm going skiing with my family.
G: That's nice.
B: What about you, Julie? What are you going to do?
G: I'm going to learn _____ to play the guitar.
B: Guitar?
G: Yes. I want to play my _____ song on the guitar.

13

다음을 듣고, 그림의 상황으로 알맞은 것을 고르시오.

① ② ③ ④

14

대화를 듣고, 그림의 상황에 가장 알맞은 것을 고르시오.

① ② ③ ④

15

다음을 듣고, 대화가 자연스럽지 않은 것을 고르시오.

① ② ③ ④

16

대화를 듣고, 두 아이가 공통으로 좋아하는 과일을 고르시오.

① 사과, 수박
② 수박, 체리
③ 바나나, 수박
④ 체리, 바나나

① B: It's _____. Let's play table tennis.

② B: It's snowing. Why don't we play basketball _____?

③ B: It's _____. How about playing a board game?

④ B: It's sunny. What about playing baseball _____?

① W: I'll help you with your _____.
   B: Oh, that's very nice of you.

② W: Have a _____.
   B: No, thank you. I'm _____.

③ W: Would you like something to drink?
   B: Yes, I'd _____ something cold. It's so hot.

④ W: Dinner is ready. Wash your hands first.
   B: Okay. I will.

샌드위치(sandwich)는 영국의 해군 제독인 Sandwich 백작에게서 유래했는데, 카드놀이를 하는 중에 한 손으로 먹을 수 있도록 빵 두 조각 사이에 고기와 채소를 끼워 만든 음식에서 시작된 말이에요.

① G: Do you know _____ the movie theater is?
   B: I don't like movies.

② G: What did you do _____?
   B: I went to a music concert.

③ G: Did you study for the test?
   B: Yes. I studied _____ late at night.

④ G: Hey, Jinsu. Are you free this _____?
   B: No, I'm not. I have lots of homework.

G: Look at this fruit. It looks fresh and _____.

B: Let's buy some fruit.

G: What's your _____ fruit, Hajun?

B: I like _____ and bananas. How about you?

G: I don't like cherries. But I like bananas and _____.

B: I like watermelon, too. Then let's buy some watermelon.

17

대화를 듣고, 이어질 응답으로 알맞지 <u>않은</u> 것을 고르시오.

① Oh, I'm sorry.
② Okay. I'll be quiet.
③ I didn't know that.
④ They didn't see the sign.

W: Excuse me, do you see that _____?
B: Sorry?
W: Look at the sign _____ _____.
B: What does "_____ _____" mean?
W: It _____, "We should be quiet here."
B: _____

18

대화를 듣고, 이어질 응답으로 알맞은 것을 고르시오.

① They are fine, too.
② They liked the movie.
③ They told me about you.
④ They don't like it very much.

B: Hayun, _____ time no _____.
G: Yes. How are you _____?
B: I'm very good. How about you?
G: _____ here.
B: How are your brothers?
G: _____

19

대화를 듣고, 이어질 응답으로 알맞은 것을 고르시오.

① I like walking, too.
② Taking walks is my hobby.
③ It takes me about 20 minutes.
④ Walking is good for your health.

B: _____ bike is this? It's so nice.
G: That's _____.
B: Do you come to school by bike?
G: Yes. How about you?
B: I come to school _____ _____.
G: How long does it take to get to school?
B: _____

20

대화를 듣고, 이어질 응답으로 알맞은 것을 고르시오.

① I will have this.
② Sorry, I am really busy now.
③ Yes. How many do you need?
④ Okay. Do you need anything else?

W: How _____ are these?
M: You _____ the _____?
W: Yes.
M: They're one dollar _____.
W: I'll have three cucumbers.
M: _____

● MP3 파일을 듣고, 다음 빈칸을 채워 대화를 완성해 보세요.

"A에는 B의 대답에 어울리는 질문이, B에는 A의 질문에 어울리는 대답이 들어갈 거예요. A와 B가 어떠한 대화를 나누게 될까요?"

01 A <u>Why don't you inline skate there?</u>   <u>거기서 인라인스케이트를 타는 게 어때요?</u>

   B Sounds good.   좋습니다.

02 A What does "Keep Silent" mean?   "Keep Silent"가 무슨 뜻이에요?

   B _____   _____

03 A _____   _____

   B I went to Jeju Island with my family.   저는 가족과 함께 제주도에 갔어요.

04 A _____   _____

   B Yes, I did.   네, 끝냈어요.

05 A _____   _____

   B No, that's next to the post office.   아니요, 그건 우체국 옆에 있어요.

"한 번에 문장을 다 쓰긴 어려워요. 여러 번 들으면서 메모하며 천천히 적어도 좋아요. 문장이 완성되면, 우리말 뜻도 적어 보세요!"

06 Can you clean the living room ?

거실 청소 좀 해 줄 수 있어요?

07 I'd _____ .

_____

08 Would _____ ?

_____

09 It _____ .

_____

10 I'm _____ .

_____

SPEAK UP

| 정답과 해설 14쪽 |

● **주어진 우리말 의미에 맞게 영어로 말해 보세요.**

STEP 1 우리말을 읽고, 앞에서 학습한 내용을 이용하여 영어로 말해 봐요. 말한 뒤에는 네모 박스에 체크해요.

STEP 2 주어진 어휘 또는 표현들을 이용하여 문장을 완성해요.

01 당신이 즐거운 시간을 보낸 것처럼 들려요. (sound like, have a great time)

STEP 1 ☐

STEP 2 _____

02 당신은 선크림을 바르셨어요? (put on, sunscreen)

STEP 1 ☐

STEP 2 _____

03 파티에 당신의 음식과 음료를 가져오세요. (bring, own food and drink)

STEP 1 ☐

STEP 2 _____

04 헬멧은 부상으로부터 당신의 머리를 보호할 수 있어요. (a helmet, protect, from injury)

STEP 1 ☐

STEP 2 _____

05 체스를 두는 게 어때요? (how about)

STEP 1 ☐

STEP 2 _____

06 저는 제 가장 친한 친구와 스키를 타러 갑니다. (go skiing)

STEP 1 ☐

STEP 2 _____

07 제 열쇠는 피아노 옆 소파 아래에 있었습니다. (under, next to)

STEP 1 ☐

STEP 2 _____

Listen & Speak Up 3

WARM UP

새로운 어휘들을 미리 공부해 볼까요?

| 정답과 해설 15쪽 |

A MP3 파일을 잘 듣고, 알맞은 번호 옆에 어휘의 철자와 뜻을 쓰세요.
뒷장으로 넘어가기 전, 한 번 더 들어 보고 싶은 경우에는 네모 박스에 체크하세요.

01 ☐   **clear**   치우다   06 ☐

02 ☐   07 ☐

03 ☐   08 ☐

04 ☐   09 ☐

05 ☐   10 ☐

B 주어진 우리말 의미에 맞도록 빈칸을 채우세요.
위에서 학습한 어휘들을 이용해 보세요.

01   장미 옆에서   _____ _____ the roses

02   옷을 걸어 놓다   _____ _____ clothes

03   더러운 공원   _____ park

04   눈을 치우다   _____ the snow

05   그 영화에 대한 정보   _____ about the movie

06   여기저기에 쓰레기가 있다.   There is _____ everywhere.

07   너는 소원을 빌었니?   Did you make a _____?

08   구급상자가 어디 있지?   Where is a _____ _____ _____?

09   우리는 참을성이 있어야 한다.   We should be _____.

10   그들은 내일 도착할 거야.   They will _____ tomorrow.

● MP3 파일을 잘 듣고, 물음에 답하세요.

01 ▶ 241040-0051

다음을 듣고, 무엇에 관한 내용인지 고르시오.

① 눈사람 만들기
② 친구들과의 눈싸움
③ 눈 오는 날의 등굣길
④ 크리스마스트리 꾸미기

02 ▶ 241040-0052

대화를 듣고, 두 아이가 대화 직후에 할 일을 고르시오.

① 장미 정원 방문하기
② 장미 화분 구입하기
③ 장미 그림 색칠하기
④ 장미 옆에서 사진 찍기

03 ▶ 241040-0053

대화를 듣고, 여자아이가 이번 주 토요일에 할 일을 고르시오.

① Harriet과 무용 연습하기
② Harriet과 연극 관람하기
③ Harriet의 무용 학원 방문하기
④ Harriet의 무용 대회 응원 가기

04 ▶ 241040-0054

대화를 듣고, 두 아이의 영화 감상 내용과 일치하지 <u>않는</u> 것을 고르시오.

① 연기가 훌륭하다.
② 음향이 놀랍다.
③ 특수 효과가 황홀하다.
④ 유명한 배우가 나온다.

05 ▶ 241040-0055

다음을 듣고, 그림의 상황으로 알맞은 것을 고르시오.

①   ②   ③   ④

06

▶ 241040-0056

다음을 듣고, 대화가 자연스럽지 <u>않은</u> 것을 고르시오.

①   ②   ③   ④

07

▶ 241040-0057

대화를 듣고, 그림의 상황에 가장 알맞은 것을 고르시오.

①   ②   ③   ④

08

▶ 241040-0058

대화를 듣고, 남자아이가 찾는 것을 고르시오.

① 반창고
② 커터 칼
③ 구급상자
④ 손 세정제

09

▶ 241040-0059

대화를 듣고, 두 사람이 타야 하는 버스 시간과 그 이유를 고르시오.

	버스 시간		이유
①	10:35	–	급행버스여서
②	10:45	–	버스가 멈춰서
③	10:35	–	사람들이 많아서
④	10:45	–	마지막 버스여서

10

▶ 241040-0060

대화를 듣고, 두 아이가 무엇에 관하여 이야기하고 있는지 고르시오.

① 밤하늘의 별 관찰
② 서로의 가족 안부
③ 보름달에 소원 빌기
④ 이집트의 관광 명소

Listen & Speak Up 3

11

▶ 241040-0061

대화를 듣고, 여자아이가 주문한 것을 고르시오.

 ①   ②

③

④

12

▶ 241040-0062

대화를 듣고 Jake가 머무른 국가와 그 이유가 알맞게 짝지어진 고르시오.

국가	이유
① 케냐	부모님을 돕기 위해
② 캐나다	사업을 하기 위해
③ 케냐	자원봉사를 하기 위해
④ 캐나다	영어 공부를 하기 위해

13

▶ 241040-0063

대화를 듣고, 날씨와 여자아이가 날씨로 인해 겪는 문제가 알맞게 짝지어진 것을 고르시오.

날씨	문제
① 비	우산을 가져오지 않음
② 바람	비행기가 취소됨
③ 비	빨래를 밖에 널어 둠
④ 눈	소풍이 연기됨

14

▶ 241040-0064

대화를 듣고 Borris가 찾는 물건의 위치를 고르시오.

① 가방 안
② 책상 위
③ 봉투 안
④ 재킷 주머니 안

15

▶ 241040-0065

다음을 듣고, 남자아이가 말한 내용과 일치하지 <u>않는</u> 것을 고르시오.

① 남자아이는 어릴 때 어머니와 미술관에 갔다.
② 그날 어머니는 남자아이를 팔에 안고 다녔다.
③ 남자아이는 엄마와 미술관에서 본 작품을 기억한다.
④ 미술관에서 본 어머니의 미소가 다정했다.

16

▶ 241040-0066

대화를 듣고, 빈칸에 들어갈 말로 알맞게 짝지어진 것을 고르시오.

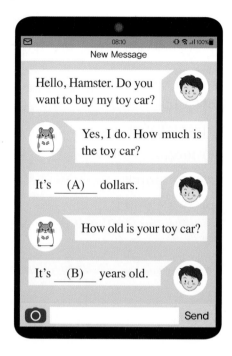

	(A)		(B)
①	thirteen	–	one
②	fourteen	–	one
③	fifteen	–	two
④	sixteen	–	two

17

▶ 241040-0067

대화를 듣고, 이어질 응답으로 알맞지 <u>않은</u> 것을 고르시오.

① Candy Cup is not a candy store.

② Candy Cup is next to the market.

③ Go straight and turn left at the corner.

④ Turn left at the corner. Candy Cup is near.

18

▶ 241040-0068

대화를 듣고, 이어질 응답으로 알맞은 것을 고르시오.

① I don't like the park. It's too far.

② We can start a clean park campaign.

③ There is a park near the swimming pool.

④ Many people walk their dogs in the park.

19

▶ 241040-0069

대화를 듣고, 이어질 응답으로 알맞은 것을 고르시오.

① You are kind to everyone.

② Yumi was better than you.

③ We do not choose this month.

④ We need to tell her story to everyone.

20

▶ 241040-0070

대화를 듣고, 이어질 응답으로 알맞은 것을 고르시오.

① Watching TV is a good hobby.

② Don't light a match. It's dangerous.

③ He was great. He helped the team win.

④ What a mess! Clean your room right now.

● MP3 파일을 잘 듣고, 물음에 답하세요.

01
▶ 241040-0071

대화를 듣고, 남자가 한 말의 의도로 가장 적절한 것을 고르시오.

① 감사　　　　② 제안
③ 수락　　　　④ 거절
⑤ 사과

02
▶ 241040-0072

다음을 듣고, 사람들이 승마를 하는 이유로 언급하지 않은 것을 고르시오.

① 좋은 운동이 되어서
② 비용이 적게 들어서
③ 자유로움을 느끼기 때문
④ 참을성을 기를 수 있어서
⑤ 말과 우정을 쌓을 수 있어서

03
▶ 241040-0073

대화를 듣고, 여자의 심정으로 가장 적절한 것을 고르시오.

① 초조한　　　　② 두려운
③ 행복한　　　　④ 불쾌한
⑤ 귀찮은

04
▶ 241040-0074

대화를 듣고, Ryan에 대한 내용과 일치하지 않는 것을 고르시오.

① 여자의 아들이다.
② 남자를 기다리고 있다.
③ 곧 졸업할 것이다.
④ 대학에 진학할 것이다.
⑤ 태블릿 PC를 살 것이다.

05
▶ 241040-0075

대화를 듣고, 남자의 마지막 말에 이어질 여자의 말로 가장 적절한 것을 고르시오.

① Art class is hard.
② A jellyfish is dangerous.
③ I can't solve the problem.
④ This program is not simple.
⑤ No problem. It's simple and easy.

● MP3 파일을 잘 듣고, 다음 빈칸을 채워 보세요. 빈칸을 채운 뒤, 한 번 더 문제를 풀어 보세요.

01

다음을 듣고, 무엇에 관한 내용인지 고르시오.

① 눈사람 만들기
② 친구들과의 눈싸움
③ 눈 오는 날의 등굣길
④ 크리스마스트리 꾸미기

G: There was a _____ snow. The road was slippery. Cars were moving slow like _____. People were clearing the snow from the road. Teachers and students were _____ for school.

02

대화를 듣고, 두 아이가 대화 직후에 할 일을 고르시오.

① 장미 정원 방문하기
② 장미 화분 구입하기
③ 장미 그림 색칠하기
④ 장미 옆에서 사진 찍기

B: Those roses are beautiful.
G: Do you want to _____ pictures of them?
B: Yes, but I didn't bring my smartphone.
G: Don't worry. You can use _____.
B: Thank you, Haejin. Why don't we take picture of us _____ _____ the roses?
G: Dojun, that's a great idea! Let's do it.

03

대화를 듣고, 여자아이가 이번 주 토요일에 할 일을 고르시오.

① Harriet과 무용 연습하기
② Harriet과 연극 관람하기
③ Harriet의 무용 학원 방문하기
④ Harriet의 무용 대회 응원 가기

G: My sister Harriet is practicing _____.
B: I didn't know that she was a dancer.
G: Oh, Harriet is joining a dancing _____.
B: I'm _____ she is a great dancer.
G: I hope she _____ first place.
B: Me, too. When is the dancing contest?
G: This Saturday, at 1 p.m. My family will be there.

04

대화를 듣고, 두 아이의 영화 감상 내용과 일치하지 않는 것을 고르시오.

① 연기가 훌륭하다.
② 음향이 놀랍다.
③ 특수 효과가 황홀하다.
④ 유명한 배우가 나온다.

요즘 영화들은 영상이 굉장히 화려한데, 그건 CG(Computer Graphics, 컴퓨터 그래픽)라고 하는 다양한 특수 효과를 사용하기 때문이랍니다. 여러분이 본 영화 중 특수 효과를 사용한 영화는 어떤 것이었나요?

G: David, did you like the movie?
B: Yes, the _____ was great.
G: I enjoyed it, too. The _____ was wonderful.
B: The _____ effects were fascinating, too.
G: Yes, it was! How can they make it real?
B: Because many technicians work hard to make a movie.

Listen & Speak Up 3 **43**

05

다음을 듣고, 그림의 상황으로 알맞은 것을 고르시오.

①   ②   ③   ④

06

다음을 듣고, 대화가 자연스럽지 <u>않은</u> 것을 고르시오.

①   ②   ③   ④

07

대화를 듣고, 그림의 상황에 가장 알맞은 것을 고르시오.

①   ②   ③   ④

08

대화를 듣고, 남자아이가 찾는 것을 고르시오.

① 반창고
② 커터 칼
③ 구급상자
④ 손 세정제

① M: An old lady is making _____.

② M: Children are mopping the floor.

③ M: Children are listening to a story.

④ M: Children are _____ TV.

① B: Step on the pedals. Hold the handlebar!

   G: I can do it! I can ride a _____!

② B: Good morning, everyone.

   G: Everyone wakes up _____ in the morning.

③ B: The light is green.

   G: Let's _____ the road.

④ B: I don't have _____.

   G: You can use mine.

① G: There's a shark! Come here!

   M: Stop hitting on the _____.

② G: Excuse me. Where's the aquarium?

   M: It's just _____ _____ you.

③ G: I like harp seals. They are cute.

   M: I like them, too. They swim very well.

④ G: Let's go swimming, Dad.

   M: Sure. I need swimming _____.

G: I need a bandaid.

B: What happened?

G: I cut my finger. I was _____ using a box cutter.

B: Oh, no. You are bleeding. Let me find a _____ _____ _____. Wait a second.

G: That's okay. I will go and see the school nurse.

B: Please be more _____ next time.

09

대화를 듣고, 두 사람이 타야 하는 버스 시간과
그 이유를 고르시오.

버스 시간	이유
① 10:35	– 급행버스여서
② 10:45	– 버스가 멈춰서
③ 10:35	– 사람들이 많아서
④ 10:45	– 마지막 버스여서

10

대화를 듣고, 두 아이가 무엇에 관하여 이야기하
고 있는지 고르시오.

① 밤하늘의 별 관찰
② 서로의 가족 안부
③ 보름달에 소원 빌기
④ 이집트의 관광 명소

11

대화를 듣고, 여자아이가 주문한 것을 고르시오.

①   ②

③   ④

12

대화를 듣고 Jake가 머무른 국가와 그 이유가
알맞게 짝지어진 고르시오.

국가	이유
① 케냐	– 부모님을 돕기 위해
② 캐나다	– 사업을 하기 위해
③ 케냐	– 자원봉사를 하기 위해
④ 캐나다	– 영어 공부를 하기 위해

W: People are still on the street.

M: Yeah. And the lights never _____ _____ in the city.

W: Can we stop by the store? I want to buy some snacks.

M: We don't _____ time.

W: What time is it?

M: It's 10:35 pm.

W: Oh, it's time to _____ the bus. The last one is coming at 10:45 pm.

M: Right. So let's _____ _____. We have to be at the bus stop in 10 minutes.

B: The full moon was wonderful.

G: Did you _____ a wish?

B: I did. I wish my big brother would be _____.

G: Oh, I _____ that he is traveling in Egypt.

B: Yes. He's been there for two weeks.

G: He will be fine. Don't worry.

B: What did you pray for?

G: I prayed for my family's _____.

'보름달'은 full moon.
'반달'은 half moon.
'초승달(오른쪽이 둥근 눈썹 모양의 작은 달)'은
new moon이라고 한답니다.

M: Deli Sandwich! May I help you?

G: Can I have a tuna _____?

M: Sure. How many do you want?

G: I want two _____ sandwiches.

M: Do you want anything _____?

G: Please give me a glass of lemonade.

M: Jake is arriving _____.

W: Does he have many bags?

M: Maybe. He is coming _____ from Kenya.

W: How long did he live there?

M: He _____ there for 3 years.

W: Why was he there?

M: He was there to help his _____.

Listen & Speak Up 3

JUMP UP

13

대화를 듣고, 날씨와 여자아이가 날씨로 인해 겪는 문제가 알맞게 짝지어진 것을 고르시오.

날씨	문제
① 비	– 우산을 가져오지 않음
② 바람	– 비행기가 취소됨
③ 비	– 빨래를 밖에 널어 둠
④ 눈	– 소풍이 연기됨

14

대화를 듣고 Borris가 찾는 물건의 위치를 고르시오.

① 가방 안
② 책상 위
③ 봉투 안
④ 재킷 주머니 안

15

다음을 듣고, 남자아이가 말한 내용과 일치하지 않는 것을 고르시오.

① 남자아이는 어릴 때 어머니와 미술관에 갔다.
② 그날 어머니는 남자아이를 팔에 안고 다녔다.
③ 남자아이는 엄마와 미술관에서 본 작품을 기억한다.
④ 미술관에서 본 어머니의 미소가 다정했다.

16

대화를 듣고, 빈칸에 들어갈 말로 알맞게 짝지어진 것을 고르시오.

	(A)	(B)
①	thirteen	– one
②	fourteen	– one
③	fifteen	– two
④	sixteen	– two

G: It's raining. My clothes!

B: What? Is something wrong?

G: My clothes are in the _____.

B: Why are they there?

G: I _____ them _____ to dry.

B: Oh. Then let's hurry up and bring them inside.

G: Too late. I have to _____ the clothes again.

G: Borris, where are you going?

B: I am visiting my older brother. He is in another _____.

G: How will you get there?

B: I am taking a bus to see him.

G: Did you buy a _____?

B: Of course. It's in my bag! Wait, it's not here. Where is it?

G: Take it _____. What is that white thing in your jacket _____?

B: Oh, here it is. The ticket is in my jacket!

B: When I was little, my mom took me to a _____. She carried me in her arms all the time. I don't _____ the paintings, but I remember their _____ colors. My mom smiled at me a lot. Her smile was sweet.

B: I posted a toy car _____ _____.

G: Did anyone send a message on your phone?

B: Yes. Someone named "Hamster" _____ me yesterday.

G: Will "Hamster" buy it?

B: Yes, "Hamster" will buy it for _____ dollars.

G: Great! And your toy car is not old.

B: Yes, it is two years old.

Phone message content:

New Message

Hello, Hamster. Do you want to buy my toy car?

Yes, I do. How much is the toy car?

It's __(A)__ dollars.

How old is your toy car?

It's __(B)__ years old.

17

대화를 듣고, 이어질 응답으로 알맞지 <u>않은</u> 것을 고르시오.

① Candy Cup is not a candy store.
② Candy Cup is next to the market.
③ Go straight and turn left at the corner.
④ Turn left at the corner. Candy Cup is near.

G: Excuse me, where is Candy Cup? I heard the candy store is around here.
M: Candy Cup is not _____ _____ here.
G: That's great. Please tell me how to get there.
M: Go _____ and turn left at the corner. It's next to the market.
G: Can you say that _____?
M: _____

18

대화를 듣고, 이어질 응답으로 알맞은 것을 고르시오.

① I don't like the park. It's too far.
② We can start a clean park campaign.
③ There is a park near the swimming pool.
④ Many people walk their dogs in the park.

B: The park is getting _____.
G You're right. There is _____ everywhere.
B: But the street cleaners clean the park every day.
G: That's not enough. People should clean it together.
B: We should _____ the park clean. What can we do?
G: _____

19

대화를 듣고, 이어질 응답으로 알맞은 것을 고르시오.

① You are kind to everyone.
② Yumi was better than you.
③ We do not choose this month.
④ We need to tell her story to everyone.

B: Yumi, congratulations!
G: So you heard the news?
B: Yes, you are the student of the _____!
G: Thanks. But other students were _____ than me.
B: Don't say that. You deserve it.
G: Do you know why they _____ me?
B: _____

20

대화를 듣고, 이어질 응답으로 알맞은 것을 고르시오.

① Watching TV is a good hobby.
② Don't light a match. It's dangerous.
③ He was great. He helped the team win.
④ What a mess! Clean your room right now.

B: Did you watch the soccer game _____ _____?
G: No, I didn't. I went to bed early.
B: That's too _____.
G: How was the game?
B: The game was so exciting.
G: How did your _____ player do?
B: _____

Listen & Speak Up 3

● MP3 파일을 듣고, 다음 빈칸을 채워 대화를 완성해 보세요.

> "A에는 B의 대답에 어울리는 질문이, B에는 A의 질문에 어울리는 대답이 들어갈 거예요. A와 B가 어떠한 대화를 나누게 될까요?"

01 A Did you like the movie?　　　　　　　　그 영화가 좋았나요?

　　　B **Yes. The acting was great.**　　　　네. 연기가 훌륭했어요.

02 A ＿＿＿＿＿＿＿＿＿＿＿＿＿　　　＿＿＿＿＿＿＿＿＿＿＿＿＿

　　　B Please give me a glass of lemonade.　　레모네이드 한 잔 주세요.

03 A What happened?　　　　　　　　　　무슨 일이니?

　　　B ＿＿＿＿＿＿＿＿＿＿＿＿＿　　　＿＿＿＿＿＿＿＿＿＿＿＿＿

04 A How will you get to the city?　　　　그 도시에 어떻게 갈 건가요?

　　　B ＿＿＿＿＿＿＿＿＿＿＿＿＿　　　＿＿＿＿＿＿＿＿＿＿＿＿＿

05 A ＿＿＿＿＿＿＿＿＿＿＿＿＿　　　＿＿＿＿＿＿＿＿＿＿＿＿＿

　　　B Yes, I do. I am going to go to a teddy
　　　　bear fair tomorrow.　　　　　　　응, 좋아해. 내일 테디베어 박람회에 갈 거야.

"한 번에 문장을 다 쓰긴 어려워요. 여러 번 들으면서 메모하며 천천히 적어도 좋아요. 문장이 완성되면, 우리말 뜻도 적어 보세요!"

06 My mom took me to a gallery   .

나의 엄마가 나를 미술관에 데려가 주셨다.

07 I   .

08 The   .

09 Can   ?

10 We   .

● 주어진 우리말 의미에 맞게 영어로 말해 보세요.

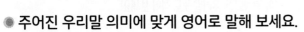

STEP1 우리말을 읽고, 앞에서 학습한 내용을 이용하여 영어로 말해 봐요. 말한 뒤에는 네모 박스에 체크해요.

STEP2 주어진 어휘 또는 표현들을 이용하여 문장을 완성해요.

01 그 자동차는 거북이처럼 움직이고 있었다. (turtle)

STEP1 ☐

STEP2 _____

02 아이들이 바닥을 걸레로 닦고 있다. (mop)

STEP1 ☐

STEP2 _____

03 우리 잠깐 가게에 들를 수 있나요? (stop by)

STEP1 ☐

STEP2 _____

04 너는 거기에서 얼마나 오래 살았어? (live)

STEP1 ☐

STEP2 _____

05 어제 엄마가 나한테 문자를 보냈어. (text)

STEP1 ☐

STEP2 _____

06 우리는 깨끗한 공원 캠페인을 시작할 수 있어. (campaign)

STEP1 ☐

STEP2 _____

07 당신은 그 축구 경기를 봤어요? (watch, game)

STEP1 ☐

STEP2 _____

Listen & Speak Up 4

WARM UP

새로운 어휘들을 미리 공부해 볼까요?

| 정답과 해설 21쪽 |

A MP3 파일을 잘 듣고, 알맞은 번호 옆에 어휘의 철자와 뜻을 쓰세요.
뒷장으로 넘어가기 전, 한 번 더 들어 보고 싶은 경우에는 네모 박스에 체크하세요.

01 ☐ expensive   비싼   06 ☐ _____ _____

02 ☐ _____ _____   07 ☐ _____ _____

03 ☐ _____ _____   08 ☐ _____ _____

04 ☐ _____ _____   09 ☐ _____ _____

05 ☐ _____ _____   10 ☐ _____ _____

B 주어진 우리말 의미에 맞도록 빈칸을 채우세요.
위에서 학습한 어휘들을 이용해 보세요.

01 인터넷을 검색하다   _____ the Internet

02 냉장고 옆에   next to the _____

03 극장에서   at the _____

04 전화를 받다   _____ phone calls

05 책 반납 기계   book return _____

06 무슨 일이야?   What's the _____?

07 그것은 그렇게 비싼 것이 아니에요.   It's not that _____.

08 나는 손목에 통증이 있어요.   I have pain in my _____.

09 잠시 휴식을 취하자.   Let's _____ _____ _____ for a while.

10 그늘이 많지 않다.   There isn't a lot of _____.

● MP3 파일을 잘 듣고, 물음에 답하세요.

01
▶ 241040-0076

대화를 듣고, 여자아이가 할 일로 알맞은 것을 고르시오.

① 휴식 취하기
② 병원에 가기
③ 첼로 연습하기
④ 첼로 줄 바꾸기

02
▶ 241040-0077

대화를 듣고, 두 아이가 보고 있는 카드로 알맞은 것을 고르시오.

①
②
③
④

03
▶ 241040-0078

대화를 듣고, 두 아이가 내일 함께 할 일을 고르시오.

① 영화 보기
② 티켓 예매하기
③ 탁구 레슨 받기
④ 뮤지컬 관람하기

04
▶ 241040-0079

다음을 듣고, 무엇에 관한 내용인지 고르시오.

Title: Harry Potter
Writer: J.K. Rowling
대출일: 05/09
반납일: 05/23

① 도서관 휴관 안내
② 도서 열람실 안내
③ 도서 반납기 사용법
④ 도서 대출 연장 방법

05
▶ 241040-0080

대화를 듣고, 남자아이가 찾고 있는 물건이 어디에 있는지 고르시오.

06

▶ 241040-0081

대화를 듣고, 남자아이가 말한 내용과 일치하는 사람을 고르시오.

①

②

③

④

07

▶ 241040-0082

대화를 듣고, 딸기를 딸 때 필요한 물건으로 언급하지 않은 것을 고르시오.

① 모자
② 장갑
③ 바구니
④ 물 한 병

08

▶ 241040-0083

대화를 듣고, 여자아이가 살 물건을 고르시오.

① 고기
② 양파
③ 당면
④ 당근

09

▶ 241040-0084

다음을 듣고, 여자아이가 초콜릿케이크에 대해 말한 내용과 일치하지 <u>않는</u> 것을 고르시오.

① 가장 좋아하는 후식이다.
② 달콤한 맛이 기분 좋게 한다.
③ 만들기 쉽다.
④ 생일날에 사 먹는다.

10

▶ 241040-0085

대화를 듣고, 여자아이가 말한 내용과 일치하는 것을 고르시오.

① 여자아이는 수학책을 집에 두고 왔다.
② 다음 주 월요일에 수학 시험이 있다.
③ 수학책을 찾으러 학교에 갈 것이다.
④ 휴대 전화를 잃어버렸다.

11

▶ 241040-0086

다음을 듣고, 그림의 내용과 일치하지 <u>않는</u> 것을 고르시오.

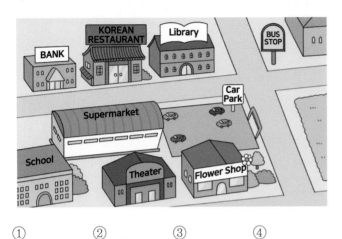

①   ②   ③   ④

12

▶ 241040-0087

대화를 듣고, 남자아이가 찾고 있는 물건과 그것이 있는 장소를 고르시오.

찾는 물건	장소
① 태블릿 PC	– 책상
② 노트	– 학교
③ 태블릿 PC	– 책장
④ 책	– 자동차

13

▶ 241040-0088

다음을 듣고, 그림의 상황으로 알맞은 것을 고르시오.

①   ②   ③   ④

14

▶ 241040-0089

대화를 듣고, 그림의 상황에 가장 알맞은 것을 고르시오.

①   ②   ③   ④

15

▶ 241040-0090

다음을 듣고, 대화가 자연스럽지 <u>않은</u> 것을 고르시오.

①   ②   ③   ④

16

🔘 241040-0091

대화를 듣고, 남자아이가 좋아하는 활동과 그 이유를 알맞게 짝지은 것을 고르시오.

활동	좋아하는 이유
① 자전거 타기 –	빠르게 달리는 것이 좋아서
② 자전거 타기 –	시원한 바람이 좋아서
③ 캠핑 가기 –	자연 속에 있는 것이 좋아서
④ 캠핑 가기 –	가족과 시간을 보낼 수 있어서

17

🔘 241040-0092

대화를 듣고, 이어질 응답으로 알맞지 <u>않은</u> 것을 고르시오.

① What did the doctor say?

② I hope you get well soon.

③ What time did you get up?

④ Take some medicine and get some rest.

18

🔘 241040-0093

대화를 듣고, 이어질 응답으로 알맞은 것을 고르시오.

① Thank you very much.

② I want a cup of coffee.

③ Please clean up your room.

④ Will you boil some water for the noodles?

19

🔘 241040-0094

대화를 듣고, 이어질 응답으로 알맞은 것을 고르시오.

① Anything else?

② Do you like cola?

③ A cola with no ice.

④ I'd like some chicken wings.

20

🔘 241040-0095

대화를 듣고, 이어질 응답으로 알맞은 것을 고르시오.

① Apples are expensive.

② I don't have enough money.

③ It's good we are helping others.

④ Then let's take some apples for free.

● MP3 파일을 잘 듣고, 물음에 답하세요.

01
▶ 241040-0096

다음을 듣고, 'this'가 무엇인지 가장 적절한 것을 고르시오.

① 컴퓨터
② 이메일
③ 인터넷
④ 스마트폰
⑤ 텔레비전

02
▶ 241040-0097

다음을 듣고, 남자가 기타에 대해 언급하지 <u>않은</u> 것을 고르시오.

① 구입 가격
② 판매 가격
③ 사용 기간
④ 연락 방법
⑤ 판매자 이름

03
▶ 241040-0098

대화를 듣고, 여자의 심정으로 가장 적절한 것을 고르시오.

① 속상한
② 지루한
③ 행복한
④ 신이 난
⑤ 혼란스러운

04
▶ 241040-0099

대화를 듣고, 여자가 남자에게 부탁한 일로 가장 적절한 것을 고르시오.

① 세탁 세제 사기
② 운동화 주문하기
③ 운동화 세탁하기
④ 세탁소에 운동화 맡기기
⑤ 세탁소에서 운동화 찾아오기

05
▶ 241040-0100

대화를 듣고, 여자의 마지막 말에 이어질 남자의 말로 가장 적절한 것을 고르시오.

① She will love that.
② I don't like this box.
③ Okay. Let's buy this.
④ Green looks good on you.
⑤ I'll check and be right back.

● MP3 파일을 잘 듣고, 다음 빈칸을 채워 보세요. 빈칸을 채운 뒤, 한 번 더 문제를 풀어 보세요.

01

대화를 듣고, 여자아이가 할 일로 알맞은 것을 고르시오.

① 휴식 취하기
② 병원에 가기
③ 첼로 연습하기
④ 첼로 줄 바꾸기

02

대화를 듣고, 두 아이가 보고 있는 카드로 알맞은 것을 고르시오.

①
②
③
④

03

대화를 듣고, 두 아이가 내일 함께 할 일을 고르시오.

① 영화 보기
② 티켓 예매하기
③ 탁구 레슨 받기
④ 뮤지컬 관람하기

04

다음을 듣고, 무엇에 관한 내용인지 고르시오.

Title: Harry Potter

Writer: J.K. Rowling

대출일: 05/09

반납일: 05/23

① 도서관 휴관 안내
② 도서 열람실 안내
③ 도서 반납기 사용법
④ 도서 대출 연장 방법

B: What's the _____?

G: I have _____ in my wrist.

B: What's wrong with your _____?

G: I played the cello more than two hours today.

B: I think you should take a _____ from playing.

G: You're right. I will stop playing and get some rest.

B: What are you going to buy?

G: I'd like to buy a card for my mom.

B: How about this _____?

G: _____ a pretty card!

B: I like the pink rose.

G: The three white _____ are pretty, too.

B: It's five dollars. It's not that _____.

B: Becky, I have free tickets to a

_____. Do you want to join me?

G: I'd love to. When is it?

B: It's two o'clock in the _____ this Saturday.

G: Saturday? That's tomorrow.

B: Right. I have a table tennis _____ in the morning. Then I'll

go to the _____.

G: Okay. I'll meet you at the theater.

> 뮤지컬은 노래, 춤, 연기가 한꺼번에 무대에서 이루어지는 공연을 말해요. 여러분은 어떤 어린이 뮤지컬을 보았나요?

W: There's a book _____ _____ on the first floor of the library. You can return books 24 hours a day. _____ one book at a time through the opening. You can check the _____ on the screen. After you push a book through, the light will _____ green.

05

대화를 듣고, 남자아이가 찾고 있는 물건이 어디에 있는지 고르시오.

06

대화를 듣고, 남자아이가 말한 내용과 일치하는 사람을 고르시오.

07

대화를 듣고, 딸기를 딸 때 필요한 물건으로 언급하지 않은 것을 고르시오.

① 모자   ② 장갑
③ 바구니   ④ 물 한 병

08

대화를 듣고, 여자아이가 살 물건을 고르시오.

① 고기   ② 양파
③ 당면   ④ 당근

B: Mom, can I have some more milk?

W: Sure. Just go get some.

B: _____ is it?

W: Isn't it next to the fridge?

B: No. The fruit _____ is there.

W: Oh. Maybe it is next to the coffee cup on the table.

B: No. That's orange juice.

W: Ah, did you _____ on the _____?

B: Yeah, there it is.

G: Is your sister over there?

B: Yes.

G: What does she look _____?

B: She has long _____ hair.

G: Is she wearing _____?

B: No. She is wearing a big _____.

G: Oh, I think I see her.

G: Let's go strawberry _____ tomorrow.

B: Okay. That sounds fun. What do we need?

G: A _____. And there isn't a lot of _____.

B: Then I need a hat.

G: Right. Oh, and don't _____ to bring your sunscreen.

B: Plus, I'll bring a bottle of water.

M: Mary, can I ask you a _____?

G: Sure. What is it?

M: Can you go to the _____ _____ for me? I'm going to make some *japchae*.

G: No _____. What should I buy?

M: I have meat and _____ in the fridge. But I don't have carrots.

G: So I will buy some carrots.

09

다음을 듣고, 여자아이가 초콜릿케이크에 대해 말한 내용과 일치하지 <u>않는</u> 것을 고르시오.

① 가장 좋아하는 후식이다.
② 달콤한 맛이 기분 좋게 한다.
③ 만들기 쉽다.
④ 생일날에 사 먹는다.

10

대화를 듣고, 여자아이가 말한 내용과 일치하는 것을 고르시오.

① 여자아이는 수학책을 집에 두고 왔다.
② 다음 주 월요일에 수학 시험이 있다.
③ 수학책을 찾으러 학교에 갈 것이다.
④ 휴대 전화를 잃어버렸다.

11

다음을 듣고, 그림의 내용과 일치하지 <u>않는</u> 것을 고르시오.

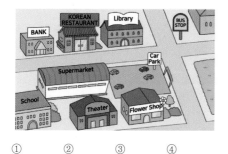

①   ②   ③   ④

12

대화를 듣고, 남자아이가 찾고 있는 물건과 그것이 있는 장소를 고르시오.

찾는 물건	장소
① 태블릿 PC	책상
② 노트	학교
③ 태블릿 PC	책장
④ 책	자동차

G: My favorite dessert is _____ cake. The sweet _____ makes me feel good. When I feel _____, I eat chocolate cake. It's easy to bake. Every birthday I make a chocolate cake by _____.

G: Oh, I think I _____ my math book at school.
B: Why do you need it?
G: I have a math test next Monday. Do you have your math book?
B: I have _____ at home.
G: Can you take _____ of some of the pages?
B: Sure. I'll take some photos at home. Then I'll send them to your _____ _____.
G: Thank you.

① W: Where is the bus stop?
    M: The bus stop is _____ _____ the library.
② W: Do you know where the Korean restaurant is?
    M: Yes. It's between the bank and the library.
③ W: Where can I _____ the supermarket?
    M: It's next to the _____ _____.
④ W: Where is the school?
    M: It's between the theater and the flower shop.

B: Sally, where's my _____ PC I lent to you?
G: I think I put it on your desk.
B: No, it's not there. I _____ checked.
G: Oh, let's see.
B: I'm going to be late for school. I need to bring it to school.
G: I'm sorry. Now I _____. I left it on the _____.
B: Oh, there it is.

13

다음을 듣고, 그림의 상황으로 알맞은 것을 고르시오.

①   ②   ③   ④

14

대화를 듣고, 그림의 상황에 가장 알맞은 것을 고르시오.

①   ②   ③   ④

15

다음을 듣고, 대화가 자연스럽지 <u>않은</u> 것을 고르시오.

①   ②   ③   ④

16

대화를 듣고, 남자아이가 좋아하는 활동과 그 이유를 알맞게 짝지은 것을 고르시오.

활동	좋아하는 이유
① 자전거 타기	– 빠르게 달리는 것이 좋아서
② 자전거 타기	– 시원한 바람이 좋아서
③ 캠핑 가기	– 자연 속에 있는 것이 좋아서
④ 캠핑 가기	– 가족과 시간을 보낼 수 있어서

① G: I didn't _____ this.

② G: _____ out for your head.

③ G: The floor is very _____.

④ G: Can you _____ this to my house?

① W: Can you help me with these bags?

   B: Sure, I can.

② W: Please _____ me your ticket.

   B: Here you are.

③ W: _____ _____!

   B: Thank you.

④ W: I am going _____ _____.

   B: Let's go together.

① G: Hello. Can I speak to Jihun?

   B: Yes, this is he _____.

② G: Thank you very much for your _____.

   B: Not at all.

③ G: What do you want to drink?

   B: It's not my _____ of tea.

④ G: What are you _____?

   B: I'm reading *Alice in Wonderland*.

B: What do you like to do in your free time?

G: I like to go biking. I like _____ fast and _____ the cool wind.

B: Sounds fun. I like to go _____.

G: Why do you like it?

B: Because I like being in the middle of _____.

17

대화를 듣고, 이어질 응답으로 알맞지 <u>않은</u> 것을 고르시오.

① What did the doctor say?
② I hope you get well soon.
③ What time did you get up?
④ Take some medicine and get some rest.

18

대화를 듣고, 이어질 응답으로 알맞은 것을 고르시오.

① Thank you very much.
② I want a cup of coffee.
③ Please clean up your room.
④ Will you boil some water for the noodles?

19

대화를 듣고, 이어질 응답으로 알맞은 것을 고르시오.

① Anything else?
② Do you like cola?
③ A cola with no ice.
④ I'd like some chicken wings.

20

대화를 듣고, 이어질 응답으로 알맞은 것을 고르시오.

① Apples are expensive.
② I don't have enough money.
③ It's good we are helping others.
④ Then let's take some apples for free.

[Cell phone rings.]

G: Hello?

B: Hi, Minji. Why are you _____ at home?

G: Tom, I'm sorry. I feel sick.

B: What _____ ?

G: Yesterday it snowed a lot, and I went out.

B: What did you do?

G: I had a _____ fight. Then I _____ a cold.

B: _____

W: Are you _____ now, John?

B: No, not _____ .

W: Can you _____ me cook dinner?

B: Sure. What _____ I do?

W: _____

[Telephone rings.]

W: Hi, this is Papa's Pizza. May I take your _____ ?

B: Hi. I'd like to order a large pizza for _____ .

W: All right. What would you like on your pizza?

B: I'd like pepperoni and _____ cheese, please.

W: Okay. Do you want _____ to drink?

B: _____

B: Look! We can take some apples _____ _____ .

G: How do you know?

B: Look at this sign. It says, "Help _____ to apples."

G: What does that mean?

B: The apples probably fell off in the wind. So they are _____ away apples for free.

G: _____

help oneself to는 '음식을 마음껏 드세요'라는 말인데, '먹다'라는 말이 없어요. 여기서 oneself는 '자기 스스로'라는 뜻이어서, help oneself to는 음식이 여기 있으니 '스스로 도와서 먹을 만큼 가져가서 먹다'라는 의미가 되는 것이지요.

Listen & Speak Up 4

● MP3 파일을 듣고, 다음 빈칸을 채워 대화를 완성해 보세요.

> "A에는 B의 대답에 어울리는 질문이, B에는 A의 질문에 어울리는 대답이 들어갈 거예요. A와 B가 어떠한 대화를 나누게 될까요?"

01 A <u>What's wrong with your wrist?</u>　　　<u>손목이 왜 그래요?</u>

　　　B I played the cello more than two hours.　　철로를 두 시간 넘게 연주했어요.

02 A _____　　　_____

　　　B Sure. No problem.　　　물론이죠. 문제없어요.

03 A _____　　　_____

　　　B I like to go biking.　　　저는 자전거 타러 가는 것을 좋아해요.

04 A May I take your order?　　　주문을 받아도 될까요?

　　　B _____　　　_____

05 A _____　　　_____

　　　B I'd like pepperoni and extra cheese, please.　　페퍼로니와 치즈를 추가로 주세요.

06 Can you help me cook dinner _____ ?

제가 저녁 요리하는 것 좀 도와주시겠어요?

07 I'd _____ .

_____

08 The _____ .

_____

09 Thank _____ .

_____

10 I'm _____ .

_____

SPEAK UP

| 정답과 해설 27쪽 |

● **주어진 우리말 의미에 맞게 영어로 말해 보세요.**

STEP 1 우리말을 읽고, 앞에서 학습한 내용을 이용하여 영어로 말해 봐요. 말한 뒤에는 네모 박스에 체크해요.

STEP 2 주어진 어휘 또는 표현들을 이용하여 문장을 완성해요.

01 도서관 1층에 도서 반납기가 있습니다. (a book return machine, first floor)

STEP 1 ☐

STEP 2 _____

02 자외선 차단제 가져오는 것을 잊지 마세요. (forget to bring)

STEP 1 ☐

STEP 2 _____

03 레몬의 신맛은 저를 놀라게 합니다. (sour taste, make, feel surprised)

STEP 1 ☐

STEP 2 _____

04 저는 빨리 가는 것과 시원한 바람을 느끼는 것을 좋아합니다. (going fast, feeling)

STEP 1 ☐

STEP 2 _____

05 모든 일이 다 잘되기를 빌어요. (hope, go well)

STEP 1 ☐

STEP 2 _____

06 제가 교환을 요청해야 할 것 같습니다. (think, need to, an exchange)

STEP 1 ☐

STEP 2 _____

07 당신은 사진을 찍고 동영상을 만들 수 있어요. (take pictures, create videos)

STEP 1 ☐

STEP 2 _____

Listen & Speak Up 5

WARM UP

새로운 어휘들을 미리 공부해 볼까요?

| 정답과 해설 28쪽 |

A MP3 파일을 잘 듣고, 알맞은 번호 옆에 어휘의 철자와 뜻을 쓰세요.
뒷장으로 넘어가기 전, 한 번 더 들어 보고 싶은 경우에는 네모 박스에 체크하세요.

01 ☐ **moment** 순간

02 ☐ _____ _____

03 ☐ _____ _____

04 ☐ _____ _____

05 ☐ _____ _____

06 ☐ _____ _____

07 ☐ _____ _____

08 ☐ _____ _____

09 ☐ _____ _____

10 ☐ _____ _____

B 주어진 우리말 의미에 맞도록 빈칸을 채우세요.
위에서 학습한 어휘들을 이용해 보세요.

01 유명한 작가   a _____ writer

02 휴식을 취하다   get some _____

03 잠시 후에   in a _____

04 내 책상을 정돈하다   _____ _____ my desk

05 해결 방법을 찾다   find a _____

06 나는 준비가 됐어.   I'm _____.

07 시험 잘 봤니?   Did you _____ _____ on the test?

08 나는 몹시 목이 말라.   I am very _____.

09 당신은 전자메일을 확인했나요?   Did you check an _____?

10 그들은 정비소에서 일을 한다.   They work in a _____.

 듣기평가 모의고사 5

● MP3 파일을 잘 듣고, 물음에 답하세요.

01
▶ 241040-0101

다음을 듣고, 무엇에 관한 내용인지 고르시오.

① 벼룩시장 광고
② 주말 체육대회
③ 책 이야기 축제
④ 서점 할인 행사

02
▶ 241040-0102

대화를 듣고, 여자아이가 삼촌을 부르는 목적을 고르시오.

① 과자와 물을 사러 가려고
② 삼촌에게 물병을 빌리려고
③ 삼촌과 함께 수영장에 가려고
④ 삼촌과 함께 설악산에 가려고

03
▶ 241040-0103

대화를 듣고, 두 아이가 오후에 함께 할 일로 알맞은 것을 고르시오.

①  ②

③   ④

04
▶ 241040-0104

대화를 듣고, 여자아이가 내일 할 일을 고르시오.

① 도서관 다녀오기
② 컴퓨터 학원 가기
③ 서점에 가서 책 사기
④ 컴퓨터 새로 구입하기

05
▶ 241040-0105

대화를 듣고, 두 사람이 무엇에 관하여 이야기하고 있는지 고르시오.

① favorite food
② favorite sport
③ favorite animal
④ favorite musician

06

241040-0106

다음을 듣고, 그림의 상황으로 알맞은 것을 고르시오.

①   ②   ③   ④

07

241040-0107

다음을 듣고, 남자가 말한 내용과 일치하는 사람을 고르시오.

①    ②

③    ④

08

241040-0108

대화를 듣고, 남자아이가 찾고 있는 물건이 어디에 있는지 고르시오.

① 가방   ② 서랍
③ 음악실   ④ 사물함

09

241040-0109

대화를 듣고, 여자아이가 찾고 있는 장소의 위치를 고르시오.

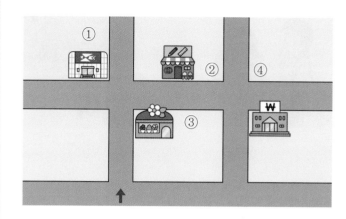

10

241040-0110

대화를 듣고, 남자의 필통에 대한 설명과 일치하지 <u>않는</u> 것을 고르시오.

① 필통은 물고기처럼 생겼다.
② 남자는 필통을 선물로 받았다.
③ 여자는 남자의 필통을 싫어한다.
④ 남자는 자신의 필통을 좋아한다.

Listen & Speak Up 5

11

▶ 241040-0111

대화를 듣고, 그림의 상황에 가장 알맞은 것을 고르시오.

①   ②   ③   ④

12

▶ 241040-0112

대화를 듣고, 사람과 그 사람이 하는 방과 후 활동이 알맞게 짝지어진 것을 고르시오.

사람	방과 후 활동
① 지민	– 밴드부 활동
② 하윤	– 피아노 수업
③ 지민	– 운동 연습
④ 하윤	– 독서부 활동

13

▶ 241040-0113

다음을 듣고, 대화가 자연스럽지 않은 것을 고르시오.

①   ②   ③   ④

14

▶ 241040-0114

다음을 듣고, 준호에 대한 내용과 일치하는 것을 고르시오.

① 여름에 자주 아프다.
② 피구를 하다 다쳤다.
③ 몸이 좋지 않아 보건실에 갔다.
④ 체육 수업을 하지 않고 집에 갔다.

15

▶ 241040-0115

대화를 듣고, 체육대회에 관해 알맞지 않은 것을 고르시오.

① 축구와 농구 종목 참가자가 있다.
② 축구 참가자가 농구 참가자보다 많다.
③ 내일 추가로 관련 회의를 할 것이다.
④ 축구와 농구 경기로만 진행될 예정이다.

16

대화를 듣고, 여자아이가 학교 축제에 참가하지 <u>못하는</u> 이유를 고르시오.

① 동생을 돌봐야 해서
② 학원 수업을 받아야 해서
③ 부모님이 허락하지 않아서
④ 조부모님을 뵈러 가야 해서

17

대화를 듣고, 이어질 응답으로 알맞지 <u>않은</u> 것을 고르시오.

① I don't have my homework.
② Good idea. Where should we meet?
③ That's great. We can help each other.
④ Sounds good. Let's do it in the school library.

18

대화를 듣고, 이어질 응답으로 알맞은 것을 고르시오.

① Socks are not on sale.
② Dresses are too expensive.
③ Of course. What size does she wear?
④ Go straight and turn left at the shoe store.

19

대화를 듣고, 이어질 응답으로 알맞은 것을 고르시오.

① I am tired now.
② We went to a museum.
③ We will go to the park.
④ Do you like Gyeongju?

20

대화를 듣고, 이어질 응답으로 알맞은 것을 고르시오.

① I don't like math.
② I have a math class.
③ I am a math teacher.
④ I think I did well on it.

● MP3 파일을 잘 듣고, 물음에 답하세요.

01　▶ 241040-0121

대화를 듣고 여자가 한 마지막 말의 의도로 가장 적절한 것을 고르시오.

① 사과　　　　② 부탁
③ 거절　　　　④ 감사
⑤ 칭찬

02　▶ 241040-0122

다음을 듣고, 남자가 학교 밴드에 대해 언급하지 않은 것을 고르시오.

① 밴드 구성원
② 밴드 악기 종류
③ 밴드 구성원 모집 방법
④ 가을 공연 계획
⑤ 밴드 정기 모임일

03　▶ 241040-0123

대화를 듣고, 여자의 심정으로 가장 적절한 것을 고르시오.

① 간절한　　　　② 흥분한
③ 차분한　　　　④ 불안한
⑤ 호기심 많은

04　▶ 241040-0124

대화를 듣고, 대화의 내용과 일치하지 않는 것을 고르시오.

① 여자는 화장실에서 분실물을 발견했다.
② 여자와 남자는 물건 주인이 누구인지 모른다.
③ 여자가 주운 물건은 검은색이다.
④ 여자가 주운 물건은 열쇠고리가 달려 있다.
⑤ 남자는 분실물을 찾아가라고 안내할 것이다.

05　▶ 241040-0125

대화를 듣고, 여자의 마지막 말에 이어질 남자의 말로 가장 적절한 것을 고르시오.

① I have a little brother.
② Two of them are girls.
③ Dogs and cats are cute.
④ There are 5 girl students.
⑤ The boys are in the classroom.

JUMP UP

| 정답과 해설 28쪽 |

● MP3 파일을 잘 듣고, 다음 빈칸을 채워 보세요. 빈칸을 채운 뒤, 한 번 더 문제를 풀어 보세요.

01

다음을 듣고, 무엇에 관한 내용인지 고르시오.

① 벼룩시장 광고
② 주말 체육대회
③ 책 이야기 축제
④ 서점 할인 행사

M: Come to the Book Talk Festival! It's on Saturday, _____, 9th. You can read interesting books. You can meet _____ writers, too. Come to school at 12 pm.

02

대화를 듣고, 여자아이가 삼촌을 부르는 목적을 고르시오.

① 과자와 물을 사러 가려고
② 삼촌에게 물병을 빌리려고
③ 삼촌과 함께 수영장에 가려고
④ 삼촌과 함께 설악산에 가려고

G: Where are you, uncle David?
M: I'm here. I will be ready in a _____.
G: The bus is arriving soon.
M: Did you _____ snacks and water?
G: Yes. It's our first time to go to Seorak Mountain together!
M: Right. It will be _____.

03

대화를 듣고, 두 아이가 오후에 함께 할 일로 알맞은 것을 고르시오.

①   ②

③   ④

G: Are you busy in the afternoon?
B: _____ _____. Do you need some help?
G: Yes. My friend and I have to clean the _____. But she is sick.
B: What do you want me to do?
G: Can you help me _____ _____ the books?
B: No problem. I will give you a _____.

04

대화를 듣고, 여자아이가 내일 할 일을 고르시오.

① 도서관 다녀오기
② 컴퓨터 학원 가기
③ 서점에 가서 책 사기
④ 컴퓨터 새로 구입하기

G: What are you going to do tomorrow?
B: I am going to _____ a computer class tomorrow. How about you?
G: I am going to the _____. I am going to buy some books.
B: I wanted to buy _____ books, but I am too busy. Can you help me?
G: Sure. Tell me the name of the comic books. I will get them for you.
B: Thank you.

05

대화를 듣고, 두 사람이 무엇에 관하여 이야기하고 있는지 고르시오.

① favorite food
② favorite sport
③ favorite animal
④ favorite musician

06

다음을 듣고, 그림의 상황으로 알맞은 것을 고르시오.

①   ②   ③   ④

07

다음을 듣고, 남자가 말한 내용과 일치하는 사람을 고르시오.

08

대화를 듣고, 남자아이가 찾고 있는 물건이 어디에 있는지 고르시오.

① 가방   ② 서랍
③ 음악실   ④ 사물함

B: What are you doing?

G: I am playing Mozart's piano music. Please enjoy.

B: His music _____ comfortable.

G: Yes. Mozart is my favorite musician.

B: I like Beethoven the _____. Will you play his piano music next time?

G: It will be my _____.

'음악의 신동'으로 불리는 모차르트(Mozart), '악성(음악의 성인)'으로 불리는 베토벤(Beethoven). 이 두 음악가의 음악을 한번 들어 보는 것은 어때요?

① W: Two girls are watching a _____.
② W: Two girls are sending an _____.
③ W: Two girls are playing e-sports.
④ W: Two girls are buying books _____.

M: They work in a garage. They _____ cars every day. They find solutions to broken cars. They are car mechanics. They _____ old cars, too.

G: It's time for music class.

B: Where is my _____?

G: _____ _____ in your desk?

B: No, it isn't.

G: _____ _____ looking in your locker?

B: It's here. Thank you for helping me.

09

대화를 듣고, 여자아이가 찾고 있는 장소의 위치를 고르시오.

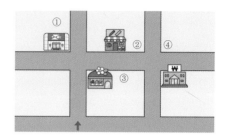

W: Excuse me, where is Brown Bakery?

M: Brown Bakery?

W: Yes.

M: Go straight and turn right at the _____.

W: You mean turn right at the flower shop over there?

M: Right. It's on your left. It's next to the _____ store.

10

대화를 듣고, 남자의 필통에 대한 설명과 일치하지 <u>않는</u> 것을 고르시오.

① 필통은 물고기처럼 생겼다.
② 남자는 필통을 선물로 받았다.
③ 여자는 남자의 필통을 싫어한다.
④ 남자는 자신의 필통을 좋아한다.

B: What is it?

G: It's a new pencil case. What do you think about it?

B: The pencil case _____ _____ a fish. I think it's cool.

G: Me too. So, by the way, happy birthday! This is _____ you.

B: Wow, I'm so _____. Thanks for the gift! I like this pencil case very much.

> stomach은 '위, 위장',
> ache는 '아픔'이라는 의미예요.
> 이 둘을 합쳐 stomachache라고 쓰면
> '복통'이라는 의미가 된답니다.

11

대화를 듣고, 그림의 상황에 가장 알맞은 것을 고르시오.

①　②　③　④

① G: It's 11:30. It's time for science class.

　 B: We have to move to the science _____.

② G: Hi, Junho. What's wrong?

　 B: I have a stomachache. I think I ate too much for lunch.

③ G: Where are you going, Jinwoo?

　 B: I'm going _____ to the lake.

④ G: What did you do for your mom's birthday?

　 B: We _____ a birthday cake for her.

12

대화를 듣고, 사람과 그 사람이 하는 방과 후 활동이 알맞게 짝지어진 것을 고르시오.

<u>사람</u>　　<u>방과 후 활동</u>
① 지민　－　밴드부 활동
② 하윤　－　피아노 수업
③ 지민　－　운동 연습
④ 하윤　－　독서부 활동

G: What do you do _____ _____, Jimin?

B: I usually go to the book club and read books. How about you, Hayun?

G: I usually take a piano _____.

B: Really? So how about joining a music club?

G: Why?

B: The club needs a _____.

13

다음을 듣고, 대화가 자연스럽지 <u>않은</u> 것을 고르시오.

 ①　　 ②　　③　　④

① G: Let's go to the movies this Saturday.

　　B: Sounds good. At what _____?

② G: What do you want to do?

　　B: I want to take a drawing lesson.

③ G: Did you enjoy your _____?

　　B: I don't enjoy meeting people.

④ G: When do you go to school?

　　B: I go to school at _____ 8:40.

14

다음을 듣고, 준호에 대한 내용과 일치하는 것을 고르시오.

① 여름에 자주 아프다.
② 피구를 하다 다쳤다.
③ 몸이 좋지 않아 보건실에 갔다.
④ 체육 수업을 하지 않고 집에 갔다.

G: We were playing dodge ball in P.E. class. My friend, Junho didn't _____ _____. The P.E. teacher told him to see the school nurse. I _____ Junho to the school nurse's office. Junho got some _____ there and felt better.

15

대화를 듣고, 체육대회에 관해 알맞지 <u>않은</u> 것을 고르시오.

① 축구와 농구 종목 참가자가 있다.
② 축구 참가자가 농구 참가자보다 많다.
③ 내일 추가로 관련 회의를 할 것이다.
④ 축구와 농구 경기로만 진행될 예정이다.

G: Let's see what to do for the _____ day.

B: Eleven players will play soccer and five players will play basket ball.

G: Okay. We need a sport for the four students. They can't just _____.

B: How about _____ a relay race?

G: Great idea! Let's plan a relay race tomorrow.

16

대화를 듣고, 여자아이가 학교 축제에 참가하지 <u>못하는</u> 이유를 고르시오.

① 동생을 돌봐야 해서
② 학원 수업을 받아야 해서
③ 부모님이 허락하지 않아서
④ 조부모님을 뵈러 가야 해서

B: Let's go to the school festival this Friday.

G: Sorry, I can't _____ on that day.

B: Why is that?

G: I have to _____ my grandparents this Friday.

B: The festival is on Saturday, too.

G: I won't be back _____ Sunday.

17

대화를 듣고, 이어질 응답으로 알맞지 <u>않은</u> 것을 고르시오.

① I don't have my homework.
② Good idea. Where should we meet?
③ That's great. We can help each other.
④ Sounds good. Let's do it in the school library.

G: Hello. Is Minsu there?
B: _____.
G: Hi, this is Subin. Did you do your homework?
B: _____ _____. I was too busy.
G: Me neither. How about doing the homework together?
B: _____

18

대화를 듣고, 이어질 응답으로 알맞은 것을 고르시오.

① Socks are not on sale.
② Dresses are too expensive.
③ Of course. What size does she wear?
④ Go straight and turn left at the shoe store.

W: I'm looking for shoes for my _____.
M: How old is she?
W: She is 8 years old.
M: All right. These are _____ shoes for 8-year-old girls.
W: I like them all. Do you have them in purple?
M: _____

19

대화를 듣고, 이어질 응답으로 알맞은 것을 고르시오.

① I am tired now.
② We went to a museum.
③ We will go to the park.
④ Do you like Gyeongju?

G: How was your _____ _____?
B: It was awesome.
G: Where did you go?
B: We went to Gyeongju _____ _____.
G: What did you do there?
B: _____

20

대화를 듣고, 이어질 응답으로 알맞은 것을 고르시오.

① I don't like math.
② I have a math class.
③ I am a math teacher.
④ I think I did well on it.

G: Good morning, Justin.
B: Good morning, Dahee. How was the test yesterday?
G: Oh, you mean the _____ test?
B: Yeah. Did you _____ _____ on the test?
G: Well, I did my best. How about you?
B: _____

● MP3 파일을 듣고, 다음 빈칸을 채워 대화를 완성해 보세요.

> "A에는 B의 대답에 어울리는 질문이, B에는 A의 질문에 어울리는 대답이 들어갈 거예요. A와 B가 어떠한 대화를 나누게 될까요?"

01 A Can you help me clean the room? 너는 방 청소를 도와줄 수 있니?

B <u>**No problem. I will give you a hand.**</u> 문제없어. 내가 너를 도와줄게.

02 A _____ _____

B Yes. I have to tidy up the books. 응. 나는 책을 정리해야 해.

03 A Did you do well on the test? 너는 시험 잘 봤니?

B _____ _____

04 A _____ _____

B It's in my locker. 그것은 내 사물함 안에 있어.

05 A _____ _____

B I usually go to the book club and read books. 나는 대개 독서부에 가서 책을 읽어.

"한 번에 문장을 다 쓰긴 어려워요. 여러 번 들으면서 메모하며 천천히 적어도 좋아요. 문장이 완성되면, 우리말 뜻도 적어 보세요!"

06 I <u>like Beethoven the most</u>.

<u>나는 베토벤을 제일 좋아한다.</u>

07 The _____.

_____

08 They _____.

_____

09 I _____.

_____

10 We _____.

_____

Listen & Speak Up 5

 **SPEAK UP**

| 정답과 해설 33쪽 |

● **주어진 우리말 의미에 맞게 영어로 말해 보세요.**

> **STEP 1** 우리말을 읽고, 앞에서 학습한 내용을 이용하여 영어로 말해 봐요. 말한 뒤에는 네모 박스에 체크해요.
>
> **STEP 2** 주어진 어휘 또는 표현들을 이용하여 문장을 완성해요.

01 우리는 얼마나 더 오래 가야 하나요? (how long, have to)

STEP 1 ☐

STEP 2 _____

02 그것은 열쇠고리가 있나요? (it, have)

STEP 1 ☐

STEP 2 _____

03 내 친구는 몸이 좋지 않았다. (feel good)

STEP 1 ☐

STEP 2 _____

04 당신은 그것이 어떻게 생겼는지 나에게 말해 줄 수 있나요? (look like)

STEP 1 ☐

STEP 2 _____

05 당신은 식사를 맛있게 했나요? (enjoy, meal)

STEP 1 ☐

STEP 2 _____

06 나는 엄마에게 케이크를 사 드렸다. (for, my mom)

STEP 1 ☐

STEP 2 _____

07 그것은 문구점 옆에 있어요. (stationery store)

STEP 1 ☐

STEP 2 _____

Listen & Speak Up 6

WARM UP

새로운 어휘들을 미리 공부해 볼까요?

| 정답과 해설 34쪽 |

A MP3 파일을 잘 듣고, 알맞은 번호 옆에 어휘의 철자와 뜻을 쓰세요.
뒷장으로 넘어가기 전, 한 번 더 들어 보고 싶은 경우에는 네모 박스에 체크하세요.

01 ☐ **donate** **기부하다**

02 ☐

03 ☐

04 ☐

05 ☐

06 ☐

07 ☐

08 ☐

09 ☐

10 ☐

B 주어진 우리말 의미에 맞도록 빈칸을 채우세요.
위에서 학습한 어휘들을 이용해 보세요.

01 밖으로 나가다
go _____

02 두 개의 날카로운 칼날
two _____ blades

03 휴대 전화 수리점
a cell phone _____ _____

04 그에게 특별한 감사를 표현하다
_____ special _____ _____ him

05 우리 학교 음악 축제
our school music _____

06 그러고 나서 나는 8시에 옷을 입어요.
Then I _____ _____ at eight.

07 나는 콧물이 나고 목이 아파요.
I have a runny nose and a _____ throat.

08 당신의 신발에 무슨 일이 일어났어요?
What _____ed to your shoes?

09 Alice는 학교 운동장에서 공연할 거예요.
Alice is _____ing on the school field.

10 당신은 책과 옷을 기부할 수 있어요.
You can _____ your books and clothes.

● MP3 파일을 잘 듣고, 물음에 답하세요.

01
▶ 241040-0126

대화를 듣고, 남자아이가 아빠를 찾는 목적을 고르시오.

① 숙제를 도와 달라고
② 점심을 함께 먹으려고
③ 게임하는 법을 배우려고
④ 슈퍼마켓에 장을 보러 가려고

02
▶ 241040-0127

대화를 듣고, 하나의 물건으로 알맞은 것을 고르시오.

①
②
③
④

03
▶ 241040-0128

대화를 듣고, 남자아이가 주말에 할 일을 고르시오.

① 농구하기
② 요리하기
③ 카네이션 만들기
④ 할머니 방문하기

04
▶ 241040-0129

다음을 듣고, 무엇에 관한 내용인지 고르시오.

① Mother's Day
② Teacher's Day
③ Children's Day
④ Thanksgiving Day

05
▶ 241040-0130

대화를 듣고, 영화관의 위치로 알맞은 것을 고르시오.

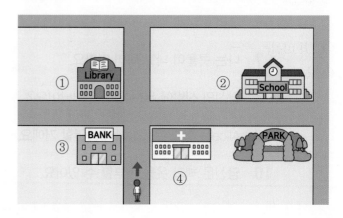

06

241040-0131

다음을 듣고, 여자아이가 말한 내용과 일치하는 사람을 고르시오.

①

②

③

④

07

241040-0132

대화를 듣고, Jenny의 학급 음악회 신청서를 완성할 때 (A)와 (B)에서 선택할 것을 고르시오.

> **Class Concert**
> **Name: Jenny Lee**
> **(A) Choice of Instrument**
> ■ Cello　■ Piano
> ■ Ukulele　■ Recorder
> **(B) Pick a Day:** ■ Monday　Tuesday

　　　(A)　　　　(B)
① Cello　　–　Monday
② Piano　　–　Tuesday
③ Ukulele　–　Monday
④ Recorder　–　Tuesday

08

241040-0133

대화를 듣고, 남자아이가 배드민턴을 할 수 없는 이유를 고르시오.

① 감기에 걸려서
② 운동화가 젖어서
③ 동생을 돌봐야 해서
④ 보드게임을 해야 해서

09

241040-0134

다음을 듣고, 여자아이가 말한 내용과 일치하는 것을 고르시오.

① 일주일에 세 번 운동한다.
② 주말마다 요가를 한다.
③ 월요일에 수영하러 간다.
④ 수요일에는 운동하지 않는다.

10

241040-0135

다음을 듣고, 남자아이가 말하는 내용과 일치하지 않는 것을 고르시오.

① 7시에 일어나서 샤워한다.
② 7시 30분에 아침 식사를 한다.
③ 8시에 학교에 간다.
④ 9시 10분에 첫 수업이 시작한다.

Listen & Speak Up 6

11
▶ 241040-0136

대화를 듣고, 남자아이가 찾는 물건과 그 위치가 바르게 짝지어진 것을 고르시오.

	찾는 물건		위치
①	수학책	–	의자 위
②	수학책	–	책상 아래
③	휴대 전화	–	침대 위
④	휴대 전화	–	책상 위

12
▶ 241040-0137

대화를 듣고, 두 아이가 무엇에 관해 이야기하고 있는지 고르시오.

① 음악회
② 학예회
③ 생일파티
④ 요리대회

13
▶ 241040-0138

다음을 듣고, 그림의 상황으로 알맞은 것을 고르시오.

①   ②   ③   ④

14
▶ 241040-0139

대화를 듣고, 그림의 상황에 가장 알맞은 것을 고르시오.

①   ②   ③   ④

15
▶ 241040-0140

다음을 듣고, 대화가 자연스럽지 <u>않은</u> 것을 고르시오.

①   ②   ③   ④

16
▶ 241040-0141

대화를 듣고, 여자아이가 좋아하는 계절과 그 이유를 고르시오.

계절		이유
① 봄	–	꽃을 좋아해서
② 여름	–	물놀이를 할 수 있어서
③ 가을	–	날씨가 화창하고 맑아서
④ 겨울	–	스키 타러 갈 수 있어서

17
▶ 241040-0142

대화를 듣고, 이어질 응답으로 알맞지 <u>않은</u> 것을 고르시오.

① You should see a doctor.

② It's hot. Open the window.

③ Go home and get some rest.

④ Why don't you take some medicine?

18
▶ 241040-0143

대화를 듣고, 이어질 응답으로 알맞은 것을 고르시오.

① There is a supermarket.

② Then let's do indoor exercise.

③ Let's order some food online.

④ How about cooking fried rice?

19
▶ 241040-0144

대화를 듣고, 이어질 응답으로 알맞은 것을 고르시오.

① I'll take it.

② It's very pretty.

③ You're welcome.

④ It's fifteen dollars.

20
▶ 241040-0145

대화를 듣고, 이어질 응답으로 알맞은 것을 고르시오.

① It was a great movie.

② How about 4 o'clock?

③ Let's meet at the bus stop.

④ I'll go there with my sister.

● MP3 파일을 잘 듣고, 물음에 답하세요.

01
▶ 241040-0146

다음을 듣고, 무엇에 관한 설명인지 고르시오.

① 천　　　　　　② 톱
③ 가위　　　　　④ 종이
⑤ 드라이버

02
▶ 241040-0147

대화를 듣고, 남자가 한 마지막 말의 의도로 가장 적절한 것을 고르시오.

① 승낙　　　　　② 거절
③ 감사　　　　　④ 사과
⑤ 조언

03
▶ 241040-0148

다음을 듣고, 남자가 음악 축제에 대해 언급하지 않은 것을 고르시오.

① 요일　　　　　② 시간
③ 장소　　　　　④ 관객 수
⑤ 특별 행사

04
▶ 241040-0149

대화를 듣고, 여자의 심정으로 가장 적절한 것을 고르시오.

① 지루한　　　　② 평온한
③ 안도하는　　　④ 자랑스러운
⑤ 당황스러운

05
▶ 241040-0150

대화를 듣고, 남자의 마지막 말에 이어질 여자의 말로 가장 적절한 것을 고르시오.

① That sounds fun.
② Thank you very much.
③ I have a soccer match, too.
④ It means I wish you good luck.
⑤ Keeping a promise is important.

● MP3 파일을 잘 듣고, 다음 빈칸을 채워 보세요. 빈칸을 채운 뒤, 한 번 더 문제를 풀어 보세요.

01

대화를 듣고, 남자아이가 아빠를 찾는 목적을 고르시오.

① 숙제를 도와 달라고
② 점심을 함께 먹으려고
③ 게임하는 법을 배우려고
④ 슈퍼마켓에 장을 보러 가려고

B: Mom, where's Dad?

W: He went to the _____.

B: Oh, I _____ his help.

W: What do you need his help for?

B: I want to learn _____ _____ play this PC game.

W: He'll be here soon.

02

대화를 듣고, 한나의 물건으로 알맞은 것을 고르시오.

① ② ③ ④

B: Hannah, is that red baseball cap _____?

G: No. It's Leo's. The white shoes on the floor are _____.

B: How about the blue _____?

G: It's my sister's. Are those green gloves yours?

B: They are not mine. They are my _____.

03

대화를 듣고, 남자아이가 주말에 할 일을 고르시오.

① 농구하기
② 요리하기
③ 카네이션 만들기
④ 할머니 방문하기

B: Brittany, what are you going to do this _____?

G: I'm going to _____ my grandmother for Mother's Day.

B: Great. I'm going to do _____ special for my mom.

G: What are you going to do?

B: I'm going to cook _____ for her.

G: Really? She'll love it.

04

다음을 듣고, 무엇에 관한 내용인지 고르시오.

① Mother's Day
② Teacher's Day
③ Children's Day
④ Thanksgiving Day

M: On this day we give _____ _____ to our teachers. We sometimes sing for them. Also, we make a card for them and write kind _____ in it. Lastly, we make some _____ for them.

05

대화를 듣고, 영화관의 위치로 알맞은 것을 고르시오.

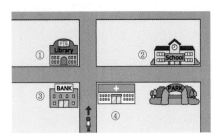

06

다음을 듣고, 여자아이가 말한 내용과 일치하는 사람을 고르시오.

①   ②

③   ④

07

대화를 듣고, Jenny의 학급 음악회 신청 링크를 완성할 때 (A)와 (B)에서 선택할 것을 고르시오.

Class Concert
Name: Jenny Lee
(A) Choice of Instrument
■ Cello ■ Piano
■ Ukulele ■ Recorder
(B) Pick a Day: ■ Monday Tuesday

	(A)		(B)
①	Cello	–	Monday
②	Piano	–	Tuesday
③	Ukulele	–	Monday
④	Recorder	–	Tuesday

08

대화를 듣고, 남자아이가 배드민턴을 할 수 <u>없는</u> 이유를 고르시오.

① 감기에 걸려서
② 운동화가 젖어서
③ 동생을 돌봐야 해서
④ 보드게임을 해야 해서

G: Excuse me, can you tell me where the _____ is?

M: Sure. Go _____ and turn left at the corner.

G: Go straight and turn left at the first corner?

M: Yes. Then go straight again. The cinema is _____ _____ the bank.

G: Thank you very much.

G: Look at this photo. This is my sister and brother. My sister has short _____ hair. She's _____ a pink dress. She's also wearing glasses. My brother is _____ _____ my sister. He's wearing a white T-shirt and jeans.

G: Tom, what will you play for the class music _____?

B: I'll play the ukulele. Will you play the piano, Jenny?

G: I am not _____ _____ playing the piano.

B: What about the recorder?

G: Eunju will play the recorder. I'll play the cello.

B: What day are you going to play on?

G: _____.

G: Do you have any _____ this afternoon?

B: No, I don't.

G: Let's play badminton.

B: I'm sorry I can't. My shoes are still _____.

G: What _____ to your shoes?

B: They were wet in the rain yesterday, but they're not dry yet.

G: Let's play board games then.

B: _____ _____.

09

다음을 듣고, 여자아이가 말한 내용과 일치하는 것을 고르시오.

① 일주일에 세 번 운동한다.
② 주말마다 요가를 한다.
③ 월요일에 수영하러 간다.
④ 수요일에는 운동하지 않는다.

G: How _____ do you exercise? I exercise three _____ a week. What _____ do I do? I do yoga on Monday and Wednesday. I go swimming _____ _____.

10

다음을 듣고, 남자아이가 말하는 내용과 일치하지 않는 것을 고르시오.

① 7시에 일어나서 샤워한다.
② 7시 30분에 아침 식사를 한다.
③ 8시에 학교에 간다.
④ 9시 10분에 첫 수업이 시작한다.

B: Every day I get up and take a _____ at seven. I have _____ at seven thirty. Then I _____ _____ at eight. I go to school at eight forty. My first class _____ at nine ten.

11

대화를 듣고, 남자아이가 찾는 물건과 그 위치가 바르게 짝지어진 것을 고르시오.

찾는 물건	위치
① 수학책	의자 위
② 수학책	책상 아래
③ 휴대 전화	침대 위
④ 휴대 전화	책상 위

B: Mom, where is my math book?
W: Your _____ book is _____ your chair.
B: Oh, there it is. What about my cell phone?
W: On your bed.
B: On my bed? No, it's not there.
W: Then _____ on your desk.
B: Oh, you're _____. It is on my desk.

12

대화를 듣고, 두 아이가 무엇에 관해 이야기하고 있는지 고르시오.

① 음악회
② 학예회
③ 생일파티
④ 요리대회

surprise party(깜짝 파티)는 말 그대로 축하받는 상대가 모르게 준비하여 깜짝 놀라게 하는 파티랍니다. 여러분은 친구를 위해 깜짝 파티를 해 보았나요?

G: It's Sally's _____ next Friday.
B: Let's have a _____ party for her.
G: Okay. Let's _____ a cake.
B: Sounds good. And let's play her 'Happy Birthday.'
G: All right. I'll play the _____.
B: I'll play the piano.

13

다음을 듣고, 그림의 상황으로 알맞은 것을 고르시오.

① ② ③ ④

① G: My class _____ at nine.

② G: I have _____ at noon.

③ G: I read books in the _____ at four.

④ G: I _____ home at six.

14

대화를 듣고, 그림의 상황에 가장 알맞은 것을 고르시오.

① ② ③ ④

① G: Why are you so sad?

   B: Because I can't find my _____.

② G: What are you doing?

   B: I'm _____ with my dog.

③ G: Can you _____ a bike?

   B: Yes, I can.

④ G: Can you help me with my _____?

   B: Of course, I can.

15

다음을 듣고, 대화가 자연스럽지 않은 것을 고르시오.

① ② ③ ④

① G: Do you know how to play the _____?

   B: Yes, I do. Do you want to learn?

② G: Where are you going?

   B: I'm going to the _____.

③ G: What's your favorite _____?

   B: I don't like fruit much.

④ G: Do you know Mr. Brown?

   B: Sure. He's my _____ teacher.

16

대화를 듣고, 여자아이가 좋아하는 계절과 그 이유를 고르시오.

계절	이유
① 봄	– 꽃을 좋아해서
② 여름	– 물놀이를 할 수 있어서
③ 가을	– 날씨가 화창하고 맑아서
④ 겨울	– 스키 타러 갈 수 있어서

B: The weather is _____ warmer.

G: Yeah. Spring is already here.

B: Yeah. My favorite _____ is spring.

G: Why do you like _____ the best?

B: Because I love flowers. What about you?

G: I love winter the best because I can go _____.

17

대화를 듣고, 이어질 응답으로 알맞지 <u>않은</u> 것을 고르시오.

① You should see a doctor.
② It's hot. Open the window.
③ Go home and get some rest.
④ Why don't you take some medicine?

M: What's _____ with you?
W: I have a runny nose and a _____ _____.
M: When did you start feeling sick?
W: _____ last night around 9.
M: I think you have a _____.
W: What should I do?
M: _____

18

대화를 듣고, 이어질 응답으로 알맞은 것을 고르시오.

① There is a supermarket.
② Then let's do indoor exercise.
③ Let's order some food online.
④ How about cooking fried rice?

W: We need to do some _____.
B: Yeah, but we can't go _____. It's raining a lot.
W: What should we do?
B: There are lots of home _____ videos _____.
W: _____

19

대화를 듣고, 이어질 응답으로 알맞은 것을 고르시오.

① I'll take it.
② It's very pretty.
③ You're welcome.
④ It's fifteen dollars.

G: _____ me.
M: Yes. How may I help you?
G: Hi. I'm _____ for a gift for Mother's Day.
M: How about this _____?
G: It's nice. How _____ is it?
M: _____

어머니날은 미국을 비롯한 세계 여러 나라에서 기념하고 있는데, 기념하는 꽃은 카네이션이랍니다. 우리나라는 어버이날이라고 부르지요.

20

대화를 듣고, 이어질 응답으로 알맞은 것을 고르시오.

① It was a great movie.
② How about 4 o'clock?
③ Let's meet at the bus stop.
④ I'll go there with my sister.

G: I'm going to the cinema _____.
B: Sounds _____.
G: _____ you like to come with me?
B: Sure. I'd love to. What time _____ we meet?
G: _____

● MP3 파일을 듣고, 다음 빈칸을 채워 대화를 완성해 보세요.

"A에는 B의 대답에 어울리는 질문이, B에는 A의 질문에 어울리는 대답이 들어갈 거예요. A와 B가 어떠한 대화를 나누게 될까요?"

01 A <u>Are those green gloves yours?</u>　　　　그 녹색 장갑들은 당신 것인가요?

　　　B They are not mine.　　　　　　　　　　그것들은 내 것이 아니에요.

02 A What will you play for the class music concert?　　너는 학급 음악회에서 무엇을 연주할 예정이니?

　　　B _____　　_____

03 A _____　　_____

　　　B They were wet in the rain yesterday, but they're not dry yet.　　그것들은 어제 비에 젖었는데 아직 안 말랐어요.

04 A Why are you so sad?　　　　　　　　　너는 왜 그렇게 슬퍼하니?

　　　B _____　　_____

05 A How may I help you?　　　　　　　　　어떻게 도와드릴까요?

　　　B _____　　_____

"한 번에 문장을 다 쓰긴 어려워요. 여러 번 들으면서 메모하며 천천히 적어도 좋아요. 문장이 완성되면, 우리말 뜻도 적어 보세요!"

06 The <u>white shoes on the floor are mine</u>   .

<u>바닥에 있는 하얀 신발은 제 것입니다.</u>

07 She's _____ .

_____

08 I _____ .

_____

09 My _____ .

_____

10 Let's _____ .

_____

Listen & Speak Up 6

● **주어진 우리말 의미에 맞게 영어로 말해 보세요.**

> **STEP 1** 우리말을 읽고, 앞에서 학습한 내용을 이용하여 영어로 말해 봐요. 말한 뒤에는 네모 박스에 체크해요.
>
> **STEP 2** 주어진 어휘 또는 표현들을 이용하여 문장을 완성해요.

01 너는 길을 건널 때 조심해야 한다. (should, be careful, cross the street)

STEP 1 ☐

STEP 2 _____

02 날씨가 점점 추워지고 있다. (get colder)

STEP 1 ☐

STEP 2 _____

03 우리는 돈을 모으기 위해 벼룩시장을 열 거예요. (will, open, raise money)

STEP 1 ☐

STEP 2 _____

04 도서관은 이미 닫혔어요. (be closed, already)

STEP 1 ☐

STEP 2 _____

05 약속을 지키는 것은 쉽지 않다. (keeping a promise)

STEP 1 ☐

STEP 2 _____

06 나는 내 가족을 위해 뭔가 특별한 걸 할 거야. (something special)

STEP 1 ☐

STEP 2 _____

07 언제부터 아프기 시작했니? (start feeling sick)

STEP 1 ☐

STEP 2 _____

Listen & Speak Up 7

WARM UP

새로운 어휘들을 미리 공부해 볼까요?

| 정답과 해설 40쪽 |

A MP3 파일을 잘 듣고, 알맞은 번호 옆에 어휘의 철자와 뜻을 쓰세요.
뒷장으로 넘어가기 전, 한 번 더 들어 보고 싶은 경우에는 네모 박스에 체크하세요.

01 ☐ **clothes** 옷, 의복　　06 ☐ ＿＿＿＿ ＿＿＿＿

02 ☐ ＿＿＿＿ ＿＿＿＿　　07 ☐ ＿＿＿＿ ＿＿＿＿

03 ☐ ＿＿＿＿ ＿＿＿＿　　08 ☐ ＿＿＿＿ ＿＿＿＿

04 ☐ ＿＿＿＿ ＿＿＿＿　　09 ☐ ＿＿＿＿ ＿＿＿＿

05 ☐ ＿＿＿＿ ＿＿＿＿　　10 ☐ ＿＿＿＿ ＿＿＿＿

B 주어진 우리말 의미에 맞도록 빈칸을 채우세요.
위에서 학습한 어휘들을 이용해 보세요.

01　수박 한 조각　　　　＿＿＿＿ ＿＿＿＿ ＿＿＿＿ watermelon

02　Harry처럼 옷을 입다　　wear ＿＿＿＿ like Harry

03　가장 가까운 서점　　　the nearest ＿＿＿＿

04　박물관에 가다　　　　get to the ＿＿＿＿

05　매니저와 이야기하다　　speak with the ＿＿＿＿

06　그건 직사각형 모양이니?　Is it ＿＿＿＿?

07　영수증을 가지고 있나요?　Do you have the ＿＿＿＿?

08　나의 코치는 내 옆에 계셔.　My ＿＿＿＿ is next to me.

09　어떻게 해서 네 무릎을 다친 거야?　How did you ＿＿＿＿ your knee?

10　나는 학교 운동장에서 넘어졌어요.　I ＿＿＿＿ in the school playground.

● MP3 파일을 잘 듣고, 물음에 답하세요.

01
▶ 241040-0151

대화를 듣고, 대화가 이루어지고 있는 장소를 고르시오.

① 교실　　　　　② 식당
③ 도서관　　　　④ 보건실

02
▶ 241040-0152

대화를 듣고, 두 아이가 무엇에 관해 이야기하고 있는지 고르시오.

① 해리포터 책
② 졸업 사진 의상
③ 마법 망토 대여
④ 마법 지팡이 만들기

03
▶ 241040-0153

대화를 듣고, 여자아이가 이번 주말에 할 일을 고르시오.

① 사과 사러 가기
② 축구 시합 보러 가기
③ 도서관에서 공부하기
④ 할아버지와 할머니 돕기

04
▶ 241040-0154

대화를 듣고, 여자아이가 찾고 있는 장소의 위치를 고르시오.

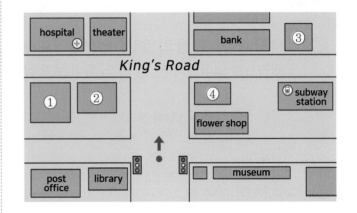

05
▶ 241040-0155

대화를 듣고, 남자아이가 전화한 목적을 고르시오.

① 진료 예약을 하려고
② 학교에 지각한다고 말하려고
③ 학교에 결석한다고 알리려고
④ 집에 돌아올 시간을 알려 주려고

06

241040-0156

대화를 듣고, 내용과 일치하는 것을 고르시오.

①

②

③

④

07

241040-0157

대화를 듣고, 여자아이가 교환하려는 물건과 그 이유를 고르시오.

물건		이유
① 손목시계	–	이미 가지고 있어서
② 알람 시계	–	이미 가지고 있어서
③ 손목시계	–	디자인이 마음에 안 들어서
④ 알람 시계	–	디자인이 마음에 안 들어서

08

241040-0158

대화를 듣고, 남자아이가 먹고 싶지 않은 음식과 그 이유가 바르게 짝지어진 것을 고르시오.

음식		이유
① 카레	–	카레 냄새를 좋아하지 않아서
② 카레	–	인도 음식을 좋아하지 않아서
③ 피시앤칩스	–	영국 음식을 좋아하지 않아서
④ 피시앤칩스	–	튀긴 음식을 좋아하지 않아서

09

241040-0159

대화를 듣고, 남자아이의 치과 예약 카드 내용으로 알맞지 <u>않은</u> 것을 고르시오.

Dr. Song's Dental Clinic

Name: ① Brian Thompson

Date: ② Wednesday, ③ June 23rd

Time: ④ 2:30

10

241040-0160

대화를 듣고, 여자아이가 찾는 물건의 위치를 고르시오.

Listen & Speak Up 7

11

241040-0161

다음을 듣고, 그림의 상황으로 알맞지 <u>않은</u> 것을 고르시오.

①　　　　②　　　　③　　　　④

12

241040-0162

대화를 듣고, 그림의 상황에 가장 알맞은 것을 고르시오.

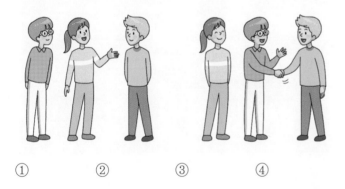

①　　　　②　　　　③　　　　④

13

241040-0163

대화를 듣고, 세나에 대한 설명으로 일치하지 <u>않는</u> 것을 고르시오.

① 주중에만 운동한다.
② 주 3회 요가를 한다.
③ 방과 후 줄넘기를 한다.
④ 금요일에는 탁구를 한다.

14

241040-0164

대화를 듣고, 두 아이가 무엇에 관해 이야기하고 있는지 고르시오.

① 방 정리하기
② 시험공부 하기
③ 수학 문제 풀기
④ 피아노 연습하기

15

241040-0165

다음을 듣고, 대화가 자연스럽지 <u>않은</u> 것을 고르시오.

①　　　　②　　　　③　　　　④

16

241040-0166

대화를 듣고, 두 아이가 미술 전시회에 갈 날짜를 고르시오.

① July 15th
② July 16th
③ July 18th
④ July 19th

17

241040-0167

대화를 듣고, 이어질 응답으로 알맞지 <u>않은</u> 것을 고르시오.

① We have enough water.
② Let's go there and check.
③ Ah, you left it at the store.
④ Right, we'd better go there now.

18

241040-0168

대화를 듣고, 이어질 응답으로 알맞은 것을 고르시오.

① Yes, here you are.
② I want to try them on.
③ The yellow pants are nice.
④ I bought them three days ago.

19

241040-0169

대화를 듣고, 이어질 응답으로 알맞은 것을 고르시오.

① I'm the goalkeeper.
② I play soccer every day.
③ My coach is next to me.
④ I play the piano and guitar.

20

241040-0170

대화를 듣고, 이어질 응답으로 알맞은 것을 고르시오.

① Is it raining outside?
② You can take my umbrella.
③ I mean you should check the weather.
④ It means we should go some other time.

● MP3 파일을 잘 듣고, 물음에 답하세요.

01
▶ 241040-0171

대화를 듣고, 남자가 한 마지막 말의 의도로 가장 적절한 것을 고르시오.

① 불평   ② 조언
③ 사과   ④ 동의
⑤ 감사

02
▶ 241040-0172

다음을 듣고, 책 표지 디자인 대회에 대해 언급하지 않은 것을 고르시오.

① 날짜   ② 시간
③ 요일   ④ 준비물
⑤ 참가 대상

03
▶ 241040-0173

대화를 듣고, 여자의 심정으로 가장 적절한 것을 고르시오.

① proud   ② happy
③ angry   ④ excited
⑤ stressed

04
▶ 241040-0174

대화를 듣고, 남자가 사러 갈 물건으로 가장 적절한 것을 고르시오.

① 설탕   ② 달걀
③ 우유   ④ 딸기
⑤ 밀가루

05
▶ 241040-0175

대화를 듣고, 여자의 마지막 말에 이어질 남자의 말로 가장 적절한 것을 고르시오.

① I love your new shirt.
② The price is very cheap.
③ I'd like to buy that shirt.
④ The fitting room is over there.
⑤ You can't try on the white shirt.

JUMP UP

|정답과 해설 40쪽|

● MP3 파일을 잘 듣고, 다음 빈칸을 채워 보세요. 빈칸을 채운 뒤, 한 번 더 문제를 풀어 보세요.

01

대화를 듣고, 대화가 이루어지고 있는 장소를 고르시오.

① 교실   ② 식당
③ 도서관   ④ 보건실

02

대화를 듣고, 두 아이가 무엇에 관해 이야기하고 있는지 고르시오.

① 해리포터 책
② 졸업 사진 의상
③ 마법 망토 대여
④ 마법 지팡이 만들기

03

대화를 듣고, 여자아이가 이번 주말에 할 일을 고르시오.

① 사과 사러 가기
② 축구 시합 보러 가기
③ 도서관에서 공부하기
④ 할아버지와 할머니 돕기

04

대화를 듣고, 여자아이가 찾고 있는 장소의 위치를 고르시오.

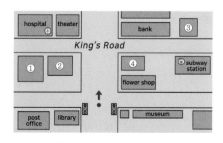

W: What's the matter?

B: I hurt my knee.

W: How did you _____ your knee?

B: I _____ _____ in the school playground.

W: I will put some ice on it.

B: Thank you. Do you think it's bad?

W: I don't think so. It will _____ _____ quickly.

G: What should we wear for our _____ photo?

B: How about *Harry Potter* _____?

G: That sounds great. I'll dress like Hermione.

B: I will wear _____ like Harry.

G: I don't have a _____ _____.

B: Why don't you buy one online?

G: Good idea.

B: I have two tickets for a soccer game. Do you want to come?

G: I'd love to. But I'll visit my _____ this weekend. I'm going to help them _____ apples.

B: Oh, I'll have to find _____ friend.

G: Why don't you call Jihun?

B: Okay. I'll text him _____ _____.

G: I will bring some apples for you. See you on Monday.

W: Excuse me. Where is the nearest _____?

M: Go _____ one block and turn right.

W: Turn right at King's Road?

M: Yes. Then go straight one _____. It's across from the _____ station.

W: Okay. Thanks.

05

대화를 듣고, 남자아이가 전화한 목적을 고르
시오.

① 진료 예약을 하려고
② 학교에 지각한다고 말하려고
③ 학교에 결석한다고 알리려고
④ 집에 돌아올 시간을 알려 주려고

06

대화를 듣고, 내용과 일치하는 것을 고르시오.

① 　　②

③ 　　　　　　　　④

07

대화를 듣고, 여자아이가 교환하려는 물건과 그
이유를 고르시오.

	물건		이유
①	손목시계	–	이미 가지고 있어서
②	알람 시계	–	이미 가지고 있어서
③	손목시계	–	디자인이 마음에 안 들어서
④	알람 시계	–	디자인이 마음에 안 들어서

08

대화를 듣고, 남자아이가 먹고 싶지 않은 음식과
그 이유가 바르게 짝지어진 것을 고르시오.

	음식		이유
①	카레	–	카레 냄새를 좋아하지 않아서
②	카레	–	인도 음식을 좋아하지 않아서
③	피시앤칩스	–	영국 음식을 좋아하지 않아서
④	피시앤칩스	–	튀긴 음식을 좋아하지 않아서

[Cell phone rings.]

B: Hello, Ms. Kim.

W: Jinsu, are you coming to school? It's already the second
_____ now.

B: _____, I won't be coming to school.

W: Why is that?

B: I have a sore _____ and a high fever.

W: Oh, then you can't come to school.

B: Right. I think I have to _____ home.

M: Hyomin, what are you _____ for?

G: I'm looking for my _____ _____. I think I left it here.

M: Is it _____?

G: No, it's not.

M: Does it look like a hot dog?

G: No. It looks like a _____ of _____.

M: Ah, there it is.

M: Hello. May I help you?

G: Yes, please. I'd like to _____
this watch.

M: Is there anything _____ with it?

G: No. And I like the style. But I already have one.

M: Okay. Do you have the _____?

G: Yes. Here it is. Can I exchange it for that _____ clock?

M: Let me check the price.

watch는
'손목시계'라는 뜻 이외에,
'보다, 지켜보다'라는 뜻도 있답니다.
그리고 여기에서 유래해서
'감시, 감시하다'라는 뜻도 있죠.
많이 쓰이는 말이니
기억해 두면 좋아요.

G: How about having fish and chips for lunch?

B: Fish and chips? I'd _____ have something _____.

G: Why?

B: I don't like _____ food.

G: What about Indian curry?

B: Oh, that's a good idea. I love the _____ of Indian curry.

09

대화를 듣고, 남자아이의 치과 예약 카드 내용으로 알맞지 <u>않은</u> 것을 고르시오.

Dr. Song's Dental Clinic

Name: ① Brian Thompson

Date: ② Wednesday, ③ June 23rd

Time: ④ 2:30

10

대화를 듣고, 여자아이가 찾는 물건의 위치를 고르시오.

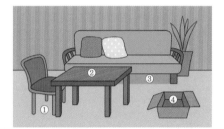

11

다음을 듣고, 그림의 상황으로 알맞지 <u>않은</u> 것을 고르시오.

① ② ③ ④

12

대화를 듣고, 그림의 상황에 가장 알맞은 것을 고르시오.

① ② ③ ④

W: Hello. Dr. Song's Dental Clinic. How may I help you?

B: Hi. My name is Brian Thompson. I'd like to make an _____.

W: Okay. How about _____, June 23rd?

B: Wednesday, June 23rd? That's good. What time is _____?

W: Is 2:30 okay with you?

B: Oh, my school _____ at three.

W: There's time at 3:30. Can you come then?

B: Yes. Sounds good. Thanks.

G: Dad, I'm going to the tennis _____.

M: Okay.

G: I have my tennis _____, but I can't find my balls. Do you know where they are?

M: Aren't they on the table?

G: No, they're not.

M: What about in the box?

G: No, they're not there.

M: Look _____ the _____.

G: There they are.

① M: A cat is playing with the toy _____.

② M: A white dog is _____ on the chair.

③ M: A fish is swimming in the _____.

④ M: A boy with _____ on is listening to music.

① G: Suho, you're late today.

　B: I'm sorry. I _____ the bus.

② G: What's the _____ like today?

　B: It's warm and sunny.

③ G: Meet my friend, Sam.

　B: Nice to meet you, Sam.

④ G: I'm _____. Let's have some _____.

　B: Sounds good.

13

대화를 듣고, 세나에 대한 설명으로 일치하지 않는 것을 고르시오.

① 주중에만 운동한다.
② 주 3회 요가를 한다.
③ 방과 후 줄넘기를 한다.
④ 금요일에는 탁구를 한다.

B: Sena, what _____ do you do?

G: I do yoga and jump rope.

B: How _____ do you exercise?

G: I do yoga on Monday, Wednesday, and Friday.

B: What about jump rope?

G: I jump rope every day after school. So five _____ a week. What about you, Junsu?

B: I play table tennis on _____.

G: I take a rest on weekends.

14

대화를 듣고, 두 아이가 무엇에 관해 이야기하고 있는지 고르시오.

① 방 정리하기
② 시험공부 하기
③ 수학 문제 풀기
④ 피아노 연습하기

G: Can you do me a _____?

B: Sure. What is it?

G: I'm having _____ solving this math problem.

B: Let's see. You have to _____ 12 by 4 first.

G: Divide 12 by 4? And then?

B: Then you should add 6.

G: Okay. Now I _____. Thanks.

15

다음을 듣고, 대화가 자연스럽지 않은 것을 고르시오.

①   ②   ③   ④

① M: I'd like to _____ two hot dogs.
   W: Are they for here or to go?

② M: You don't look well. What's _____?
   W: I think I have a bad cold.

③ M: How can I get to the _____?
   W: Take bus number 45. It's three stops from here.

④ M: Can you tell me where the post office is?
   W: You can send _____ at the post office.

16

대화를 듣고, 두 아이가 미술 전시회에 갈 날짜를 고르시오.

① July 15th
② July 16th
③ July 18th
④ July 19th

B: Let's go to the Van Gogh _____ _____.

G: Sounds good! How about this Friday?

B: Is it July 15th? I can't. How about _____?

G: I have a badminton _____ on that day.

B: Okay. When does summer vacation _____?

G: It starts on July 18th.

B: Then how about the next day, July 19th?

G: Great!

17

대화를 듣고, 이어질 응답으로 알맞지 <u>않은</u> 것을 고르시오.

① We have enough water.

② Let's go there and check.

③ Ah, you left it at the store.

④ Right, we'd better go there now.

18

대화를 듣고, 이어질 응답으로 알맞은 것을 고르시오.

① Yes, here you are.

② I want to try them on.

③ The yellow pants are nice.

④ I bought them three days ago.

19

대화를 듣고, 이어질 응답으로 알맞은 것을 고르시오.

① I'm the goalkeeper.

② I play soccer every day.

③ My coach is next to me.

④ I play the piano and guitar.

20

대화를 듣고, 이어질 응답으로 알맞은 것을 고르시오.

① Is it raining outside?

② You can take my umbrella.

③ I mean you should check the weather.

④ It means we should go some other time.

G: Oh, no! Where's my _____ _____?

B: Where did you have it last?

G: I _____ I used it at school.

B: _____ you left it there.

G: No, I put it in my bag.

B: Then we _____ some water at the store.

G: Oh, yeah. We went to the store.

B: _____

G: Excuse me. I'd like to _____ these yellow pants.

M: Okay. Is there _____ _____ with them?

G: No. I just don't like them.

M: All right. Do you have the _____?

G: _____

G: _____! I heard your soccer team won the game.

B: Yes, we did. It was an _____ game.

G: I'm happy for you.

B: Thank you. I feel so good.

G: Which _____ do you play on your team?

B: _____

rain check는 야외 경기나 콘서트 등에서 비가 내려 취소되거나 중단되는 경우, 다음번에 쓸 수 있도록 주는 티켓을 말한답니다.

B: Aunt Em, are you _____ here?

W: Yes. Why?

B: Great. Let's go see a _____ this weekend.

W: I'll be a little busy. Can I get a _____ _____?

B: A rain check? What does that _____?

W: _____

MP3

● MP3 파일을 듣고, 다음 빈칸을 채워 대화를 완성해 보세요.

"A에는 B의 대답에 어울리는 질문이, B에는 A의 질문에 어울리는 대답이 들어갈 거예요. A와 B가 어떠한 대화를 나누게 될까요?"

01 A When does winter vacation start?   겨울 방학은 언제 시작해?

B It starts on January 5th.   1월 5일에 시작해.

02 A What about having some black bean noodles?   짜장면 먹는 거 어때요?

B _____   _____

03 A How's the weather today?   오늘 날씨 어때?

B _____   _____

04 A What type of exercises do you like?   당신은 어떤 종류의 운동을 좋아하나요?

B _____   _____

05 A _____   _____

B I'm a midfielder.   나는 미드필더예요.

"한 번에 문장을 다 쓰긴 어려워요. 여러 번 들으면서 메모하며 천천히 적어도 좋아요. 문장이 완성되면, 우리말 뜻도 적어 보세요!"

06 I _will bring some blueberries for you_____ .

당신을 위해 제가 블루베리를 좀 가져다드릴게요._____

07 I'll _____ .

_____

08 I'll _____ .

_____

09 What _____ ?

_____

10 It _____ .

_____

Listen & Speak Up 7

● 주어진 우리말 의미에 맞게 영어로 말해 보세요.

STEP1 우리말을 읽고, 앞에서 학습한 내용을 이용하여 영어로 말해 봐요. 말한 뒤에는 네모 박스에 체크해요.

STEP2 주어진 어휘 또는 표현들을 이용하여 문장을 완성해요.

01 금붕어 두 마리가 어항에서 헤엄치고 있습니다. (two goldfish, fishbowl)

STEP1 ☐

STEP2 _____

02 제가 가격을 확인해 보겠습니다. (let, check the price)

STEP1 ☐

STEP2 _____

03 이 손목시계를 교환하고 싶은데요. (I'd like, exchange)

STEP1 ☐

STEP2 _____

04 저는 달콤한 초콜릿케이크의 맛을 좋아해요. (love, sweet chocolate cake)

STEP1 ☐

STEP2 _____

05 저는 한 달 동안 매일 30분씩 줄넘기를 했어요. (do 30 minutes of jump rope)

STEP1 ☐

STEP2 _____

06 저는 1박 2일로 예약하고 싶습니다. (make an appointment, two days and one night)

STEP1 ☐

STEP2 _____

07 저는 이 퍼즐을 완성하는 데 어려움을 겪고 있어요. (complete this puzzle)

STEP1 ☐

STEP2 _____

Listen & Speak Up 8

WARM UP

새로운 어휘들을 미리 공부해 볼까요?

| 정답과 해설 46쪽 |

A MP3 파일을 잘 듣고, 알맞은 번호 옆에 어휘의 철자와 뜻을 쓰세요.
뒷장으로 넘어가기 전, 한 번 더 들어 보고 싶은 경우에는 네모 박스에 체크하세요.

01 ☐ **amazing**   놀라운   06 ☐
02 ☐   07 ☐
03 ☐   08 ☐
04 ☐   09 ☐
05 ☐   10 ☐

B 주어진 우리말 의미에 맞도록 빈칸을 채우세요.
위에서 학습한 어휘들을 이용해 보세요.

01 남성용 스포츠 반바지   men's _____ for sports

02 결승전   final _____

03 내 돈을 현명하게 쓰다   spend my money _____

04 수영 수업에 등록하다   _____ _____ for a swimming class

05 세면대 위의 비누   the soap on the _____

06 그건 너무 꽉 끼어요.   It's too _____.

07 제가 오디션에 합격했나요?   Did I pass the _____?

08 그 영화는 매우 놀라웠어요!   The movie was so _____!

09 그것은 잘되지 않았어요.   It didn't _____ _____.

10 우리는 우리가 이길 것이라고 예상했어요. We _____ed we would win.

LISTEN UP · 듣기평가 모의고사 8

● MP3 파일을 잘 듣고, 물음에 답하세요.

01
▶ 241040-0176

대화를 듣고, 여자아이가 가게를 방문한 목적을 고르시오.

① 환불받으려고
② 배달 요청을 하려고
③ 상품 색깔을 바꾸려고
④ 상품 사이즈를 교환하려고

02
▶ 241040-0177

대화를 듣고, 남자아이가 공책을 사려는 이유를 고르시오.

① 숙제를 하려고
② 공부를 하려고
③ 지출 일기를 쓰려고
④ 동생에게 선물로 주려고

03
▶ 241040-0178

대화를 듣고, 남자아이가 대화 직후에 할 일을 고르시오.

① 숙제하기
② 전화하기
③ 방 청소하기
④ 친구와 만나기

04
▶ 241040-0179

다음을 듣고, 무엇에 관한 내용인지 고르시오.

① 환불받는 방법
② 간식 자판기 사용법
③ 현금 교환기 사용법
④ 온라인 상품 구매 방법

05
▶ 241040-0180

대화를 듣고, 여자아이가 찾는 물건의 위치를 고르시오.

06

> 241040-0181

다음을 듣고, 남자아이가 말한 내용과 일치하는 사람을 고르시오.

①

②

③

④

07

> 241040-0182

대화를 듣고, 여자아이의 아버지 직업을 고르시오.

① 의사   ② 교사
③ 간호사   ④ 제빵사

08

> 241040-0183

대화를 듣고, 내용과 일치하는 것을 고르시오.

① 오늘은 화요일이다.
② Brian은 오늘 도서관에 갔다.
③ 도서관은 국경일에 문을 닫는다.
④ 도서관은 1, 3주 수요일에 문을 닫는다.

09

> 241040-0184

대화를 듣고, 여자아이가 현재 기르는 반려동물로 알맞은 것을 고르시오.

① 개, 거북
② 개, 고양이
③ 오리, 거북
④ 거북, 고양이

10

> 241040-0185

대화를 듣고, 남자아이의 스마트폰 케이스로 알맞은 것을 고르시오.

①

②

③

④

11
▶ 241040-0186

대화를 듣고, 여자아이가 찾는 장소의 위치를 고르시오.

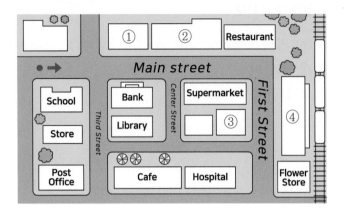

13
▶ 241040-0188

대화를 듣고, 그림의 상황에 가장 알맞은 것을 고르시오.

①   ②   ③   ④

12
▶ 241040-0187

다음을 듣고, 그림의 상황으로 알맞은 것을 고르시오.

①   ②   ③   ④

14
▶ 241040-0189

대화를 듣고, 남자아이가 잃어버린 물건과 장소가 바르게 짝지어진 것을 고르시오.

	물건	장소
①	초록색 배낭	– 버스
②	보라색 배낭	– 도서관
③	초록색 배낭	– 지하철
④	보라색 배낭	– 지하철

15
▶ 241040-0190

다음을 듣고, 대화가 자연스럽지 않은 것을 고르시오.

①   ②   ③   ④

16

241040-0191

다음을 듣고, 남자아이의 심정으로 알맞은 것을 고르시오.

① happy
② bored
③ excited
④ disappointed

17

241040-0192

대화를 듣고, 이어질 응답으로 알맞지 <u>않은</u> 것을 고르시오.

① I hope you feel better soon.
② Drink some hot tea and rest.
③ Go home and get some rest.
④ There's a drugstore over there.

18

241040-0193

대화를 듣고, 이어질 응답으로 알맞은 것을 고르시오.

① At the music hall.
② It's 2 p.m. tomorrow.
③ Practice makes perfect.
④ Sorry, I'm very busy now.

19

241040-0194

대화를 듣고, 이어질 응답으로 알맞은 것을 고르시오.

① You're welcome.
② Juice is very expensive.
③ Let's drink something else.
④ I like orange juice the most.

20

241040-0195

대화를 듣고, 이어질 응답으로 알맞은 것을 고르시오.

① I'm going to travel to Spain.
② I hope to go to New Zealand.
③ I'll go to the zoo this Saturday.
④ I studied English during the vacation.

● MP3 파일을 잘 듣고, 물음에 답하세요.

01
▶ 241040-0196

대화를 듣고, 여자가 한 마지막 말의 의도로 가장 적절한 것을 고르시오.

① 동의　　　　　② 제안

③ 반대　　　　　④ 부탁

⑤ 추천

02
▶ 241040-0197

다음을 듣고, 수영 강습에 대해 언급하지 않은 것을 고르시오.

① 강습비　　　　② 등록 방법

③ 강습 요일　　　④ 강습 횟수

⑤ 수강 제한 인원

03
▶ 241040-0198

대화를 듣고, 여자의 심정으로 가장 적절한 것을 고르시오.

① afraid　　　　② excited

③ pleased　　　④ satisfied

⑤ disappointed

04
▶ 241040-0199

대화를 듣고, 남자가 가져올 것을 고르시오.

① 장미　　　　　② 폭죽

③ 음료수　　　　④ 샌드위치

⑤ 피크닉 테이블

05
▶ 241040-0200

대화를 듣고, 여자의 마지막 말에 이어질 남자의 말로 가장 적절한 것을 고르시오.

① I'll buy a gift for Mom.

② I'm just looking around.

③ Sure. Everyone is welcome.

④ I'm going to a flower shop.

⑤ Let's go to the supermarket.

● MP3 파일을 잘 듣고, 다음 빈칸을 채워 보세요. 빈칸을 채운 뒤, 한 번 더 문제를 풀어 보세요.

01

대화를 듣고, 여자아이가 가게를 방문한 목적을 고르시오.

① 환불받으려고
② 배달 요청을 하려고
③ 상품 색깔을 바꾸려고
④ 상품 사이즈를 교환하려고

M: Hello. Do you need some help?

G: Yes. I'd like to _____ this skirt. It's too _____.

M: All right. What _____ would you like?

G: _____, please.

M: Here you go.

G: Thank you.

02

대화를 듣고, 남자아이가 공책을 사려는 이유를 고르시오.

① 숙제를 하려고
② 공부를 하려고
③ 지출 일기를 쓰려고
④ 동생에게 선물로 주려고

B: I'm going to buy a _____.

G: For what?

B: I'm going to keep a _____ diary.

G: A spending diary?

B: Yes. By _____ a spending diary, I hope I can spend my money _____.

G: Good idea.

03

대화를 듣고, 남자아이가 대화 직후에 할 일을 고르시오.

① 숙제하기
② 전화하기
③ 방 청소하기
④ 친구와 만나기

B: Mom, I'm home.

W: Where did you go?

B: I played _____ with my friends.

W: Good. But have you finished your homework?

B: Yeah. I _____ it yesterday.

W: Good. Look! Your room is so _____. Before you go to sleep, you need to _____ _____ your room.

B: Okay. I will clean my room right away.

04

다음을 듣고, 무엇에 관한 내용인지 고르시오.

① 환불받는 방법
② 간식 자판기 사용법
③ 현금 교환기 사용법
④ 온라인 상품 구매 방법

W: This is how to use a snack _____ machine. Find the snack you want to buy. Check the _____ and item number. Put your money into the _____ slot. Enter the snack's code. The snack will _____ _____.

Listen & Speak Up 8

05

대화를 듣고, 여자아이가 찾는 물건의 위치를 고르시오.

06

다음을 듣고, 남자아이가 말한 내용과 일치하는 사람을 고르시오.

①   ②

③   ④

07

대화를 듣고, 여자아이의 아버지 직업을 고르시오.

① 의사   ② 교사
③ 간호사   ④ 제빵사

08

대화를 듣고, 내용과 일치하는 것을 고르시오.

① 오늘은 화요일이다.
② Brian은 오늘 도서관에 갔다.
③ 도서관은 국경일에 문을 닫는다.
④ 도서관은 1, 3주 수요일에 문을 닫는다.

G: I can't find the _____, Dad.

M: Isn't it on the shelf?

G: On the shelf? No. The _____ is there.

M: What about on the _____?

G: No. It's not there.

M: Then it's _____ next to the soap on the sink.

G: Ah, there it is.

G: That's my _____ sister. She has short curly hair. She's wearing _____. She and I play tennis together every day. She likes tennis very much. She has her own tennis _____. My sister is so _____ and kind.

B: What do your _____ do?

G: My mom is a teacher, and my dad is a _____.

B: Your dad is a nurse?

G: Yes, that's right. Why?

B: My dad is a nurse, too. How _____!

G: What about your mom?

B: She's a _____.

B: Mom, I'm going to the library. I'll be back before dinner.

W: Brian, I think the library is _____.

B: Why is the library closed today?

W: The library is closed on the first and third Tuesday of every _____.

B: But today is _____.

W: Oh, yeah. But today is a _____ holiday. So the library is closed.

09

대화를 듣고, 여자아이가 현재 기르는 반려동물로 알맞은 것을 고르시오.

① 개, 거북
② 개, 고양이
③ 오리, 거북
④ 거북, 고양이

10

대화를 듣고, 남자아이의 스마트폰 케이스로 알맞은 것을 고르시오.

①   ②

③   ④

11

대화를 듣고, 여자아이가 찾는 장소의 위치를 고르시오.

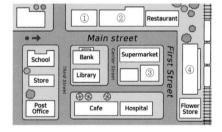

12

다음을 듣고, 그림의 상황으로 알맞은 것을 고르시오.

① ② ③ ④

G: I love pets. So I want to be an _____ doctor. When I was _____, I lived in the _____. My family had three little cute dogs. Now I have a _____ and a cat. My turtle's name is Diego. My cat's name is Timothy. I love them very much.

> animal doctor(수의사)는 다른 말로, vet이라고도 한답니다. 아픈 동물을 치료하는 수의사라는 직업은 정말 보람된 일을 하는 것 같지 않아요?

G: Did you buy your new smartphone _____?
B: No. I got it as a _____. It's from my sister.
G: Cool. I love the yellow color.
B: Me, too. And the pink watermelon _____ is so cute.
G: The watermelon is even _____ glasses.
B: Yeah. I really like it.

G: Excuse me. Can you tell me where the train _____ is?
M: Sure. Go along Main Street for two blocks.
G: Go straight for two _____?
M: Yes. And turn right on First Street.
G: Go straight and turn right on First Street?
M: Yes. Then you will see the train station _____ _____ _____.
G: Thank you.

① M: Do you want to _____ it on?
② M: Where do I _____ this book?
③ M: What would you like to have?
④ M: Why don't you take a math class _____?

13

대화를 듣고, 그림의 상황에 가장 알맞은 것을 고르시오.

① ② ③ ④

14

대화를 듣고, 남자아이가 잃어버린 물건과 장소가 바르게 짝지어진 것을 고르시오.

	물건		장소
①	초록색 배낭	–	버스
②	보라색 배낭	–	도서관
③	초록색 배낭	–	지하철
④	보라색 배낭	–	지하철

15

다음을 듣고, 대화가 자연스럽지 <u>않은</u> 것을 고르시오.

① ② ③ ④

16

다음을 듣고, 남자아이의 심정으로 알맞은 것을 고르시오.

① happy
② bored
③ excited
④ disappointed

① W: Thank you. I had a great time in Korea.

M: You're _____. Please come _____ me again, Emily.

② W: I'd like to buy this green bag.

M: Okay. Here you are.

③ W: Would you like some chocolate?

M: No, thanks. I'm _____.

④ W: We're running _____. Let's take a taxi.

M: Good idea.

W: How can I help you?

B: Hi, I think I left my backpack on the _____.

W: Okay. What does it look _____?

B: It has two large pockets and a handle.

W: What color is it?

B: It's _____.

W: I'm sorry. We don't have it. We only have a _____ backpack.

① W: Hello. Do you need some help?

B: Yes, please. I'd like to get a _____ for this shirt.

② W: What would you like _____ _____?

B: I'd like a glass of orange juice, please.

③ W: My smartphone is _____. I'm very upset.

B: That's too bad.

④ W: What did Minji do last week?

B: She is going to buy a _____ of new jeans.

B: Yesterday, my soccer team lost our _____ _____. My team practiced so hard every day from Monday through Saturday. We expected we would win. But it didn't _____ _____. Some of my _____ even cried.

final match는 결승전, 준결승전은 semi-final이라고 해요. 32강, 16강, 8강, 4강은 round of 다음에 숫자를 넣어서 표현하면 된답니다. round of 32처럼요.

17

대화를 듣고, 이어질 응답으로 알맞지 <u>않은</u> 것을 고르시오.

① I hope you feel better soon.

② Drink some hot tea and rest.

③ Go home and get some rest.

④ There's a drugstore over there.

M: You don't look so good, Lin.

G: I have a _____ _____.

M: That's _____ _____. Have you seen a doctor?

G: Yes. I'm taking _____.

M: _____

18

대화를 듣고, 이어질 응답으로 알맞은 것을 고르시오.

① At the music hall.

② It's 2 p.m. tomorrow.

③ Practice makes perfect.

④ Sorry, I'm very busy now.

G: Mr. Robinson, did I pass the _____?

M: Yes. You'll _____ Juliet.

G: Wow, that's _____! I'm so happy!

M: You'll be perfect. And we'll get together and _____ three days a week.

G: That's cool. When is the first practice?

M: _____

19

대화를 듣고, 이어질 응답으로 알맞은 것을 고르시오.

① You're welcome.

② Juice is very expensive.

③ Let's drink something else.

④ I like orange juice the most.

B: Let's drink some juice.

W: Okay. The juice is _____ _____.

B: "The juice is on me"? What does it _____?

W: It means, "I will _____ _____ the juice."

B: I see. Thanks!

W: _____

20

대화를 듣고, 이어질 응답으로 알맞은 것을 고르시오.

① I'm going to travel to Spain.

② I hope to go to New Zealand.

③ I'll go to the zoo this Saturday.

④ I studied English during the vacation.

G: Hi, Jimin. Long time no see.

B: Hi, Rebecca. How was your winter _____?

G: It was so _____. I visited my cousin in New Zealand.

B: Cool! What did you do with your _____?

G: It was summer there. So we _____ a lot. How was your vacation?

B: _____

● MP3 파일을 듣고, 다음 빈칸을 채워 대화를 완성해 보세요.

> "A에는 B의 대답에 어울리는 질문이, B에는 A의 질문에 어울리는 대답이 들어갈 거예요. A와 B가 어떠한 대화를 나누게 될까요?"

01 A What size would you like?　　　　당신은 어떤 사이즈로 하시겠어요?

　　 B Large, please.　　　　　　　　　라지 사이즈로 주세요.

02 A _____　　_____

　　 B It was your uncle Bob.　　　　　　네 삼촌 Bob이었어.

03 A Would you like some chicken?　　　치킨 좀 드시겠어요?

　　 B _____　　_____

04 A _____　　_____

　　 B It's 2 p.m. the day after tomorrow.　모레 오후 2시예요.

05 A What does it look like?　　　　　　그것은 어떻게 생겼어요?

　　 B _____　　_____

"한 번에 문장을 다 쓰긴 어려워요. 여러 번 들으면서 메모하며 천천히 적어도 좋아요. 문장이 완성되면, 우리말 뜻도 적어 보세요!"

06 My <u>soccer team won our semi-final match</u>.

내 축구팀이 준결승전에서 이겼어요.

07 We _____.

_____

08 I _____.

_____

09 I _____.

_____

10 Do _____?

_____

SPEAK UP

| 정답과 해설 52쪽 |

● **주어진 우리말 의미에 맞게 영어로 말해 보세요.**

> **STEP 1** 우리말을 읽고, 앞에서 학습한 내용을 이용하여 영어로 말해 봐요. 말한 뒤에는 네모 박스에 체크해요.
>
> **STEP 2** 주어진 어휘 또는 표현들을 이용하여 문장을 완성해요.

01 그러면 왼쪽에 기차역이 보일 거예요. (on your left)

STEP 1 ☐

STEP 2 _____

02 그 영화는 매우 놀라웠어요! (amazing)

STEP 1 ☐

STEP 2 _____

03 그것을 입어 보시겠어요? (try on)

STEP 1 ☐

STEP 2 _____

04 초콜릿 우유와 빵은 제가 살게요. (on me)

STEP 1 ☐

STEP 2 _____

05 저의 팀원 몇 명은 일어나서 환호를 보냈어요. (some of my teammates, get up, cheer)

STEP 1 ☐

STEP 2 _____

06 그녀는 장화 한 켤레를 살 것입니다. (a pair of, rain boots)

STEP 1 ☐

STEP 2 _____

07 제 꿈은 수의사가 되는 거예요. (dream, an animal doctor)

STEP 1 ☐

STEP 2 _____

Listen & Speak Up 9

새로운 어휘들을 미리 공부해 볼까요?

| 정답과 해설 52쪽 |

A MP3 파일을 잘 듣고, 알맞은 번호 옆에 어휘의 철자와 뜻을 쓰세요.
뒷장으로 넘어가기 전, 한 번 더 들어 보고 싶은 경우에는 네모 박스에 체크하세요.

01 ☐   fever   열   06 ☐

02 ☐   07 ☐

03 ☐   08 ☐

04 ☐   09 ☐

05 ☐   10 ☐

B 주어진 우리말 의미에 맞도록 빈칸을 채우세요.
위에서 학습한 어휘들을 이용해 보세요.

01   고열   a high _____

02   음식에 7달러를 쓰다   _____ 7 dollars on food

03   나의 지갑 안에   in my _____

04   Joy 공원에서 내리다   _____ _____ at Joy Park

05   몇 가지 실수를 하다   make some _____s

06   나는 매주 용돈으로 15달러를 받는다.   I get 15 dollars for my _____ every week.

07   거기는 조용하다.   It's _____ there.

08   그녀는 체육 시간에 그녀의 겉옷을 벗었다.   She took _____ her jacket in PE class.

09   우리는 그냥 이것을 켠다.   We just _____ this on.

10   그러면 그 방은 밝다.   Then the room is _____.

● MP3 파일을 잘 듣고, 물음에 답하세요.

01
▶ 241040-0201

대화를 듣고, 여자아이가 아빠에게 부탁한 일을 고르시오.

① 우유를 사 줄 것
② 병을 재활용할 것
③ 숙제를 도와줄 것
④ 병뚜껑을 열어 줄 것

02
▶ 241040-0202

대화를 듣고, 남자아이가 가장 먼저 할 일을 고르시오.

① 열 재기
② 약 먹기
③ 병원에 가기
④ 부모님께 전화하기

03
▶ 241040-0203

대화를 듣고, 남자아이가 내일 할 일을 고르시오.

① 생일 파티
② 저녁 준비
③ 엄마 돕기
④ 농구 결승전 경기

04
▶ 241040-0204

다음을 듣고, 무엇에 관한 내용인지 고르시오.

① 건강한 식생활
② 바이러스 예방법
③ 바이러스의 생존법
④ 코로나바이러스의 위험성

05
▶ 241040-0205

대화를 듣고, 그림을 보면서 이어질 여자의 응답으로 알맞은 것을 고르시오.

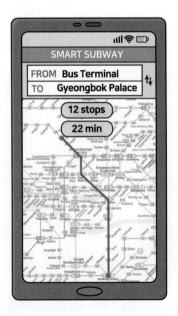

① There are 12 stops.
② It'll take 22 minutes.
③ Let's take the subway.
④ It's very useful and convenient.

06
▶ 241040-0206

다음을 듣고, 남자아이의 용돈 사용과 일치하는 그래프
를 고르시오.

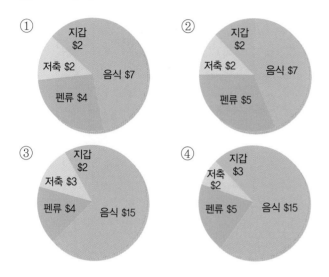

① 지갑 $2
저축 $2
펜류 $4
음식 $7

② 지갑 $2
저축 $2
펜류 $5
음식 $7

③ 지갑 $2
저축 $3
펜류 $4
음식 $15

④ 지갑 $3
저축 $2
펜류 $5
음식 $15

07
▶ 241040-0207

대화를 듣고, 두 아이가 학생회에 무엇을 하러 갈지 고
르시오.

① 우산을 빌리러 간다.
② 자치 회의를 하러 간다.
③ 선거 준비를 하러 간다.
④ 학교 행사 포스터를 만들러 간다.

08
▶ 241040-0208

대화를 듣고, 여자가 가고자 하는 장소와 그 이유가 바
르게 짝지어진 것을 고르시오.

가고자 하는 장소	이유
① Kong Café	– 조용해서
② Kong Café	– 도넛이 커서
③ Café Green	– 조용해서
④ Café Green	– 도넛이 커서

09
▶ 241040-0209

다음을 듣고, 여자아이가 칠레에 대해 말한 내용과 일
치하지 않는 것을 고르시오.

① 남아메리카에 있다.
② 길고 좁은 나라이다.
③ 겨울에 매우 춥다.
④ 사람들은 스페인어를 사용한다.

10
▶ 241040-0210

대화를 듣고, 남자아이가 John에게 전달해 달라고 부
탁한 내용으로 알맞은 것을 고르시오.

① Steve에게 다시 전화할 것
② Steve에게 답장을 보낼 것
③ Steve의 전화번호를 알려 줄 것
④ Steve가 보낸 문자를 확인할 것

Listen & Speak Up 9

11

▶ 241040-0211

대화를 듣고, 수빈이의 겉옷이 어디에 있는지 고르시오.

12

▶ 241040-0212

대화를 듣고, 두 사람이 무엇에 관하여 이야기하고 있는지 고르시오.

① 중국어 선생님
② 판다의 귀환
③ 중국 관광
④ 사진 기술

13

▶ 241040-0213

다음을 듣고, 그림의 상황으로 알맞은 것을 고르시오.

① ② ③ ④

14

▶ 241040-0214

대화를 듣고, 그림의 상황에 가장 알맞은 것을 고르시오.

① ② ③ ④

15

▶ 241040-0215

다음을 듣고, 대화가 자연스럽지 않은 것을 고르시오.

① ② ③ ④

16

241040-0216

대화를 듣고, 남자아이가 한 일과 요일이 바르게 짝지어진 것을 고르시오.

한 일	요일
① 축구 연습 –	수요일
② 엄마 돕기 –	목요일
③ 가게 가기 –	금요일
④ 도보 여행 –	토요일

17

241040-0217

대화를 듣고, 이어질 응답으로 알맞지 <u>않은</u> 것을 고르시오.

① I need some onions.

② Do you have sweet potatoes?

③ No, I don't need anything else.

④ These potatoes are all 5 dollars.

18

241040-0218

대화를 듣고, 이어질 응답으로 알맞은 것을 고르시오.

① Suho Hospital is near Joy Park.

② It will take about thirty minutes.

③ The subway is faster than the bus.

④ Take the Orange Line and get off at Joy Park.

19

241040-0219

대화를 듣고, 이어질 응답으로 알맞은 것을 고르시오.

① I have three sisters.

② My sister is 6 years old.

③ She's wearing a red skirt.

④ I'm the oldest girl in my family.

20

241040-0220

대화를 듣고, 이어질 응답으로 알맞은 것을 고르시오.

① Solve the easy problems first.

② Cheer up! You'll do better next time.

③ Don't forget to bring your math book.

④ If you don't study hard, you'll make more mistakes.

| 정답과 해설 57쪽 |

● MP3 파일을 잘 듣고, 물음에 답하세요.

01
▶ 241040-0221

대화를 듣고, 남자의 심정으로 가장 적절한 것을 고르시오.

① 슬픈
② 신나는
③ 걱정하는
④ 실망하는
⑤ 자신감 있는

02
▶ 241040-0222

다음을 듣고, 'this'가 무엇인지 가장 적절한 것을 고르시오.

① 전구
② 촛불
③ 선풍기
④ 돋보기
⑤ 선글라스

03
▶ 241040-0223

대화를 듣고, 여자가 받고 싶은 강습에 대해 언급되지 않은 것을 고르시오.

① 강습 종목
② 강습 요일
③ 강습 시작 시각
④ 강습받는 시간
⑤ 강습 강사

04
▶ 241040-0224

대화를 듣고, 여자아이가 지난 주말에 한 일과 일치하지 않는 것을 고르시오.

① 설악산에 갔다.
② 아빠 차로 여행했다.
③ 케이블카를 탔다.
④ 소풍 장소에 갔다.
⑤ 샌드위치를 먹었다.

05
▶ 241040-0225

대화를 듣고, 남자의 마지막 말에 이어질 여자의 응답으로 가장 알맞은 것을 고르시오.

① He was about 65 kg.
② He was missing then.
③ He is my grandfather.
④ He was taller than me.
⑤ He was wearing a white shirt.

● MP3 파일을 잘 듣고, 다음 빈칸을 채워 보세요. 빈칸을 채운 뒤, 한 번 더 문제를 풀어 보세요.

01

대화를 듣고, 여자아이가 아빠에게 부탁한 일을 고르시오.

① 우유를 사 줄 것
② 병을 재활용할 것
③ 숙제를 도와줄 것
④ 병뚜껑을 열어 줄 것

G: Hey, Jiho. Can you _____ me?

B: Sure. What do you want?

G: I can't _____ this milk bottle.

B: Okay, I will open it for you.

G: Can you?

B: Wait! *[Pause]* Oh, I _____ open it, either.

G: I'll _____ Dad to open it.

02

대화를 듣고, 남자아이가 가장 먼저 할 일을 고르시오.

① 열 재기
② 약 먹기
③ 병원에 가기
④ 부모님께 전화하기

W: What's wrong?

B: I have a _____. I feel dizzy, too.

W: I'll check your temperature.

B: Okay. *[Pause]*

W: Oh, you have a high _____. I think you should see a doctor.

B: All right.

W: You should _____ your parents _____.

B: Okay, I will.

03

대화를 듣고, 남자아이가 내일 할 일을 고르시오.

① 생일 파티
② 저녁 준비
③ 엄마 돕기
④ 농구 결승전 경기

W: Dinner is _____, Tom.

B: Okay. I'm coming.

W: Why don't you _____ _____?

B: All right. Wow. There is so much delicious food. It's not even my birthday today.

W: Haha. Your _____ basketball game is tomorrow.

B: So you made a special dinner.

W: That's right! _____ yourself.

04

다음을 듣고, 무엇에 관한 내용인지 고르시오.

① 건강한 식생활
② 바이러스 예방법
③ 바이러스의 생존법
④ 코로나바이러스의 위험성

M: A few years ago, COVID-19 hit the world. Like COVID-19, viruses are _____. To _____ ourselves from them, we should do some things. We should _____ a lot. We should eat vegetables and fruits. And we should wash our hands _____.

'코로나19'는 영어로 COVID-19입니다. 이는 2019년 시작된 코로나바이러스 질병을 나타내는 말로, CO는 코로나(corona), VI는 바이러스(virus), D는 질병(disease). 19는 2019를 각각 나타냅니다.

Listen & Speak Up 9

05

대화를 듣고, 그림을 보면서 이어질 여자의 응답으로 알맞은 것을 고르시오.

① There are 12 stops.
② It'll take 22 minutes.
③ Let's take the subway.
④ It's very useful and convenient.

06

다음을 듣고, 남자아이의 용돈 사용과 일치하는 그래프를 고르시오.

①   ②

③   ④

07

대화를 듣고, 두 아이가 학생회에 무엇을 하러 갈 지 고르시오.

① 우산을 빌리러 간다.
② 자치 회의를 하러 간다.
③ 선거 준비를 하러 간다.
④ 학교 행사 포스터를 만들러 간다.

08

대화를 듣고, 여자가 가고자 하는 장소와 그 이유가 바르게 짝지어진 것을 고르시오.

	가고자 하는 장소	이유
①	Kong Café	– 조용해서
②	Kong Café	– 도넛이 커서
③	Café Green	– 조용해서
④	Café Green	– 도넛이 커서

M: What are you _____ _____?
G: I'm _____ the time, Grandpa.
M: Oh, is that a subway app?
G: Yes. It tells us the _____ from the bus terminal to Gyeongbok Palace.
M: Oh, good. How long will it _____?
G: _____

B: I get 15 dollars for my _____ every week. I _____ 7 dollars on food each week. On weekends, I buy _____ things like pens. I spend 4 dollars on those things. I put 2 dollars in the bank every Monday. I put the rest of my allowance in my _____.

B: It's cloudy. It'll _____ soon.
G: Right. Did you bring an _____?
B: No, it was _____ this morning.
G: I didn't, either. We should go to the student council room.
B: Student council room? Why?
G: We can _____ umbrellas there.
B: That's good.

M: I'm hungry. Let's go and _____ some doughnuts.
W: Okay. Where do you want to go?
M: How about Kong Café? The doughnuts are really _____ there.
W: Well, it's so _____ there. Let's go to Café Green.
M: All right. It's _____ there.
W: Yeah. Let's go to the quieter place.

> 도넛은 반죽(dough)에 견과류(nut)를 넣어 만든 빵의 일종으로 반죽이 잘 익지 않는 가운데에 구멍을 내어 만드는 것이 특징입니다. 미국에서는 donut으로도 많이 씁니다.

09

다음을 듣고, 여자아이가 칠레에 대해 말한 내용과 일치하지 <u>않는</u> 것을 고르시오.

① 남아메리카에 있다.
② 길고 좁은 나라이다.
③ 겨울에 매우 춥다.
④ 사람들은 스페인어를 사용한다.

10

대화를 듣고, 남자아이가 John에게 전달해 달라고 부탁한 내용으로 알맞은 것을 고르시오.

① Steve에게 다시 전화할 것
② Steve에게 답장을 보낼 것
③ Steve의 전화번호를 알려 줄 것
④ Steve가 보낸 문자를 확인할 것

11

대화를 듣고, 수빈이의 겉옷이 어디에 있는지 고르시오.

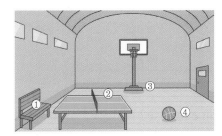

12

대화를 듣고, 두 사람이 무엇에 관하여 이야기하고 있는지 고르시오.

① 중국어 선생님
② 판다의 귀환
③ 중국 관광
④ 사진 기술

G: I _____ about Chile today. It is in South America. It is a very _____ and narrow country. It is _____ in winter and cold in summer. People in Chile _____ Spanish.

[Telephone rings.]

B: Hello. May I speak to John?

W: Sorry, he's taking a _____. Who's calling?

B: I'm his friend, Steve.

W: Oh, Steve. Can I take a _____ for you?

B: Sure, thanks. I _____ John some text messages. Please tell him _____ _____ them.

W: Okay, I will.

G: What is that?

B: Oh, it's a _____.

G: Check the _____ tag on it.

B: Okay. *[Pause]* Oh, it's Subin's jacket.

G: Maybe she _____ _____ her jacket in PE class.

B: Right. And she left it on the bench and _____ to take it.

G: Let's bring it to Subin.

B: Okay.

B: Jessy, did you _____ the news?

G: What news?

B: The panda Ming is going _____ to China.

G: Really? When?

B: Maybe a few _____ later.

G: Oh, I love her.

B: Why don't we go see her this weekend?

G: Sounds good. I'll take a lot of _____ of her.

13

다음을 듣고, 그림의 상황으로 알맞은 것을 고르
시오.

①   ②   ③   ④

14

대화를 듣고, 그림의 상황에 가장 알맞은 것을 고
르시오.

①   ②   ③   ④

15

다음을 듣고, 대화가 자연스럽지 <u>않은</u> 것을 고르
시오.

①   ②   ③   ④

16

대화를 듣고, 남자아이가 한 일과 요일이 바르게
짝지어진 것을 고르시오.

	한 일	요일
①	축구 연습	– 수요일
②	엄마 돕기	– 목요일
③	가게 가기	– 금요일
④	도보 여행	– 토요일

① W: The elderly woman is _____ a letter.

② W: The elderly woman is _____ _____ the boy.

③ W: The boy is _____ for his grandmother.

④ W: The boy is writing a _____ to his grandmother.

① G: All the dishes are _____.

    B: Thanks. Help yourself to some more.

② G: Hi. Is Fred _____?

    B: Yes. He's in his room.

③ G: Welcome to my party!

    B: Thank you for _____ me.

④ G: Can you come to my birthday party?

    B: Of course. _____ is it?

① M: May I take your order?

    W: Sure. _____ _____ a hamburger.

② M: What's your favorite _____?

    W: I love hip-hop.

③ M: Why didn't you _____ _____?

    W: The spaghetti was so delicious.

④ M: _____ _____ do you exercise?

    W: About once a week.

G: Brian, you look tired.

B: Yeah, I am really tired. I had a very _____ _____.

G: What did you do?

B: I had soccer practice every day from Wednesday _____
    Friday.

G: How about on Saturday?

B: I _____ my mom. She opened a store.

G: That's cool! What did you do on Sunday?

B: I went _____ with my dad.

17

대화를 듣고, 이어질 응답으로 알맞지 <u>않은</u> 것을 고르시오.

① I need some onions.
② Do you have sweet potatoes?
③ No, I don't need anything else.
④ These potatoes are all 5 dollars.

18

대화를 듣고, 이어질 응답으로 알맞은 것을 고르시오.

① Suho Hospital is near Joy Park.
② It will take about thirty minutes.
③ The subway is faster than the bus.
④ Take the Orange Line and get off at Joy Park.

19

대화를 듣고, 이어질 응답으로 알맞은 것을 고르시오.

① I have three sisters.
② My sister is 6 years old.
③ She's wearing a red skirt.
④ I'm the oldest girl in my family.

20

대화를 듣고, 이어질 응답으로 알맞은 것을 고르시오.

① Solve the easy problems first.
② Cheer up! You'll do better next time.
③ Don't forget to bring your math book.
④ If you don't study hard, you'll make more mistakes.

W: May I help you?

M: Yes, please. I'd like to buy some potatoes.

W: Okay. How about these _____?

M: Perfect! They _____ really good!

W: _____ _____ do you need?

M: I need four.

W: Do you need _____ _____?

M: _____

M: Excuse me, can you tell me the _____ _____ to get to Suho Hospital?

W: Sure. You should take the subway.

M: Okay. _____ _____ should I take?

W: Take the Orange Line and _____ _____ at Joy Park.

M: Oh, sorry! What did you say?

W: _____

B: _____ are you going?

G: I'm going to drop _____ my sister at her kindergarten.

B: Oh, your sister is _____.

G: Yeah. She's the youngest.

B: Is she? How _____ brothers and sisters do you have?

G: _____

W: _____ was your math test?

B: It was really _____.

W: You studied really hard for it.

B: Yeah, but I made some _____.

W: That's okay.

B: I _____ some easy problems.

W: _____

 **FLY UP**

● MP3 파일을 듣고, 다음 빈칸을 채워 대화를 완성해 보세요.

"A에는 B의 대답에 어울리는 질문이, B에는 A의 질문에 어울리는 대답이 들어갈 거예요. A와 B가 어떠한 대화를 나누게 될까요?"

01 A Can you come to my birthday party?   너는 내 생일파티에 올 수 있니?

   B **Of course. When is it?**   물론이야. 언제니?

02 A _____   _____

   B I need four.   나는 4개가 필요해요.

03 A _____   _____

   B My phone battery died.   제 전화기는 배터리가 나갔어요.

04 A _____   _____

   B What is it?   그게 뭐죠?

05 A _____   _____

   B He was wearing a white shirt.   그는 흰 셔츠를 입고 있었어요.

"한 번에 문장을 다 쓰긴 어려워요. 여러 번 들으면서 메모하며 천천히 적어도 좋아요. 문장이 완성되면, 우리말 뜻도 적어 보세요!"

06 We <u>should wash our hands often</u> .

우리는 자주 손을 씻어야 한다.

07 I _____ .

_____

08 I _____ .

_____

09 What _____ ?

_____

10 I'll _____ .

_____

SPEAK UP

| 정답과 해설 58쪽 |

● 주어진 우리말 의미에 맞게 영어로 말해 보세요.

STEP 1 우리말을 읽고, 앞에서 학습한 내용을 이용하여 영어로 말해 봐요. 말한 뒤에는 네모 박스에 체크해요.

STEP 2 주어진 어휘 또는 표현들을 이용하여 문장을 완성해요.

01 너는 열이 있니? (fever)

STEP 1 ☐

STEP 2 _____

02 공항으로 가는 가장 좋은 길을 말해 줄 수 있나요? (tell me)

STEP 1 ☐

STEP 2 _____

03 너는 얼마나 많은 형제자매가 있니? (do you)

STEP 1 ☐

STEP 2 _____

04 나는 너에게 연락을 할 수 없었기 때문에 너무나 걱정했다. (so, contact)

STEP 1 ☐

STEP 2 _____

05 모든 수업은 세 시간 지속된다. (every lesson)

STEP 1 ☐

STEP 2 _____

06 그는 오렌지색 티셔츠와 초록색 바지를 입고 있었다. (wearing, T-shirt, pants)

STEP 1 ☐

STEP 2 _____

07 저에게 더 말씀해 주실 수 있나요? (more)

STEP 1 ☐

STEP 2 _____

Listen & Speak Up 10

새로운 어휘들을 미리 공부해 볼까요?

| 정답과 해설 59쪽 |

A MP3 파일을 잘 듣고, 알맞은 번호 옆에 어휘의 철자와 뜻을 쓰세요.
뒷장으로 넘어가기 전, 한 번 더 들어 보고 싶은 경우에는 네모 박스에 체크하세요.

01 ☐ **anymore** 이제, 더 이상   06 ☐ _____ _____

02 ☐ _____ _____   07 ☐ _____ _____

03 ☐ _____ _____   08 ☐ _____ _____

04 ☐ _____ _____   09 ☐ _____ _____

05 ☐ _____ _____   10 ☐ _____ _____

B 주어진 우리말 의미에 맞도록 빈칸을 채우세요.
위에서 학습한 어휘들을 이용해 보세요.

01 학교 급식 설문 조사   school lunch _____

02 교통 카드   _____ card

03 무대에서 노래하다   sing on _____

04 손님 명단   a _____ list

05 갈비탕보다 비빔밥을 더 좋아하다   _____ *bibimbap* to *galbitang*

06 누구를 기다리고 있니?   Who are you _____ing _____?

07 나는 다음 주 토요일에 떠날 거야.   I'm going to _____ next Saturday.

08 제가 그것을 처리할게요.   I'll _____ _____ _____ it.

09 그것을 할인받아서 샀어요?   Did you get it _____ _____?

10 TV를 보는 것은 더 이상 재미가 없다.   Watching TV is not fun _____.

듣기평가 모의고사 10

● MP3 파일을 잘 듣고, 물음에 답하세요.

01
241040-0226

대화를 듣고, 남자아이가 친구를 기다리는 목적을 고르시오.

① 도서관에 같이 가려고
② 줄넘기를 함께 하려고
③ 친구 집에 놀러 가려고
④ 배드민턴을 함께 하려고

02
241040-0227

대화를 듣고, 두 아이가 가장 먼저 할 일을 고르시오.

① 장 보기
② 김치 준비하기
③ 냉장고 정리하기
④ 달걀부침 만들기

03
241040-0228

대화를 듣고, 남자아이가 파티 준비에서 맡은 일을 고르시오.

① 케이크 만들기
② 손님 목록 만들기
③ 시원한 음료 준비하기
④ 음악 재생 목록 만들기

04
241040-0229

다음을 듣고, 무엇에 관한 내용인지 고르시오.

① 저금하기
② 버스 타기
③ 지하철 타기
④ 교통 카드 충전하기

05
241040-0230

다음을 듣고, 여자아이가 요청하는 것을 고르시오.

① 환불
② 색깔 교환
③ 사이즈 교환
④ 블라우스 구입

06
▶ 241040-0231

대화를 듣고, 남자아이가 사용하고 있는 것을 고르시오.

①
②
③
④

07
▶ 241040-0232

대화를 듣고, 두 아이가 주문할 음식을 알맞게 짝지은 것을 고르시오.

	Becky		Minsu
①	비빔밥	–	비빔밥
②	갈비탕	–	비빔밥
③	갈비탕	–	갈비탕
④	비빔밥	–	갈비탕

08
▶ 241040-0233

대화를 듣고, 남자아이가 좋아하는 과목과 그 이유를 고르시오.

	과목		이유
①	체육	–	운동을 할 수 있어서
②	미술	–	색깔로 감정을 표현할 수 있어서
③	체육	–	자신감을 가질 수 있어서
④	미술	–	그림 그리는 것이 재미있어서

09
▶ 241040-0234

다음을 듣고, 심야 도서관 사용에 관한 내용과 일치하지 않는 것을 고르시오.

① 일주일에 두 번 밤 9시까지 연다.
② 화요일, 목요일에 운영을 한다.
③ 도서 대출과 반납을 할 수 없다.
④ 와이파이를 무료로 사용할 수 있다.

10
▶ 241040-0235

대화를 듣고, 여자아이가 겨울 방학 동안에 여행할 곳과 떠날 시기를 고르시오.

	여행할 곳		시기
①	중국	–	이번 주 금요일
②	이탈리아	–	이번 주 금요일
③	중국	–	다음 주 토요일
④	이탈리아	–	다음 주 토요일

Listen & Speak Up 10

11

241040-0236

대화를 듣고, 남자아이가 찾는 물건의 위치를 고르시오.

12

241040-0237

대화를 듣고, 남자아이가 모자를 산 금액을 고르시오.

① $1.50   ② $3

③ $5   ④ $6

13

241040-0238

다음을 듣고, 학교 급식에 대해서 여자아이가 고른 응답을 고르시오.

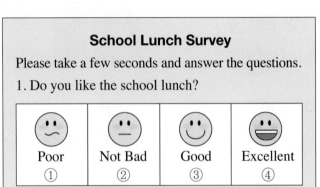

14

241040-0239

대화를 듣고, 그림의 상황에 가장 알맞은 것을 고르시오.

①   ②   ③   ④

15

241040-0240

다음을 듣고, 대화가 자연스럽지 <u>않은</u> 것을 고르시오.

①   ②   ③   ④

16

241040-0241

대화를 듣고, 남자아이가 대화 직후에 할 일을 고르시오.

① 연날리기
② 연 만들기
③ 날씨 확인하기
④ 친구에게 전화하기

17

241040-0242

대화를 듣고, 이어질 응답으로 알맞지 <u>않은</u> 것을 고르시오.

① Where's the toy store?
② I'd love to come, but I can't.
③ Sounds great! I will go there.
④ What time does the garage sale start?

18

241040-0243

대화를 듣고, 이어질 응답으로 알맞은 것을 고르시오.

① It's next to the soap.
② That's right. I won't forget.
③ I will buy shampoo at the store.
④ This is a special shampoo for you.

19

241040-0244

대화를 듣고, 이어질 응답으로 알맞은 것을 고르시오.

① Yes, please.
② My bike is old.
③ It's okay. I'm full.
④ All right. I can teach you.

20

241040-0245

대화를 듣고, 이어질 응답으로 알맞은 것을 고르시오.

① Yes, you can.
② Here's the survey link.
③ That's the right answer.
④ You can always ask me.

● MP3 파일을 잘 듣고, 물음에 답하세요.

01
▶ 241040-0246

대화를 듣고, 남자가 한 마지막 말의 의도로 가장 적절한 것을 고르시오.

① 초대
② 충고
③ 수락
④ 사과
⑤ 거절

02
▶ 241040-0247

대화를 듣고, 영화에 대해 언급하지 않은 것을 고르시오.

① 제목
② 출연 배우
③ 연령 제한
④ 영화음악
⑤ 관람료

03
▶ 241040-0248

대화를 듣고, 남자의 심정으로 가장 적절한 것을 고르시오.

① sad
② angry
③ relieved
④ excited
⑤ nervous

04
▶ 241040-0249

다음을 듣고, 도서관 안내문의 빈칸에 알맞은 말을 고르시오.

Library Notice
Return Books Before Summer Vacation

Return Dates
1–3rd grades: (1) _____, July 1st.
4–6th grades: Friday, (2) _____

	(1)	(2)
①	Monday	July 1st
②	Monday	July 5th
③	Thursday	July 1st
④	Thursday	July 5th
⑤	Thursday	July 3rd

05
▶ 241040-0250

대화를 듣고, 남자의 마지막 말에 이어질 여자의 말로 가장 적절한 것을 고르시오.

① So long.
② Not at all.
③ Good for you.
④ Don't mention it.
⑤ That's a good idea.

● MP3 파일을 잘 듣고, 다음 빈칸을 채워 보세요. 빈칸을 채운 뒤, 한 번 더 문제를 풀어 보세요.

01

대화를 듣고, 남자아이가 친구를 기다리는 목적을 고르시오.

① 도서관에 같이 가려고
② 줄넘기를 함께 하려고
③ 친구 집에 놀러 가려고
④ 배드민턴을 함께 하려고

G: Hi, Jim. Who are you _____ for?

B: I'm waiting for Eric.

G: Are you two going to the library?

B: No. We're going to the _____.

G: What are you going to do there?

B: We're going to _____ _____ together.

02

대화를 듣고, 두 아이가 가장 먼저 할 일을 고르시오.

① 장 보기
② 김치 준비하기
③ 냉장고 정리하기
④ 달걀부침 만들기

G: Let's make some kimchi fried rice.

B: Sounds good. Do we have _____?

G: Yes. We _____ have some kimchi.

B: How about ham and eggs?

G: Oh, we don't have any ham and eggs.

B: Let's go _____ _____ then.

G: Okay.

03

대화를 듣고, 남자아이가 파티 준비에서 맡은 일을 고르시오.

① 케이크 만들기
② 손님 목록 만들기
③ 시원한 음료 준비하기
④ 음악 재생 목록 만들기

B: Hey, Katie. Let's plan Brian's birthday party.

G: Okay. We need to make a _____ list.

B: Jane _____ made it.

G: Great. How about making a _____ _____?

B: I'll _____ _____ _____ it.

G: Then I'll prepare some cool drinks.

04

다음을 듣고, 무엇에 관한 내용인지 고르시오.

① 저금하기
② 버스 타기
③ 지하철 타기
④ 교통 카드 충전하기

M: Do you want to add money to your transportation card? It's _____. First, put your card in the machine. Second, choose the _____ of money you want to add. Third, put the money in. Now you have more money on your _____ card. You can use it for a bus or _____.

05

다음을 듣고, 여자아이가 요청하는 것을 고르시오.

① 환불
② 색깔 교환
③ 사이즈 교환
④ 블라우스 구입

06

대화를 듣고, 남자아이가 사용하고 있는 것을 고르시오.

①   ②

③   ④

07

대화를 듣고, 두 아이가 주문할 음식을 알맞게 짝 지은 것을 고르시오.

	Becky		Minsu
①	비빔밥	–	비빔밥
②	갈비탕	–	비빔밥
③	갈비탕	–	갈비탕
④	비빔밥	–	갈비탕

08

대화를 듣고, 남자아이가 좋아하는 과목과 그 이유를 고르시오.

	과목		이유
①	체육	–	운동을 할 수 있어서
②	미술	–	색깔로 감정을 표현할 수 있어서
③	체육	–	자신감을 가질 수 있어서
④	미술	–	그림 그리는 것이 재미있어서

G: I bought this white blouse last _____. I like it, but my mom says the color doesn't _____ _____ on me. I'd like to _____ it for a _____ color. Is it okay?

B: Excuse me. Do you know _____ _____ use this machine?

W: Yes. First, put the _____ of paper on the machine.

B: So I put the paper here?

W: Yes. Now, _____ the paper size. Then press the START button.

B: Okay. It's _____. Thank you.

G: Minsu, what do we have for lunch? There are *galbitang*, *bibimbap*, and *bulgogi* on the menu.

B: Which one do you want to have, Becky?

G: I _____ had *bulgogi* yesterday. So _____ _____ *galbitang*. What about you, Minsu?

B: I _____ *bibimbap* to *galbitang*. I will get *bibimbap*.

G: Okay, then I will _____ one *bibimbap* and one *galbitang*.

W: What's your favorite _____?

B: I like PE the best.

W: Why do you like PE?

B: I love PE class because I can get some _____. Also, sports and games are fun to play.

W: When I was young, I loved art class.

B: Why?

W: With colors, I could _____ my feelings.

09

다음을 듣고, 심야 도서관 사용에 관한 내용과 일치하지 <u>않는</u> 것을 고르시오.

① 일주일에 두 번 밤 9시까지 연다.
② 화요일, 목요일에 운영을 한다.
③ 도서 대출과 반납을 할 수 없다.
④ 와이파이를 무료로 사용할 수 있다.

10

대화를 듣고, 여자아이가 겨울 방학 동안에 여행할 곳과 떠날 시기를 고르시오.

여행할 곳		시기
① 중국	–	이번 주 금요일
② 이탈리아	–	이번 주 금요일
③ 중국	–	다음 주 토요일
④ 이탈리아	–	다음 주 토요일

11

대화를 듣고, 남자아이가 찾는 물건의 위치를 고르시오.

12

대화를 듣고, 남자아이가 모자를 산 금액을 고르시오.

① $1.50
② $3
③ $5
④ $6

W: Visit the library late at _____. The library _____ _____ until 9 p.m. on Tuesdays and Thursdays. You can check out and return books _____ late at night. You can also study for school. The library has a coffee machine and offers free WiFi. Come and use the library's _____ space at night.

G: Winter vacation _____ tomorrow.
B: I'm so happy. This Friday I'm going to China. What are you going to do on _____?
G: I'm going to travel to Italy.
B: Cool! When are you leaving?
G: I'm going to _____ next Saturday.
B: Have a good _____!

우리나라는 12월에 학기가 대부분 종료되고 3월에 새 학기가 시작되지만, 미국은 주로 9월에 새 학기가 시작되고, 5월 말~6월 초에 학년이 끝난답니다.

B: Mom, where's my pencil case?
W: You put it on your desk _____ you finished your homework.
B: On my desk? No, it's not there.
W: Then how about _____ your chair?
B: It's _____ there, _____.
W: Is it on your bed?
B: Oh, yes. It's on my bed.
W: Good.

W: Your baseball cap is really _____.
B: Thanks. I bought it last Sunday.
W: Was it _____?
B: No. It's _____ 6 dollars.
W: So did you get it _____ _____?
B: Yes. It was 50% off. So I paid only 3 dollars.

13

다음을 듣고, 학교 급식에 대해서 여자아이가 고른 응답을 고르시오.

School Lunch Survey
Please take a few seconds and answer the questions.
1. Do you like the school lunch?

Poor ①	Not Bad ②	Good ③	Excellent ④

14

대화를 듣고, 그림의 상황에 가장 알맞은 것을 고르시오.

①   ②   ③   ④

15

다음을 듣고, 대화가 자연스럽지 <u>않은</u> 것을 고르시오.

①   ②   ③   ④

16

대화를 듣고, 남자아이가 대화 직후에 할 일을 고르시오.

① 연 날리기
② 연 만들기
③ 날씨 확인하기
④ 친구에게 전화하기

M: What are you _____?

G: I'm _____ a question about our school lunch.

M: Oh. Do you like the school lunch?

G: Of course. So I _____ wait for lunch time.

M: Then are you _____ "Excellent"?

G: Yes, I am.

① G: Where is my baseball bat?

　B: It's _____ the table.

② G: It's cold outside.

　B: Okay, I will wear my coat.

③ G: How's the game _____?

　B: Our team is _____ 5 to 3.

④ G: When is our soccer _____?

　B: We don't have soccer practice today.

① G: What _____ are you in?

　B: I'm in 6th grade.

② G: What will you do on _____?

　B: I went roller-skating last Saturday.

③ G: When is your birthday?

　B: It's June 17th.

④ G: I'm so _____. I can't swim.

　B: Don't _____. I can teach you.

G: What are you going to do this afternoon?

B: _____ special.

G: I would like to fly a _____.

B: Can I come with you?

G: Sure. Do you think it is windy _____ to fly a kite?

B: I'll check the _____ on my cell phone.

17

대화를 듣고, 이어질 응답으로 알맞지 <u>않은</u> 것을 고르시오.

① Where's the toy store?
② I'd love to come, but I can't.
③ Sounds great! I will go there.
④ What time does the garage sale start?

G: John, you should _____ _____ to my house this Saturday.
B: Why?
G: I'm going to have a _____ _____.
B: Oh. What are you selling?
G: I'm _____ clothes, board games, and toys.
B: _____

garage sale은 사용하던 물건을 정리하기 위해 자신의 차고나 창고에 있던 것을 파는 것을 말해요. 사용하지 않거나 새집으로 이사 가거나 봄맞이 대청소를 위해서 하는 경우가 많아요.

18

대화를 듣고, 이어질 응답으로 알맞은 것을 고르시오.

① It's next to the soap.
② That's right. I won't forget.
③ I will buy shampoo at the store.
④ This is a special shampoo for you.

W: Ron, I'm home.
B: Hi, Mom. Did you _____ shampoo?
W: Shampoo? No, I didn't. I'm sorry. I _____.
B: I _____ to _____ my hair.
W: _____

19

대화를 듣고, 이어질 응답으로 알맞은 것을 고르시오.

① Yes, please.
② My bike is old.
③ It's okay. I'm full.
④ All right. I can teach you.

G: Harry, are you _____ now?
B: Not _____.
G: Can you help me?
B: Sure. What is it?
G: I'd like to _____ how to _____ a bike.
B: _____

20

대화를 듣고, 이어질 응답으로 알맞은 것을 고르시오.

① Yes, you can.
② Here's the survey link.
③ That's the right answer.
④ You can always ask me.

B: Minji, you look very busy.
G: Yes. I'm making some _____ _____. Can you help me with my survey?
B: Sure. What is it about?
G: It's about how you _____ your money.
B: Okay. How can I _____ the survey?
G: _____

● MP3 파일을 듣고, 다음 빈칸을 채워 대화를 완성해 보세요.

"A에는 B의 대답에 어울리는 질문이, B에는 A의 질문에 어울리는 대답이 들어갈 거예요. A와 B가 어떠한 대화를 나누게 될까요?"

01 A Are you two going to the library?

너희 둘은 도서관에 갈 거니?

B <u>**No. We're going to the gym.**</u>

<u>아니, 우리는 체육관에 갈 거야.</u>

02 A How are you doing?

너는 어떻게 지내니?

B _____

_____

03 A How's the game going?

경기는 어떻게 돼 가요?

B _____

_____

04 A What grade are you in?

너는 몇 학년이니?

B _____

_____

05 A When are you leaving?

당신은 언제 떠나시나요?

B _____

_____

"한 번에 문장을 다 쓰긴 어려워요. 여러 번 들으면서 메모하며 천천히 적어도 좋아요. 문장이 완성되면, 우리말 뜻도 적어 보세요!"

06 How <u>much is a ticket</u> ?

표는 얼마인가요?

07 It's _____ .

_____

08 Admission _____ .

_____

09 Please _____ .

_____

10 Watching _____ .

_____

Listen & Speak Up 10

● **주어진 우리말 의미에 맞게 영어로 말해 보세요.**

STEP 1 우리말을 읽고, 앞에서 학습한 내용을 이용하여 영어로 말해 봐요. 말한 뒤에는 네모 박스에 체크해요.

STEP 2 주어진 어휘 또는 표현들을 이용하여 문장을 완성해요.

01 나는 운동을 할 수 있어서 체육 수업을 아주 좋아해. (because, get some exercise)

STEP 1 ☐

STEP 2 _____

02 색깔로 저는 제 감정을 표현할 수 있었어요. (with colors, express feelings)

STEP 1 ☐

STEP 2 _____

03 우리는 손님 명단을 만들어야 해요. (need to)

STEP 1 ☐

STEP 2 _____

04 도서관은 오후 9시까지 문을 엽니다. (stay open)

STEP 1 ☐

STEP 2 _____

05 너는 이 기계를 어떻게 사용하는지 아니? (how to use)

STEP 1 ☐

STEP 2 _____

06 엄마가 저한테 그 색깔이 잘 어울린다고 하세요. (look good on)

STEP 1 ☐

STEP 2 _____

07 당신은 교통 카드에 돈을 추가하고 싶으신가요? (add money)

STEP 1 ☐

STEP 2 _____

한눈에 보는 정답

LISTEN UP

한눈에 보는 정답

Listen & Speak Up 1
본문 10~19쪽

듣기평가 모의고사

01 ①	02 ①	03 ④	04 ③	05 ①
06 ④	07 ③	08 ③	09 ④	10 ④
11 ③	12 ②	13 ②	14 ②	15 ③
16 ④	17 ①	18 ②	19 ③	20 ④

실력 높여 보기

01 ③	02 ④	03 ⑤	04 ②	05 ⑤

Listen & Speak Up 4
본문 52~61쪽

듣기평가 모의고사

01 ①	02 ②	03 ④	04 ③	05 ②
06 ②	07 ②	08 ④	09 ④	10 ②
11 ④	12 ③	13 ②	14 ①	15 ③
16 ③	17 ③	18 ④	19 ③	20 ④

실력 높여 보기

01 ④	02 ⑤	03 ①	04 ⑤	05 ⑤

Listen & Speak Up 2
본문 24~33쪽

듣기평가 모의고사

01 ②	02 ②	03 ②	04 ②	05 ②
06 ④	07 ②	08 ③	09 ④	10 ④
11 ④	12 ④	13 ①	14 ③	15 ①
16 ③	17 ④	18 ①	19 ③	20 ④

실력 높여 보기

01 ⑤	02 ⑤	03 ③	04 ②	05 ①

Listen & Speak Up 5
본문 66~75쪽

듣기평가 모의고사

01 ③	02 ④	03 ①	04 ③	05 ④
06 ①	07 ③	08 ④	09 ②	10 ③
11 ②	12 ②	13 ③	14 ③	15 ④
16 ④	17 ①	18 ③	19 ②	20 ④

실력 높여 보기

01 ②	02 ⑤	03 ①	04 ③	05 ②

Listen & Speak Up 3
본문 38~47쪽

듣기평가 모의고사

01 ③	02 ④	03 ④	04 ④	05 ③
06 ②	07 ①	08 ③	09 ④	10 ③
11 ②	12 ①	13 ③	14 ④	15 ③
16 ③	17 ①	18 ②	19 ①	20 ③

실력 높여 보기

01 ④	02 ②	03 ③	04 ⑤	05 ⑤

Listen & Speak Up 6
본문 80~89쪽

듣기평가 모의고사

01 ③	02 ②	03 ②	04 ②	05 ③
06 ②	07 ①	08 ②	09 ①	10 ③
11 ④	12 ③	13 ②	14 ①	15 ③
16 ④	17 ②	18 ②	19 ④	20 ②

실력 높여 보기

01 ③	02 ⑤	03 ④	04 ⑤	05 ④

Listen & Speak Up 7
본문 94~103쪽

듣기평가 모의고사

01 ④	02 ②	03 ④	04 ③	05 ③
06 ④	07 ①	08 ④	09 ④	10 ③
11 ①	12 ③	13 ④	14 ③	15 ④
16 ④	17 ①	18 ①	19 ①	20 ④

실력 높여 보기

01 ①	02 ④	03 ⑤	04 ⑤	05 ④

Listen & Speak Up 9
본문 122~131쪽

듣기평가 모의고사

01 ④	02 ④	03 ④	04 ②	05 ②
06 ①	07 ①	08 ③	09 ③	10 ④
11 ①	12 ②	13 ④	14 ③	15 ③
16 ①	17 ④	18 ④	19 ①	20 ②

실력 높여 보기

01 ③	02 ①	03 ⑤	04 ③	05 ⑤

Listen & Speak Up 8
본문 108~117쪽

듣기평가 모의고사

01 ④	02 ③	03 ③	04 ②	05 ③
06 ③	07 ③	08 ③	09 ④	10 ④
11 ④	12 ③	13 ①	14 ④	15 ④
16 ④	17 ④	18 ②	19 ①	20 ④

실력 높여 보기

01 ①	02 ①	03 ⑤	04 ④	05 ③

Listen & Speak Up 10
본문 136~145쪽

듣기평가 모의고사

01 ②	02 ①	03 ④	04 ④	05 ②
06 ①	07 ②	08 ①	09 ③	10 ④
11 ④	12 ②	13 ④	14 ③	15 ②
16 ③	17 ①	18 ③	19 ④	20 ②

실력 높여 보기

01 ③	02 ④	03 ⑤	04 ②	05 ⑤

초등

영어듣기평가
완벽대비
Listen & Speak Up

6-2

정답과 해설

Listen & Speak Up 1

 **WARM UP**

A 01 alone, 혼자서 02 fly, 날리다, 날다 03 social studies, 사회 (과목) 04 last, 지속되다
05 interview, 인터뷰하다; 인터뷰 06 draw, 그리다 07 messy, 지저분한
08 feel like, ~한 느낌이 들다 09 across from, ~의 맞은편에 10 crack, 갈라진 금[틈]

B 01 fly 02 social studies 03 interview 04 messy 05 across from
06 alone 07 draw 08 last 09 feels like 10 cracks

LISTEN UP | JUMP UP

LISTEN UP 듣기평가 모의고사 1

| 01 ① | 02 ① | 03 ④ | 04 ③ | 05 ① | 06 ④ | 07 ③ | 08 ③ | 09 ④ | 10 ④ |
| 11 ③ | 12 ② | 13 ② | 14 ② | 15 ③ | 16 ④ | 17 ① | 18 ② | 19 ③ | 20 ④ |

정답	JUMP UP 받아쓰기(스크립트)	해석
01 ① Benzi가 열이 나서 찬물을 주고 보살폈다는 것은 Benzi를 병간호하는 내용이다. • alone 혼자 있는 • take care of ~을 보살피다 • be better 나아지다[좋아지다] (= feel better)	M: I was alone with my dog, Benzi. Benzi was really sick. He had a fever. I gave him cold water and took care of him. Luckily he was better in the morning.	남자: 나는 내가 기르는 개, Benzi와 함께 혼자 있었다. Benzi는 몹시 아팠다. 그는 열이 났다. 나는 Benzi에게 찬물을 줬고, 그를 보살폈다. 다행히도 아침이 되자 그는 나아졌다.
02 ① 여자아이의 오후 일정인 장미정원 방문에 남자아이가 함께하기로 한다. • grow plants 식물을 기르다 • nickname 별명 • green thumb 원예에 재능이 있는 사람	G: Do you like growing plants? B: Yes, I love it. G: I am happy you like flowers and trees. B: My nickname is "Green thumb". G: I am going to visit a rose garden this afternoon. Do you want to join me? B: Sounds great.	소녀: 너는 식물 기르는 것을 좋아하니? 소년: 그럼. 정말 좋아해. 소녀: 네가 꽃과 나무를 좋아한다니 기뻐. 소년: 내 별명이 "원예왕"이야. 소녀: 오늘 오후에 장미정원을 방문하려고 해. 나와 함께할래? 소년: 그거 좋은데.
03 ④ 여자아이는 연을 두고 와서 아버지에게 갖다 달라고 전화로 부탁하고자 한다. • fly kites 연을 날리다 • bring 가져오다, 데려오다 • forgot forget(잊다)의 과거형 • extra 여분의	M: Today, we are going to fly kites. Let's go out. G: May I use your phone, Mr. Albert? M: Is there a problem? G: Yes. I need to call my dad. M: What for? G: I forgot to bring my kite. My dad can bring it to me. M: Don't worry. I have extra kites for you.	남자: 오늘은 연을 날릴 것입니다. 밖에 나갑시다. 소녀: Albert 선생님, 선생님의 휴대 전화를 사용해도 될까요? 남자: 무슨 문제라도 있니? 소녀: 네. 아빠에게 전화를 걸어야 해요. 남자: 무슨 일로 그러니? 소녀: 제 연을 가져와야 하는 것을 잊어버렸어요. 아빠가 그것을 제게 갖다주실 수 있어요. 남자: 걱정하지 마. 너를 위한 여분의 연을 가지고 있어.

정답	JUMP UP 받아쓰기(스크립트)	해석

04 ③ 대화 마지막에 남자아이는 오늘 학교 수업 끝나고 조원과 인터뷰하러 간다고 말한다.
- talk about ~에 관해 말하다
- social studies 사회
- interview 인터뷰하다; 인터뷰
- neighbor 이웃, 동네 사람
- after school 방과 후

G: How's your group work going?
B: You're talking about social studies group work, right?
G: Yes. How is it going?
B: Good. My team is interviewing our neighbors.
G: When are you doing that?
B: We are having the interviews after school today.

소녀: 너희 모둠 과제는 어떻게 되어 가고 있니?
소년: 사회 모둠 과제에 관해 말하는 것이지, 맞지?
소녀: 맞아. 어때?
소년: 잘 되고 있어. 내가 소속된 팀은 우리 이웃을 인터뷰할 거야.
소녀: 언제 할 거야?
소년: 오늘 학교 수업 끝나고 인터뷰할 거야.

05 ① 11시를 나타내는 시계와 방의 침대를 가리키는 것은 여자아이들이 잠을 자러 가야 함을 뜻한다.
- it's time for ~ ~할 시간이다
- draw 그리다
- enter ~에 들어가다

① M: It's time for bed. They need to sleep.
② M: The girls are drawing on the white board.
③ M: They cannot enter the room.
④ M: They are cleaning the living room.

① 남자: 잠잘 시간이다. 그들은 잠을 자야 한다.
② 남자: 소녀들은 백색 칠판에 그림을 그리고 있다.
③ 남자: 그들은 방에 들어갈 수 없다.
④ 남자: 그들은 거실을 청소하고 있다.

06 ④ 남자아이는 자신이 입은 재킷과 바지 색깔을 각각 회색과 검정으로 말하고 있다.
- wore wear(입다)의 과거형
- jacket 재킷
- match (색깔이) 서로 맞다, 어울리다
- bright 밝은

G: You look wonderful.
B: Do you like it? I wore a gray jacket and black pants.
G: The colors match well.
B: Thank you. I didn't want to wear bright colors.
G: I am wearing a black jacket and black pants.
B: You look nice, too.

소녀: 너 멋져 보인다.
소년: 마음에 드니? 회색 재킷과 검정 바지를 입었어.
소녀: 색깔이 서로 잘 어울려.
소년: 고마워. 밝은색은 입고 싶지 않았어.
소녀: 나는 검정 재킷과 검정 바지를 입고 있어.
소년: 너도 멋져 보여.

07 ③ 아이스크림을 구매하면 무료로 아이스크림콘을 받을 수 있는 아이스크림 행사일이어서 아이스크림 가게에 사람들이 많다.
- free 공짜인, 무료인
- cone (아이스크림을 담는) 콘
- so 그래서, 매우
- last 지속되다, 계속하다

G: What is the date today?
B: It's July 15th. Why do you ask?
G: It's free ice cream day!
B: Free ice cream day?
G: When we buy ice cream, we get a free ice cream cone.
B: So that's why there were so many people in the ice cream store.
G: Let's go. The event won't last forever.

소녀: 오늘이 며칠이지?
소년: 7월 15일이야. 왜 물어보니?
소녀: 무료 아이스크림 행사일이잖아!
소년: 무료 아이스크림 행사일이라니?
소녀: 우리가 아이스크림을 사면, 무료로 아이스크림콘을 받을 수 있어.
소년: 그래서 아이스크림 가게가 사람들로 붐볐구나.
소녀: 가자. 그 행사는 영원히 계속되지 않을 거야.

08 ③ Who's there?는 거기 누구냐고 묻는 말이므로 자신이 누구인지 말하는 응답이 알맞다.
- messy 지저분한
- garage sale 차고 세일
- fire 불, 화재 사건
- scary 무서운

① W: Your room is messy. Clean your room.
　M: Okay. I'll do it.
② W: Look. There's a garage sale.
　M: Let's go and find something good.
③ W: Who's there?
　M: He wasn't there yesterday.
④ W: Did you see the fire? It was scary.

① 여자: 당신 방이 지저분하군요. 방을 치우세요.
　남자: 알겠어요. 치울게요.
② 여자: 보세요. 차고 세일을 하는군요.
　남자: 가서 좋은 물건을 찾아봅시다.
③ 여자: 거기 누구세요?
　남자: 그는 어제 거기에 없었어요.
④ 여자: 불 난 거 봤어요? 무서웠어요.
　남자: 어떤 사람이 119에 신고해서 불을 껐어요.

정답	JUMP UP 받아쓰기(스크립트)	해석

• put out (불을) 끄다

M: Someone called 119 and the fire was put out.

09 ④ 상점에서 쿠키를 구매하는 상황이다.
• order 주문
• tired 피곤한
• this time 이번에는
• Help yourself. 마음껏 드세요.

① M: May I take your order?
　W: I'd like a fruit salad.
② M: Do you want to eat noodles?
　W: I am tired. Let's eat sandwich this time.
③ M: What's this?
　W: This is fruit punch. Help yourself.
④ M: How many boxes of cookies do you want?
　W: Five boxes.

① 남자: 주문하시겠어요?
　여자: 과일샐러드 주세요.
② 남자: 국수를 먹고 싶나요?
　여자: 피곤해요. 이번에는 그냥 샌드위치를 먹죠.
③ 남자: 이건 뭐예요?
　여자: 이거 과일 펀치예요. 마음껏 드세요.
④ 남자: 쿠키 몇 상자를 드릴까요?
　여자: 다섯 상자요.

10 ④ 대화와 일치하는 것은 길고양이가 먹이와 보살핌이 필요하다는 내용이다.
• stray cat 길고양이
• care 돌봄, 보살핌
• safe 안전한

G: Look! There are stray cats over there.
B: Oh, they are cute. What do you think about stray cats?
G: I think they need care.
B: I agree. These animals should be in a safe place.
G: I heard cats on the street are hungry.
B: You're right. They need food, too.

소녀: 봐! 저기 길고양이들이 있어.
소년: 오, 귀엽다. 너는 길고양이에 대해 어떻게 생각해?
소녀: 그것들은 보살핌이 필요하다고 생각해.
소년: 동의해. 이 동물들은 안전한 장소에 있어야 해.
소녀: 길에서 지내는 고양이들이 굶주린다고 들었어.
소년: 네 말이 맞아. 그들은 먹을 것도 필요해.

11 ③ 약국에서 우회전하여 두 블록 가면 오른쪽에 있다.
• hardware store 공구점
• bolt 나사못, 볼트
• drug store 약국
• straight 곧바로, 일직선으로
• across from ~ 맞은편에

B: Mom, where is the hardware store?
W: What's the problem?
B: I need some bolts to fix my robot.
W: Oh. Do you see the drug store? Turn right at the drug store.
B: Go straight from here and turn right at the drug store.
W: Then, go straight two blocks. It's on your right.
B: I got it.
W: It's across from the post office. You can't miss it.

소년: 엄마, 공구점이 어디에 있어요?
여자: 무슨 일이니?
소년: 제 로봇 고치려는데 나사못 몇 개가 필요해요.
여자: 오. 저 약국 보이니? 약국에서 우측으로 돌아서 가렴.
소년: 여기에서 곧장 가서 약국에서 우회전이요.
여자: 그러고 난 뒤, 두 블록을 가. 공구점은 네 오른쪽에 있단다.
소년: 알겠어요.
여자: 우체국 맞은편에 있단다. 놓칠 수 없을 거야(바로 보일 거야).

12 ② 올해 학생들이 기르게 되는 허브 화분에 대해 이야기하고 있다.
• heavy 무거운
• flower pot 화분
• herb plant 허브 식물

G: Be careful with these boxes.
B: What's there inside the boxes? They are really heavy.
G: There are flower pots and herb seeds in them.
B: Oh. Are we growing herbs in class?
G: Yes. Every student will grow one herb plant this year.
B: Cool! The classrooms will turn green.

소녀: 이 상자들 조심해.
소년: 상자 안에 무엇이 들어 있는데? 정말 무거운데.
소녀: 그 안에는 화분들과 허브 씨앗이 들어 있어.
소년: 오. 우리는 학급에서 허브를 기르는 거야?
소녀: 맞아. 올해는 모든 학생이 허브를 한 개씩 기르게 될 거야.
소년: 참 좋은데! 교실이 녹색으로 바뀌겠어.

13 ② 두 아이는 역사 수업에 대해 이야기하며 여자아이는

B: Ms. Kim's class is really great.
G: I agree. I like her history class. She tells

소년: 김 선생님의 수업은 정말 훌륭해.
소녀: 나도 그렇게 생각해. 나는 그분의 역사 수업을

정답	JUMP UP 받아쓰기(스크립트)	해석

재미있는 이야기를 많이 들려주어서 역사 수업을 좋아한다고 말하고 있다.

· interesting 흥미로운
· storytelling 이야기하기
· feel like ~한 느낌이 들다
· kingdom 왕국

a lot of interesting stories.
B: Yes. Her storytelling is so real.
G: Yeah. It feels like we are watching a movie!
B: Next class is about the Goryeo Kingdom.
G: I can't wait.

좋아해. 그분은 재미있는 이야기를 많이 들려주셔.
소년: 응. 선생님의 이야기는 정말 생생해.
소녀: 맞아. 그것은 마치 영화를 보고 있는 것 같아!
소년: 다음 수업은 고려왕국에 대한 것이지.
소녀: (기대돼서) 기다릴 수가 없어.

14 ② 동아리실에 비가 새서 도서실에 있는 모둠 학습실에서 동아리 활동을 하는 내용이다.

· space 공간
· library 도서실
· study room 학습실
· inside 안쪽에

G: Bad news. Our club room is closed today.
B: What happened?
G: Do you remember the heavy rain last night? The roof is leaking.
B: I'm sorry to hear that. Is there a space for us?
G: We can use the library. There is a group study room inside.
B: Good. I'll tell everyone about this.

소녀: 안 좋은 소식이야. 우리 동아리실이 오늘 문을 닫아.
소년: 무슨 일이야?
소녀: 어젯밤에 비가 많이 내린 거 기억해? 지붕에서 물이 새고 있어.
소년: 그 말을 들으니 유감이야. 우리가 사용할 공간은 있는 거야?
소녀: 도서실을 사용할 수 있어. 안쪽에 모둠 학습실이 있어.
소년: 좋아. 내가 모두에게 이것에 대해 말할게.

15 ③ 두 아이는 남자아이가 사는 마을에서 4월 5일부터 5일간 열리는 벚꽃 축제에 대해 대화하고 있다.

· blog 블로그
· cherry blossom 벚꽃
· in full bloom 꽃이 활짝 핀
· festival 축제
· run 진행되다

G: Hobin, I saw your blog yesterday.
B: Oh, did you see my post about my village?
G: Yes, the cherry blossom road was beautiful.
B: The cherry blossoms are in full bloom. And there will be a cherry blossom festival.
G: When does the festival start?
B: It goes from April 5th to April 9th. It runs for five days.

소녀: 호빈아, 어제 네 블로그 봤어.
소년: 아, 내가 우리 마을에 대해 올린 포스트 봤어?
소녀: 응. 벚꽃길이 아름다웠어.
소년: 벚꽃이 활짝 폈어. 그리고 벚꽃 축제도 열릴 거야.
소녀: 축제가 언제 시작하는데?
소년: 4월 5일부터 4월 9일까지야. 그것은 5일간 진행돼.

16 ④ 스마트폰을 오래 쓰면 눈이 건조해진다는 내용이 나온다.

· dry 건조한
· eye drops 안약
· up and down 위아래로

G: Don't use your smartphones too much. It makes your eyes dry. Use eye drops when your eyes are dry. Also, move your eyes up and down. These can help with the problem.

소녀: 스마트폰을 너무 많이 사용하지 마세요. 그것은 당신의 눈을 건조하게 만듭니다. 당신의 눈이 건조할 때 안약을 사용하세요. 또한 눈을 위아래로 움직이는 것도 하세요. 이것들은 그 문제에 도움이 될 수 있습니다.

17 ① 아빠가 케이크 맛이 어떤지 물었으므로 Lucy에게 전화하자는 응답은 알맞지 않다.

· sweet 달콤한
· break 쉬는 시간
· a piece of 한 조각의
· out of this world 너무나 훌륭한

G: What are you doing?
M: Lucy, come here. I am making a chocolate cake for you.
G: Really? Thank you, Dad.
M: You were studying for 3 hours. You need something sweet.
G: Can I have a break?
M: Of course. It's cake time! Here is a piece of cake. How do you like it?
G: _____

소녀: 뭐 하고 계세요?
남자: Lucy, 어서 오렴. 너를 위해 초콜릿케이크를 만들고 있단다.
소녀: 정말이요? 고마워요, 아빠.
남자: 3시간 동안 공부하고 있었잖니. 뭔가 달콤한 것이 네게 필요할 거야.
소녀: 잠깐 쉬어도 될까요?
남자: 물론이지. 케이크 먹는 시간이야! 여기 케이크 있다. 맛이 어떠니?
소녀: _____

정답	JUMP UP 받아쓰기(스크립트)	해석

① Lucy는 어디 있나요? 그 아이에게 전화해 봐요. ② 이 케이크는 맛이 정말 최고예요. ③ 정말 맛있어요. 전 당신의 케이크를 좋아해요. ④ 전 단것을 먹고 싶었어요. 고마워요.

18 ② 부산에서 맛있는 것이 무엇인지를 묻고 있는 말에 대한 응답은 ②가 알맞다.
· last year 작년에
· seafood 해산물 음식
· insects bites 벌레 물림
· itchy 가려운

M: What will you do this summer?
W: I will study computer programming. How about you?
M: I will go to Busan.
W: I went to Busan last year. It was great.
M: It's my first time to go there. What is delicious in Busan?
W: _____

남자: 이번 여름에 뭐 할 거예요?
여자: 컴퓨터 프로그래밍 공부를 할 거예요. 당신은요?
남자: 부산에 갈 거예요.
여자: 저는 작년에 부산에 다녀왔어요. 아주 좋았어요.
남자: 전 거기에 처음 가요. 부산에서 맛있는 것은 무엇인가요?
여자: _____
① 부산은 방문하기 좋은 장소예요. ② 부산은 해산물 요리로 유명해요. ③ 여름은 더워요. 물을 많이 마시세요. ④ 벌레에게 물리면 가려워요. 약을 챙기세요.

19 ③ 컴퓨터실 열쇠가 없어 못 들어가는 상황에서 여자가 여벌 열쇠로 문을 열어 주겠다고 했으므로 감사를 표하는 말이 응답으로 알맞다.
· return 반환하다
· lab 실험실
· lock 잠그다; 자물쇠
· spare 여벌의, 여분의
· blame 탓하다

M: Someone used a key and didn't return it.
W: Sorry?
M: The key to the computer lab. It's not there.
W: Did you check the lab?
M: Yes. The door is locked, and the students can't get inside.
W: I have a spare key for this situation. Will you go with me?
M: _____

남자: 누군가 열쇠를 사용하고 그것을 제자리에 돌려놓지 않았어요.
여자: 죄송하지만 뭐라고요?
남자: 컴퓨터실 열쇠요. 그곳에 없어요.
여자: 컴퓨터실 확인하셨나요?
남자: 네. 문은 잠겨 있고, 학생들은 안에 못 들어가고 있어요.
여자: 이런 상황에 대비해 여벌 열쇠가 있어요. 같이 가실래요?
남자: _____
① 누가 그랬는지 함께 알아봐요. ② 컴퓨터를 사고 싶어요. ③ 네, 도와주셔서 감사합니다. ④ 저를 탓하지 마세요. 제가 하지 않았어요.

20 ④ 남자아이가 우산을 어디서 빌릴 수 있을지 물었으므로 이어질 응답으로는 우산을 빌릴 수 있는 곳을 말하는 것이 알맞다.
· busy 바쁜
· last time 지난번
· hard 심하게, 세차게
· borrow 빌리다
· for sale 팔려고 내놓은, 판매 중인

G: It's raining. I didn't bring an umbrella.
B: Will you call your mom?
G: No. She is busy. I will just run.
B: Running in the rain? You got a cold last time.
G: It is not raining that hard. Let's run.
B: That is not a good idea. Where can we borrow umbrellas?
G: _____

소녀: 비가 오고 있어. 우산 안 가져왔는데.
소년: 엄마한테 전화할 거니?
소녀: 아니. 그분은 바쁘셔. 그냥 뛰어갈래.
소년: 빗속을 뛰어간다고? 너 지난번에 감기 걸렸잖아.
소녀: 그렇게 비가 많이 내리는 건 아니야. 같이 뛰자.
소년: 그건 좋은 생각이 아니야. 우리 우산을 어디서 빌릴 수 있을까?
소녀: _____
① 날씨가 아주 좋아. ② 우산은 팔고 있지 않아. ③ 새 가방을 사기 위해 쇼핑 갈 수 있어. ④ 교무실에서 그것을 빌릴 수 있어.

🎵 LISTEN UP 실력 높여 보기 본문 14쪽

01 ③   02 ④   03 ⑤   04 ②   05 ⑤

정답	스크립트	해석

01 ③ 교실에 있고 학생의 개인 물건을 보관하며 필요할 때 꺼내고 잠가서 안전하게 지키는 것은 사물함이다.

- handle 손잡이
- break time 쉬는 시간
- lock 잠그다

M: This is usually in the classroom. It has a door and a handle. Students put their books and pencils in it. Every break time, students open it to get their books. Students lock this to keep their things safe.

남자: 이것은 대개 교실에 있습니다. 그것은 문과 손잡이가 달려 있습니다. 학생들은 여기에 자신의 책과 연필을 넣어 둡니다. 쉬는 시간마다 학생들은 자신들의 책을 꺼내기 위해 이것을 엽니다. 학생들은 자신들의 물건을 안전하게 지키기 위해 이것을 잠가 둡니다.
① 책상 ② 컴퓨터 ③ 사물함 ④ 책가방 ⑤ 도시락

02 ④ 보드게임실을 사용할 수 있는 학년은 따로 언급하지 않고 있다.

- announcement 안내방송
- school yard 운동장
- board game 보드게임
- during ~ 동안

W: Hello! This is a student leaders' announcement. Today, our teachers have a special meeting from 10:30 to 11:00. So, students will also have a 30-minute break. During the break, students can use the school yard and the board game room. The board game room is also open during lunchtime. Please enjoy your time.

여자: 안녕하세요! 학생대표회에서 알려 드립니다. 오늘 우리 선생님들이 10시 30분부터 11시까지 특별 회의를 합니다. 그래서 학생들 또한 30분 쉬는 시간을 갖습니다. 쉬는 시간 동안, 학생들은 운동장과 보드게임실을 사용할 수 있습니다. 보드게임실은 점심시간 동안에도 개방합니다. 여러분의 시간을 즐겨 주세요.

03 ⑤ 음악실의 무대를 부수고 새로 만들게 되어 무대에서 발밑을 조심하지 않아도 된다고 기뻐하며 안심하고 있다.

- break down 부수다, 해체하다
- stage 무대
- crack (갈라진) 틈[금]
- watch 조심하다

W: Did you see the music room today?
M: I did. Some guys were breaking down the stage.
W: They will build a new stage.
M: That's good news. The old stage was not safe.
W: You're right. There were a lot of cracks in the stage.
M: I am happy we don't have to watch our step anymore.

여자: 오늘 음악실 봤나요?
남자: 네. 어떤 사람들이 무대를 부수고 있었어요.
여자: 무대를 새로 만들 거예요.
남자: 그거 좋은 소식이군요. 낡은 무대는 안전하지 않았어요.
여자: 맞아요. 무대에 갈라진 틈이 너무 많았어요.
남자: 더 이상 발밑을 조심하지 않아도 되니 기뻐요.

04 ② 새로 기르게 된 강아지 Leo의 나이가 3개월이다.

- late 늦게
- last night 어젯밤
- Congratulations! 축하해!
- for so long 아주 오랫동안

W: You look so tired.
M: I went to bed late last night.
W: What did you do last night?
M: I waited for my mom and dad. They were coming with my brother, Leo.
W: Your brother is Toby. Who is Leo?
M: Leo is my dog! He is 3 months old.
W: Congratulations! You wanted a dog for so long.

여자: 무척 피곤해 보이는걸.
남자: 어젯밤에 늦게 잤어.
여자: 어젯밤에 뭐 했는데?
남자: 엄마와 아빠를 기다렸어. 남동생 Leo와 함께 오고 계셨거든.
여자: 네 남동생은 Toby잖아. Leo는 누구야?
남자: Leo는 우리 개야! 태어난 지 3개월 됐어.
여자: 축하해! 너는 아주 오랫동안 강아지를 기르고 싶어 했잖아.

05 ⑤ 여자가 Swanson 선생님이 영어 선생님인지 어떻게 아느냐고 묻는 말에 자신도 그 선생님의 영어 수업을 듣는다고 응답하는 것이 남자의 말로 가장 적절하다.

- homeroom teacher 담임 교사
- math 수학

M: Who's your homeroom teacher?
W: Ms. Jackson. She is nice.
M: Oh, she is my math teacher. I like math because of her.
W: Who is your homeroom teacher?
M: Mr. Swanson. Isn't he your English teacher?
W: Yes. He teaches us English. How do you know?

남자: 담임 선생님이 누구야?
여자: Jackson 선생님이야. 매우 좋은 분이시지.
남자: 그분은 우리 수학 선생님이야. 그 선생님 덕분에 나는 수학을 좋아해.
여자: 네 담임 선생님은 누구니?
남자: Swanson 선생님이야. 그분은 너의 영어 선생님 아니니?
여자: 맞아. 그분은 우리에게 영어를 가르치셔. 어떻게 알아?

정답	스크립트	해석

• look for ~을 찾다

M: _____

_____

남자: _____

_____

① Jackson 선생님은 그녀에게 전화하고 있어. ② Jackson 선생님은 그녀를 가르치고 있어. ③ Swanson 선생님이 너를 찾고 있어. ④ Swanson 선생님은 독서를 좋아하셔. ⑤ 나도 그 선생님의 영어 수업을 듣고 있어.

 **FLY UP**

본문 20~21쪽

01 A Do you like growing plants? / 너는 식물 기르는 것을 좋아하니?　**02** A Is there a problem? / 무슨 문제 있나요?　**03** B It's going great. / 잘되어 가고 있어.　**04** A What do you think about stray cats? / 길고양이에 대해 어떻게 생각하나요?　**05** B It's across from the post office. / 우체국 맞은편에 있어요.　**06** Her storytelling is so real. / 그녀의 이야기는 정말 생생해요.　**07** When does the festival start? / 축제는 언제 시작하나요?　**08** Use eye drops when your eyes are dry. / 당신의 눈이 건조할 때 안약을 사용하세요.　**09** I have a spare key for this situation. / 저는 이런 상황에 대비해 여벌 열쇠가 있어요.　**10** There is a group study room inside. / 안쪽에는 모둠 학습실이 있어요.

 **SPEAK UP**

본문 22쪽

01 Benzi was really sick.　**02** You look nice in the jacket.　**03** Someone saw the fire and called 119.　**04** These boxes are really heavy.　**05** Did you check the lab?　**06** Students can use the school yard.　**07** We have to watch our step.

Listen & Speak Up 2

WARM UP

본문 23쪽

A　**01** between, ~ 사이에　**02** library, 도서관　**03** outside, 밖에, 밖으로　**04** practice, 연습하다; 연습　**05** ride, 타다; 탈것　**06** shelf, 선반　**07** straight, 곧장, 똑바로　**08** sunny, 화창한, 햇빛이 잘 드는　**09** vacation, 방학, 휴가　**10** weekend, 주말

B　**01** shelf　**02** sunny　**03** vacation　**04** between　**05** ride　**06** library　**07** outside　**08** practice　**09** weekend　**10** straight

| 01 ② | 02 ② | 03 ② | 04 ② | 05 ② | 06 ④ | 07 ② | 08 ③ | 09 ④ | 10 ④ |
| 11 ④ | 12 ④ | 13 ① | 14 ③ | 15 ① | 16 ③ | 17 ④ | 18 ① | 19 ③ | 20 ④ |

정답	JUMP UP 받아쓰기(스크립트)	해석

01 ② 컵케이크와 쿠키의 가격을 묻고 있으므로 대화가 이루어지는 장소는 빵집이다.
• cupcake 컵케이크
• delicious 아주 맛있는

W: Good afternoon. May I help you?
M: Hi. How much are these <u>cupcakes</u>?
W: They're two dollars <u>each</u>.
M: They look <u>delicious</u>. How about these cookies?
W: A box of them is five <u>dollars</u>.
M: I'll have two cupcakes and a box of cookies.

여: 안녕하세요. 도와드릴까요?
남: 안녕하세요. 이 컵케이크는 얼마예요?
여: 그것들은 하나에 2달러입니다.
남: 맛있어 보여요. 이 쿠키들은 어때요?
여: 그것들 한 상자는 5달러입니다.
남: 컵케이크 두 개와 쿠키 한 상자를 살게요.
① 은행 ② 빵집 ③ 꽃 가게 ④ 옷 가게

02 ② 남자아이는 자전거를, 여자아이는 인라인스케이트를 타기로 했다.
• cool 시원한
• outside 밖에, 밖으로
• inline skate 인라인스케이트를 타다

B: It's cool and sunny <u>outside</u>.
G: Let's go to the park.
B: Okay. How about <u>riding</u> bikes there?
G: I'm sorry. I don't know how to ride a bike.
B: Why don't you <u>inline</u> <u>skate</u> there? And I'll ride a bike.
G: Sounds good.

소년: 바깥 날씨가 시원하고 화창해.
소녀: 공원에 가자.
소년: 좋아. 그곳에서 자전거를 타는 게 어때?
소녀: 미안해. 난 자전거 타는 법을 몰라.
소년: 너는 그곳에서 인라인스케이트를 타는 건 어때? 그리고 나는 자전거를 탈게.
소녀: 좋은 생각이야.

03 ② 남자아이는 가족과 제주도에 가서 수영하고 모래성을 만들었다고 했다.
• vacation 방학
• beach 해변
• sandcastle (바닷가에서 쌓는) 모래성

G: What did you do last summer <u>vacation</u>?
B: I went to Jeju Island with my family.
G: What did you do there?
B: We <u>went</u> <u>swimming</u> at the beach. We made a sandcastle there, too.
G: <u>Sounds</u> <u>like</u> you had a great time.
B: Yes. We had lots of fun.

소녀: 지난 여름 방학에 무엇을 했니?
소년: 나는 가족과 함께 제주도에 갔어.
소녀: 거기서 무엇을 했어?
소년: 우리는 해변에 수영하러 갔어. 그곳에서 우리는 모래성도 만들었어.
소녀: 정말 좋은 시간을 보낸 것 같구나.
소년: 그래. 우리는 정말 즐겁게 지냈어.

04 ② 숙제를 마친 남자아이에게 여자는 거실 청소를 부탁하고 있다.
• finish 끝내다
• homework 숙제
• practice 연습

W: Did you <u>finish</u> your homework?
B: Yes, I did, Mom.
W: Can you <u>clean</u> the <u>living</u> <u>room</u>?
B: Sorry, I can't.
W: Why not?
B: I have soccer <u>practice</u> soon.

여자: 숙제를 끝냈니?
소년: 네, 끝냈어요, 엄마.
여자: 거실을 청소해 주겠니?
소년: 죄송하지만, 할 수가 없어요.
여자: 왜 안 되는데?
소년: 곧 축구 연습이 있어요.

05 ② 직진 후 슈퍼마켓에서 우회전한 후 직진하다가 좌회전해서 여자아이의 오른쪽에 나오는 장소이므로 은행 옆에 있다.
• post office 우체국
• straight 쪽, 곧장
• corner 모퉁이

G: Excuse me. Where is the <u>post</u> <u>office</u>?
M: Go <u>straight</u> and turn right at the supermarket.
G: Turn right at the <u>corner</u>?
M: Yes. Then go straight and turn left.
G: Okay.
M: Then go straight again. It's on your <u>right</u>.

소녀: 실례합니다. 우체국은 어디에 있어요?
남자: 쭉 가다가 슈퍼마켓에서 오른쪽으로 도세요.
소녀: 모퉁이에서 오른쪽으로 돌아요?
남자: 네. 그리고 나서 쭉 가다가 왼쪽으로 도세요.
소녀: 네.
남자: 그리고 나서 다시 직진하세요. 그것은 당신의 오른쪽에 있어요.

06 ④ 남자아이의 학교는 도서관과 은행 사이에 있다.
- library 도서관
- next to ~ 옆에
- between ~ 사이에
- museum 박물관
- post office 우체국

G: Tom, where is your school?
B: Do you see the library?
G: Yes.
B: My school is next to it.
G: I see. Is it between the museum and the library?
B: No, that's the post office. My school is between the library and the bank.
G: Okay, I got it.

소녀: Tom, 너의 학교는 어디에 있니?
소년: 도서관이 보이지?
소녀: 응.
소년: 내 학교는 그것 옆에 있어.
소녀: 알겠다. 그건 박물관과 도서관 사이에 있는 거지?
소년: 아니, 그건 우체국이야. 내 학교는 도서관과 은행 사이에 있어.
소녀: 아, 알겠다.

---

07 ② Sam의 전화번호는 017-3621-4567이다.
- weekend 주말
- phone number 전화번호

[Cell phone rings.]
G: Hi, Andy. What's up?
B: Sam and I need to meet this weekend. But I don't know his phone number.
G: I have his phone number. It's 017-3621-4567.
B: 017-3621-4567?
G: That's right.
B: Thank you.

[휴대 전화가 울린다.]
소녀: 안녕, Andy. 무슨 일이니?
소년: Sam과 나는 이번 주말에 만나야 해. 그런데 내가 그의 전화번호를 몰라.
소녀: 나는 그의 전화번호를 알고 있어. 017-3621-4567이야.
소년: 017-3621-4567?
소녀: 맞아.
소년: 고마워.

---

08 ③ 남자아이는 기다리는 사람들의 줄이 너무 길어서 바이킹을 타지 못했다.
- amusement park 놀이공원
- rode ride(타다)의 과거형
- rollercoaster 롤러코스터
- bumper car 범퍼카

G: Did you have fun at the amusement park?
B: Yes, I rode a rollercoaster.
G: What else did you ride?
B: I also rode the bumper cars.
G: Did you go on the Viking, too?
B: No. I couldn't ride it.
G: Why not?
B: The line was too long.

소녀: 놀이공원에서 재미있게 놀았니?
소년: 응, 롤러코스터를 탔어.
소녀: 다른 거 뭐 탔어?
소년: 난 범퍼카도 탔어.
소녀: 바이킹도 탔어?
소년: 아니, 그건 못 탔어.
소녀: 왜 못 탔어?
소년: 줄이 너무 길었거든.

---

09 ④ 여동생의 이름이 Linh이고, 키우는 개의 이름은 Ming이다.
- grandparent 조부모
- Vietnam 베트남
- nurse 간호사
- walk (동물을) 산책시키다

B: Hi, my name is Huy. I live with my grandparents, mom, dad, and little sister. We're from Vietnam, and we live in Seoul, Korea. My sister's name is Linh. My dad is a teacher, and my mom is a nurse. I have a dog. His name is Ming. I walk him every day.

소년: 안녕, 내 이름은 Huy야. 나는 조부모님, 엄마, 아빠, 여동생과 함께 살고 있어. 우리는 베트남에서 왔고, 우리는 한국의 서울에 살고 있어. 내 여동생의 이름은 Linh이야. 나의 아빠는 선생님이고 나의 엄마는 간호사야. 나는 개를 키워. 그의 이름은 Ming이야. 나는 매일 그를 산책시켜.

---

10 ④ 남자아이가 금요일에 제빵 수업에 함께 갈 수 있는지 묻자 여자아이가 같이 가겠다고 했다.
- go shopping 쇼핑하러 가다
- baking class 제빵 수업

B: Hi, Amie. What are you going to do next Friday?
G: I'm going shopping with my sister. Why?
B: There is a baking class that day. I hope to go there with you.
G: Oh, I see. Then I'll go shopping on Tuesday.
B: Then can you take the baking class with me on Friday?

소년: 안녕, Amie. 다음 주 금요일에 무엇을 할 거니?
소녀: 내 언니와 쇼핑하러 갈 예정이야. 왜?
소년: 그날 제빵 수업이 있어. 내가 너와 함께 거기 가고 싶거든.
소녀: 아, 그렇구나. 그럼 내가 화요일에 쇼핑하러 갈게.
소년: 그럼 금요일에 나와 함께 제빵 수업을 들을 수 있어?
소녀: 그래. 너와 같이 그걸 들을게.

정답	JUMP UP 받아쓰기(스크립트)	해석

G: Yes. I'll take it with you.

---

11 ④ 선생님 책상 옆 의자 아래에 파란 책가방이 놓여 있다.
- backpack 책가방
- clock 시계
- shelf 선반
- remember 기억하다

[Cell phone rings.]
G: Hello. Mr. Brown? This is Mina. Did you see my blue backpack?
M: Isn't it on the pink desk?
G: No. A clock is on it.
M: What about on the shelf?
G: I can't see it there.
M: Oh, I remember. It was under the chair next to my desk.
G: Oh, there it is. Thank you.

[휴대 전화가 울린다.]
소녀: 여보세요, Brown 선생님. 저 미나예요. 제 파란 책가방 보셨어요?
남자: 분홍색 책상 위에 있지 않니?
소녀: 아니요. 그 위에는 시계가 있어요.
남자: 선반 위에는?
소녀: 거기는 안 보여요.
남자: 아, 기억나. 그것은 내 책상 옆에 의자 밑에 있었어.
소녀: 아, 거기 있네요. 감사해요.

---

12 ④ 겨울 방학에 각자 하고 싶은 일을 이야기하고 있으므로 겨울 방학 계획이 알맞다.
- vacation 방학
- go skiing 스키 타러 가다
- guitar 기타

G: Steve, Do you have any plans for winter vacation?
B: Yes. I'm going skiing with my family.
G: That's nice.
B: What about you, Julie? What are you going to do?
G: I'm going to learn how to play the guitar.
B: Guitar?
G: Yes. I want to play my favorite song on the guitar.

소녀: Steve, 겨울 방학 계획이 있니?
소년: 응. 나의 가족들과 스키 타러 갈 거야.
소녀: 그거 좋네.
소년: Julie, 너는 어때? 너는 무엇을 할 거야?
소녀: 나는 기타 치는 법을 배울 거야.
소년: 기타?
소녀: 응. 내가 가장 좋아하는 노래를 기타로 연주하고 싶어.

---

13 ① 밖에 비가 오고 있어서 탁구를 하자고 제안하는 내용이 그림과 알맞다.
- table tennis 탁구
- inside 안에서
- windy 바람이 부는
- board game 보드게임
- baseball 야구
- outside 밖에서

① B: It's raining. Let's play table tennis.
② B: It's snowing. Why don't we play basketball inside?
③ B: It's windy. How about playing a board game?
④ B: It's sunny. What about playing baseball outside?

① 소년: 비가 오고 있어. 탁구를 하자.
② 소년: 눈이 오고 있어. 실내에서 농구 하는 게 어때?
③ 소년: 바람이 불고 있어. 보드게임 하는 게 어때?
④ 소년: 날씨가 좋아. 밖에서 야구를 하는 게 어때?

---

14 ③ 남자아이가 매우 더워하고 있으므로 차가운 음료를 원하는 대화가 자연스럽다.
- nice 친절한
- full 배부른
- dinner 저녁 식사
- wash 씻다

① W: I'll help you with your homework.
 B: Oh, that's very nice of you.
② W: Have a sandwich.
 B: No, thank you. I'm full.
③ W: Would you like something to drink?
 B: Yes, I'd like something cold. It's so hot.
④ W: Dinner is ready. Wash your hands first.
 B: Okay. I will.

① 여자: 내가 너의 숙제를 도와줄게.
 소년: 오, 정말 친절하시네요.
② 여자: 샌드위치 좀 먹어라.
 소년: 아니요, 괜찮아요. 저는 배불러요.
③ 여자: 마실 것 좀 줄까?
 소녀: 네, 차가운 것을 좀 주세요. 너무 더워요.
④ 여자: 저녁 식사가 준비됐다. 먼저 손을 씻어라.
 소년: 네, 그럴게요.

---

15 ① 영화관이 어디 있는지 묻는 말에 위치를 알려 주는 응답이 와야 자연스럽다.

① G: Do you know where the movie theater is?
 B: I don't like movies.

① 소녀: 영화관이 어디에 있는지 아니?
 소년: 나는 영화를 좋아하지 않아.
② 소녀: 어제 뭐 했어?

정답	JUMP UP 받아쓰기(스크립트)	해석

• theater 영화관
• concert 콘서트, 음악회
• until ~까지
• at night 밤에
• free 자유로운
• weekend 주말
• homework 숙제

② G: What did you do yesterday?
　B: I went to a music concert.
③ G: Did you study for the test?
　B: Yes. I studied until late at night.
④ G: Hey, Jinsu. Are you free this weekend?
　B: No, I'm not. I have lots of homework.

소년: 난 음악 콘서트에 갔었어.
③ 소녀: 시험공부는 했니?
　소년: 응. 난 밤늦게까지 공부했어.
④ 소녀: 안녕, 진수야. 이번 주말에 시간 있니?
　소년: 아니, 없어. 나는 숙제가 많아.

---

16 ③ 남자아이는 체리, 바나나, 수박을 좋아하고, 여자아이는 바나나와 수박을 좋아하므로 두 아이가 공통으로 좋아하는 과일은 바나나와 수박이다.
• fruit 과일
• delicious 맛있는
• favorite 가장 좋아하는
• watermelon 수박

G: Look at this fruit. It looks fresh and delicious.
B: Let's buy some fruit.
G: What's your favorite fruit, Hajun?
B: I like cherries and bananas. How about you?
G: I don't like cherries. But I like bananas and watermelon.
B: I like watermelon, too. Then let's buy some watermelon.

소녀: 이 과일을 봐. 그것은 신선하고 맛있어 보여.
소년: 과일을 좀 사자.
소녀: 하준아, 가장 좋아하는 과일이 뭐니?
소년: 나는 체리와 바나나를 좋아해. 너는?
소녀: 나는 체리는 안 좋아해. 하지만 바나나와 수박을 좋아해.
소년: 나도 수박 좋아해. 그럼, 수박을 사자.

---

17 ④ 표지판을 가리키며 조용히 해 달라고 요청하므로 이에 대하여 '그들이 표지판을 못 봤다'라는 응답은 알맞지 않다.
• sign 표지판
• silent 침묵을 지키는, 조용한
• quiet 조용한

W: Excuse me, do you see that sign?
B: Sorry?
W: Look at the sign over there.
B: What does "Keep Silent" mean?
W: It means, "We should be quiet here."
B: _____

여자: 미안하지만, 저 표지판 보이니?
소년: 네?
여자: 저쪽에 있는 표지판을 보렴.
소년: "Keep Silent"가 무슨 뜻이에요?
여자: 그건 "우리는 여기에서 조용히 해야 한다"라는 뜻이야.
소년: _____
① 오, 죄송합니다. ② 네. 조용히 하겠습니다. ③ 제가 그것을 몰랐어요. ④ 그들은 표지판을 못 봤어요.

---

18 ① 남동생들이 어떻게 지내는지 묻고 있으므로 잘 지낸다는 응답이 와야 자연스럽다.
• long time no see 오랜만이야
• same here 나도 마찬가지야
• too 역시, 또한

B: Hayun, long time no see.
G: Yes. How are you doing?
B: I'm very good. How about you?
G: Same here.
B: How are your brothers?
G: _____

소년: 하윤아, 오랜만이야.
소녀: 그래. 어떻게 지내?
소년: 난 아주 좋아. 너는 어때?
소녀: 나도 마찬가지야.
소년: 너의 남동생들은 어때?
소녀: _____
① 그들도 역시 잘 지내. ② 그들은 그 영화를 좋아했어. ③ 그들이 너에 대해 내게 말해 줬어. ④ 그들은 그것을 별로 좋아하지 않아.

---

19 ③ 걸어서 학교에 오는 데 얼마나 시간이 걸리는지 물었으므로 소요 시간을 나타내는 응답이 와야 한다.
• bike 자전거
• on foot 걸어서
• take (시간이) 걸리다

B: Whose bike is this? It's so nice.
G: That's mine.
B: Do you come to school by bike?
G: Yes. How about you?
B: I come to school on foot.
G: How long does it take to get to school?
B: _____

소년: 이것은 누구의 자전거니? 정말 멋지다.
소녀: 그건 내 거야.
소년: 너는 자전거로 등교하니?
소녀: 응. 너는?
소년: 나는 걸어서 학교에 와.
소녀: 학교까지 오는 데 얼마나 걸리니?
소년: _____
① 나도 걷는 걸 좋아해. ② 산책하는 것이 내 취미야. ③ 나는 20분 정도 걸려. ④ 걷기는 너의 건강에 좋아.

정답	JUMP UP 받아쓰기(스크립트)	해석
20 ④ 오이 가격을 묻고 오이를 3개 사겠다고 했으므로 다음에 이어질 응답으로 그 밖에 필요한 것이 있는지 묻는 말이 자연스럽다. • cucumber 오이 • anything else 그 밖에 다른 것	W: How <u>much</u> are these? M: You <u>mean</u> the <u>cucumbers</u>? W: Yes. M: They're one dollar <u>each</u>. W: I'll have three cucumbers. M: _____	여자: 이것들은 얼마예요? 남자: 오이 말씀이세요? 여자: 네. 남자: 하나에 1달러입니다. 여자: 오이 세 개 주세요. 남자: _____ ① 이걸로 할게요. ② 미안하지만, 지금은 매우 바빠요. ③ 네. 몇 개나 필요하세요? ④ 좋아요. 그 밖에 또 필요한 것이 있나요?

🎵 LISTEN UP 실력 높여 보기

본문 28쪽

01 ⑤   **02** ⑤   **03** ③   **04** ②   **05** ①

정답	스크립트	해석
01 ⑤ 수영할 때 얼굴에 머리카락이 붙지 않게 하고 수영장에 머리카락이 빠지지 않도록 하며, 야외에서 태양으로부터 머리를 보호해 줄 수 있는 것은 수영 모자이다. • wear (모자 등을) 쓰다, 입다 • protect 보호하다 • outside 밖에서	W: I wear this when I swim in the pool. It keeps my hair off my face when I wear it. When I wear this, I keep hair out of the pool. Also, it protects my head from the sun when I swim outside.	여자: 나는 수영장에서 수영을 할 때 이것을 씁니다. 내가 그것을 쓰면 그것은 내 머리카락이 내 얼굴에 붙지 않도록 합니다. 내가 이것을 쓸 때, 나는 수영장에 머리카락이 들어가지 않도록 합니다. 또한, 내가 야외에서 수영할 때, 그것은 내 머리를 태양으로부터 보호해 줍니다.
02 ⑤ 잃어버렸던 배낭을 되찾았으므로 안도하는 심정이 가장 알맞다. • backpack 배낭	W: What can I do for you? M: Have you seen any backpacks? I lost my backpack. W: We have these three backpacks. M: Mine is black. W: Is it any of these? M: Oh, the one in the middle is mine.	여자: 무엇을 도와드릴까요? 남자: 배낭 못 보셨어요? 제 배낭을 잃어버렸어요. 여자: 우리는 여기 세 개의 배낭을 가지고 있어요. 남자: 제 것은 검은색이에요. 여자: 이것 중의 하나인가요? 남자: 오, 중간에 있는 것이 제 것이에요. ① 슬픈 ② 지루한 ③ 스트레스를 받는 ④ 긴장한 ⑤ 안도하는
03 ③ 남자가 여자에게 공원으로 올 수 있는지 묻자 여자가 남자의 제안에 승낙했다. • hang out 놀다, 시간을 보내다 • bring 가져오다 • badminton racket 배드민턴 라켓	[Cell phone rings.] W: Hi, Mike. What's up? M: Hi, Jennie. Do you have some time today? W: Yes. M: Then let's hang out together. W: Sounds great. M: Can you come to the park next to my house? W: Sure. I'll bring my badminton rackets.	[휴대 전화가 울린다.] 여자: 안녕, Mike. 무슨 일이야? 남자: 안녕, Jennie. 너 오늘 시간 좀 있니? 여자: 그래. 남자: 그럼 같이 놀자. 여자: 좋은 생각이야. 남자: 우리 집 옆에 있는 공원으로 올 수 있니? 여자: 물론이지. 내가 내 배드민턴 라켓을 갖고 갈게.

정답	스크립트	해석

04 ② 에너지 절약을 위한 특별 주간은 다음 주이며 실시 이유, 참가 대상, 실천 방법은 언급하였으나 참가 비용은 언급하지 않았다.
- save 아끼다, 절약하다
- energy 에너지
- join 참여하다
- turn off (전등 등을) 끄다
- brush one's teeth 이를 닦다

M: Next week is Saving Energy Week. We're having this special week to teach people how to save energy. All students and teachers at our school can join. First, turn off the lights when you leave your classroom. Second, don't leave the water running when you brush your teeth. Third, bring your own cup. Thank you for listening.

남자: 다음 주는 Saving Energy 주간입니다. 우리는 사람들에게 에너지를 절약하는 법을 가르쳐 주기 위해 이 특별한 한 주를 보낼 것입니다. 우리 학교의 모든 학생들과 선생님들이 참여할 수 있습니다. 첫째, 교실에서 나갈 때 불을 끄세요. 둘째, 이를 닦을 때 물을 틀어 놓지 마세요. 셋째, 여러분 자신의 컵을 가져오세요. 들어 주셔서 감사합니다.

05 ① 남자가 혼자 등에 선크림을 바르기가 어렵다고 했으므로 여자의 응답으로는 도와주겠다는 말이 가장 적절하다.
- swimsuit 수영복
- put on ~을 바르다
- sunscreen 선크림, 자외선 차단제
- reach ~에 닿다

W: David, go change into your swimsuit.
M: Okay, Mom.
W: Wait. Did you put on sunscreen?
M: Yes. But I couldn't put it on my back.
W: Why not?
M: It's hard for me to reach my back.
W: _____

여자: David, 가서 수영복으로 갈아입어라.
남자: 알겠어요, 엄마.
여자: 기다려라. 선크림을 발랐니?
남자: 네. 그런데 등에는 못 발랐어요.
여자: 왜 못 발랐니?
남자: 등에 손이 닿기가 힘들어요.
여자: _____
① 내가 도와줄게. ② 나를 도와줄 수 있니? ③ 어느 것이 네 것이니? ④ 내 선글라스는 어디에 있니? ⑤ 선크림은 얼마니?

FLY UP

본문 34~35쪽

01 A Why don't you inline skate there? / 거기서 인라인스케이트를 타는 게 어때요? **02** B It means, "We should be quiet here." / 그건 "우리는 여기에서 조용히 해야 한다"라는 뜻이에요. **03** A What did you do last summer vacation? / 지난 여름 방학에 뭐 했어요? **04** A Did you finish your homework? / 너는 숙제를 끝냈니? **05** A Is it between the museum and the library? / 그건 박물관과 도서관 사이에 있나요? **06** Can you clean the living room? / 거실 청소 좀 해 줄 수 있어요? **07** I'd like something cold. / 차가운 걸로 주세요. **08** Would you like something to drink? / 마실 것 좀 드릴까요? **09** It looks fresh and delicious. / 그것은 신선하고 맛있어 보여요. **10** I'm going to learn how to play the guitar. / 저는 기타 치는 법을 배울 거예요.

SPEAK UP

본문 36쪽

01 Sounds like you had a great time. **02** Did you put on sunscreen? **03** Bring your own food and drink to the party. **04** A helmet can protect your head from injury. **05** How about playing chess? **06** I'm going skiing with my best friend. **07** My key was under the sofa next to the piano.

Listen & Speak Up 3

WARM UP

A
01 clear, 치우다   02 next to ~ 옆에   03 first aid kit, 구급상자   04 wish, 소원
05 arrive, 도착하다   06 hang out, 걸어 놓다   07 dirty, 지저분한   08 trash, 쓰레기
09 information, 정보   10 patient, 참을성 있는, 인내심 있는

B
01 next to   02 hang out   03 dirty   04 clear   05 information   06 trash
07 wish   08 first aid kit   09 patient   10 arrive

LISTEN UP   JUMP UP

🎵 LISTEN UP   듣기평가 모의고사 3

01 ③	02 ④	03 ④	04 ④	05 ③	06 ②	07 ①	08 ③	09 ④	10 ③
11 ②	12 ①	13 ③	14 ④	15 ③	16 ③	17 ①	18 ②	19 ①	20 ③

정답	JUMP UP 받아쓰기(스크립트)	해석
01 ③ 눈이 많이 내려서 길이 미끄러웠고 선생님들과 학생들이 학교에 늦었다고 말한다. • heavy 무거운, (눈이) 많이 내린 • slippery 미끄러운 • turtle 거북 • clear 치우다	G: There was a <u>heavy</u> snow. The road was slippery. Cars were moving slow like <u>turtles</u>. People were clearing the snow from the road. Teachers and students were <u>late</u> for school.	소녀: 눈이 많이 내렸다. 길은 미끄러웠다. 차들은 거북이처럼 느릿느릿 움직이고 있었다. 사람들은 길에서 눈을 치우고 있었다. 선생님들과 학생들은 학교에 늦었다.
02 ④ 남자아이가 장미꽃 옆에서 사진을 함께 찍자고 하자, 여자아이가 흔쾌히 수락한다. • take pictures of ~의 사진을 찍다 • worry 걱정하다 • Why don't we ~? ~하는 게 어때?	B: Those roses are beautiful. G: Do you want to <u>take</u> pictures of them? B: Yes, but I didn't bring my smartphone. G: Don't worry. You can use <u>mine</u>. B: Thank you, Haejin. Why don't we take picture of us <u>next</u> to the roses? G: Dojun, that's a great idea! Let's do it.	소년: 저 장미꽃들이 아름다워. 소녀: 저것들의 사진을 찍고 싶은 거야? 소년: 응, 그리고 싶은데 내 스마트폰을 안 가져왔어. 소녀: 걱정하지 마. 내 것을 사용하면 돼. 소년: 고마워, 해진아. 장미 옆에서 우리 사진 찍는 게 어때? 소녀: 도준아, 그거 좋은 생각이다! 그렇게 하자.
03 ④ 여자아이는 여동생 Harriet의 무용 대회에 가족들이 갈 것이라고 하였다. • practice 연습하다 • dancer 무용수 • contest 대회 • win first place 1등을 하다	G: My sister Harriet is practicing <u>dancing</u>. B: I didn't know that she was a dancer. G: Oh, Harriet is joining a dancing <u>contest</u>. B: I'm <u>sure</u> she is a great dancer. G: I hope she <u>wins</u> first place. B: Me, too. When is the dancing contest? G: This Saturday, at 1 p.m. My family will be there.	소녀: 내 여동생 Harriet이 무용 연습을 하는 중이야. 소년: Harriet이 무용수인 줄은 몰랐어. 소녀: 아, Harriet은 무용 대회에 참가해. 소년: 나는 Harriet이 좋은 무용수일 거라고 확신해. 소녀: 나는 그 애가 우승했으면 좋겠어. 소년: 나도. 무용 대회가 언제야? 소녀: 이번 주 토요일 오후 한 시야. 우리 가족은 거기에 갈 거야.

04 ④ 두 아이는 영화에 유명한 배우가 나오는 것에 대해서는 말하고 있지 않다.

- acting (배우들의) 연기
- sound 음향
- effect 효과
- fascinating 황홀한, 멋진
- technician 기술자

G: David, did you like the movie?
B: Yes, the acting was great.
G: I enjoyed it, too. The sound was wonderful.
B: The special effects were fascinating, too.
G: Yes, it was! How can they make it real?
B: Because many technicians work hard to make a movie.

소녀: David, 그 영화 좋았어?
소년: 응, 배우들의 연기가 훌륭했지.
소녀: 나도 그거 좋았어. 음향이 놀라웠어.
소년: 특수 효과도 황홀했어.
소녀: 맞아, 그랬어! 어떻게 그걸 진짜같이 만들 수 있지?
소년: 영화 한 편을 만들기 위해서는 많은 기술자들이 열심히 일하기 때문이지.

---

05 ③ 노부인이 책을 읽어 주고 있고 아이들은 주변에 모여 이야기를 듣고 있다.

- mop 걸레로 닦다
- floor 바닥
- listen to ~을 듣다

① M: An old lady is making cookies.
② M: Children are mopping the floor.
③ M: Children are listening to a story.
④ M: Children are watching TV.

① 남자: 노부인이 쿠키를 만들고 있다.
② 남자: 아이들이 바닥을 걸레로 닦고 있다.
③ 남자: 아이들이 이야기를 듣고 있다.
④ 남자: 아이들이 TV를 보고 있다.

---

06 ② 상대방의 아침 인사에 사람들이 아침에 일찍 일어난다고 답하는 것은 자연스럽지 않다.

- step on ~을 밟다
- handlebar 자전거 손잡이
- ride a bike 자전거를 타다
- light 빛, (신호등) 불빛
- scissors 가위

① B: Step on the pedals. Hold the handlebar!
  G: I can do it! I can ride a bike!
② B: Good morning, everyone.
  G: Everyone wakes up early in the morning.
③ B: The light is green.
  G: Let's cross the road.
④ B: I don't have scissors.
  G: You can use mine.

① 소년: 페달을 밟아. 손잡이를 꽉 잡아!
  소녀: 나는 할 수 있다! 자전거를 탈 수 있어!
② 소년: 안녕, 여러분.
  소녀: 모든 사람은 아침에 일찍 일어나.
③ 소년: 초록색 불이야.
  소녀: 길을 건너자.
④ 소년: 가위가 없어.
  소녀: 내 것을 써도 돼.

---

07 ① 수족관 외벽을 두드리는 여자아이의 행동에 대해 남자가 주의를 주고 있다.

- shark 상어
- hit 치다, 두드리다
- on ~ 위에
- glass 유리
- aquarium 수족관
- ahead of ~ 앞쪽에

① G: There's a shark! Come here!
  M: Stop hitting on the glass.
② G: Excuse me. Where's the aquarium?
  M: It's just ahead of you.
③ G: I like harp seals. They are cute.
  M: I like them, too. They swim very well.
④ G: Let's go swimming, Dad.
  M: Sure. I need swimming practice.

① 소녀: 상어가 있어! 이쪽으로 와!
  남자: 유리를 그만 두드려라.
② 소녀: 실례합니다. 수족관이 어디 있나요?
  남자: 바로 앞쪽으로 가면 있단다.
③ 소녀: 저는 하프물범을 좋아해요. 그것들은 귀여워요.
  남자: 나도 좋아해. 그것들은 수영을 아주 잘해.
④ 소녀: 수영하러 가요, 아빠.
  남자: 좋아. 나는 수영 연습이 필요하던 참이야.

---

08 ③ 남자아이는 손가락을 베인 친구를 위해 구급상자를 찾고 있다.

- bandaid 반창고
- careless 부주의한
- box cutter 커터 칼
- bleeding 피가 나는, 출혈이 있는
- first aid kit 구급상자

G: I need a bandaid.
B: What happened?
G: I cut my finger. I was careless using a box cutter.
B: Oh, no. You are bleeding. Let me find a first aid kit. Wait a second.
G: That's okay. I will go and see the school nurse.
B: Please be more careful next time.

소녀: 나 반창고가 필요해.
소년: 어떻게 된 일이야?
소녀: 손가락을 베였어. 커터 칼을 사용하는 데 조심하지 못했어.
소년: 오, 이런. 피가 나고 있어. 구급상자를 찾아볼게. 잠깐만 기다려.
소녀: 괜찮아. 보건 선생님을 찾아갈게.
소년: 다음에는 더 조심하도록 해.

---

09 ④ 두 사람은 마지막 버

W: People are still on the street.

여자: 사람들이 아직도 거리에 있어요.

정답	JUMP UP 받아쓰기(스크립트)	해석
스인 10시 45분 버스를 타야 한다. • go out (불빛이) 꺼지다 • stop by ~에 잠깐 들르다 • don't have time 시간이 없다 • catch the bus 버스를 (놓치지 않고) 타다 • last 마지막의	M: Yeah. And the lights never go out in the city. W: Can we stop by the store? I want to buy some snacks. M: We don't have time. W: What time is it? M: It's 10:35 pm. W: Oh, it's time to catch the bus. The last one is coming at 10:45 pm. M: Right. So let's hurry up. We have to be at the bus stop in 10 minutes.	남자: 그래요. 그리고 도시에서는 불빛이 절대 꺼지지 않죠. 여자: 우리 가게에 잠깐 들를 수 있을까요? 간식을 좀 사고 싶어요. 남자: 우리 시간이 없어요. 여자: 지금 몇 시죠? 남자: 밤 10시 35분이에요. 여자: 아, 버스를 탈 시간이군요. 마지막 버스가 10시 45분에 오잖아요. 남자: 맞아요. 그러니 서두릅시다. 버스 정류장에 10분 안에는 도착해야 해요.
10 ③ 각자 보름달에 소원을 빈 내용에 대해 말하고 있다. • full moon 보름달 • make a wish 소원을 빌다 • safe 안전한 • travel 여행하다 • pray 기도하다	B: The full moon was wonderful. G: Did you make a wish? B: I did. I wish my big brother would be safe. G: Oh, I heard that he is traveling in Egypt. B: Yes. He's been there for two weeks. G: He will be fine. Don't worry. B: What did you pray for? G: I prayed for my family's health.	소년: 보름달이 대단했어. 소녀: 너는 소원을 빌었니? 소년: 응. 우리 큰형의 안전을 기원했어. 소녀: 아, 그가 이집트 여행을 하고 있다고 들었어. 소년: 맞아. 형이 거기 간 지 두 주가 되었어. 소녀: 그는 괜찮을 거야. 걱정하지 마. 소년: 너는 뭐라고 빌었어? 소녀: 나는 우리 가족의 건강을 빌었어.
11 ② 여자아이는 샌드위치 두 개와 레모네이드 한 잔을 주문하였다. • tuna 참치 • sandwich 샌드위치 • a glass of ~ 한 잔 • lemonade 레모네이드(음료)	M: Deli Sandwich! May I help you? G: Can I have a tuna sandwich? M: Sure. How many do you want? G: I want two tuna sandwiches. M: Do you want anything else? G: Please give me a glass of lemonade.	남자: Deli 샌드위치입니다! 도와드릴까요? 소녀: 참치 샌드위치 주문할 수 있나요? 남자: 물론이죠. 몇 개 드릴까요? 소녀: 참치 샌드위치 두 개 주세요. 남자: 그 밖에 다른 필요하신 것은 없나요? 소녀: 레모네이드 한 잔 주세요.
12 ① Jake는 부모님을 돕기 위해 케냐에서 지냈다가 돌아오는 길이다. • arrive 도착하다 • come back 돌아오다 • Kenya 케냐 • for ~ 동안	M: Jake is arriving soon. W: Does he have many bags? M: Maybe. He is coming back from Kenya. W: How long did he live there? M: He lived there for 3 years. W: Why was he there? M: He was there to help his parents.	남자: Jake가 곧 도착할 거예요. 여자: 가방을 많이 가지고 있을까요? 남자: 아마도요. 케냐에서 돌아오는 길이잖아요. 여자: 그곳에서 그가 얼마 동안 살았죠? 남자: 3년간 살았어요. 여자: 왜 거기에 있었던 건가요? 남자: 그의 부모님을 도와드리려고 그곳에 있었어요.
13 ③ 마당에 옷을 널어놓았는데 비가 와서 옷을 다시 빨아야 한다. • clothes 옷 • wrong 잘못된 • backyard 뒷마당 • hang out 널어놓다, 걸어 두다 • bring inside 안으로 가져오다	G: It's raining. My clothes! B: What? Is something wrong? G: My clothes are in the backyard. B: Why are they there? G: I hung them out to dry. B: Oh. Then let's hurry up and bring them inside. G: Too late. I have to wash the clothes again.	소녀: 비가 내리고 있어. 내 옷들! 소년: 응? 무슨 문제라도 있는 거야? 소녀: 내 옷들이 뒷마당에 있어. 소년: 그것들이 왜 거기에 있는데? 소녀: 내가 그 옷들을 말리려고 널어놨어. 소년: 아. 그러면 얼른 가서 그것들을 안에 들여놓자. 소녀: 너무 늦었어. 그 옷들을 다시 빨아야 해.

정답	JUMP UP 받아쓰기(스크립트)	해석

14 ④ Borris는 버스표가 가방 안에 있다고 생각했지만 재킷 주머니에서 찾았다.

- another 또 다른
- get ~에 가다
- take a bus 버스를 타다
- ticket 표, 승차권
- take it easy 조급해하지 않고 긴장을 풀다
- pocket 주머니

G: Borris, where are you going?
B: I am visiting my older brother. He is in another city.
G: How will you get there?
B: I am taking a bus to see him.
G: Did you buy a ticket?
B: Of course. It's in my bag! Wait, it's not here. Where is it?
G: Take it easy. What is that white thing in your jacket pocket?
B: Oh, here it is. The ticket is in my jacket!

소녀: Borris, 어디 가는 길이니?
소년: 우리 형을 만나러 가는 길이야. 형은 다른 도시에 있거든.
소녀: 거기에 어떻게 갈 거야?
소년: 형을 만나러 버스를 타고 갈 거야.
소녀: 버스표는 샀니?
소년: 물론이지. 내 가방에 있어! 잠깐, 여기에 없어. 어디로 갔지?
소녀: 진정해. 네 재킷 주머니에 있는 그 하얀 것은 무엇이니?
소년: 아, 여기 있구나. 버스표가 내 재킷 안에 있어!

---

15 ③ 남자아이는 미술관에서 본 그림을 기억나지는 않는다고 하고 있다.

- carry 데리고 다니다
- in one's arms ~의 팔에 안아
- all the time 항상
- bright 밝은

B: When I was little, my mom took me to a gallery. She carried me in her arms all the time. I don't remember the paintings, but I remember their bright colors. My mom smiled at me a lot. Her smile was sweet.

소년: 내가 어렸을 때, 나의 엄마가 나를 미술관에 데려가 주셨다. 그분은 나를 계속 팔에 안고 다니셨다. 나는 그림들을 기억하지 않지만 그것들의 밝은 색깔은 기억한다. 엄마는 나에게 미소를 많이 지으셨다. 그분의 미소는 다정했다.

---

16 ③ 남자아이는 2년밖에 안 된 자신의 장난감 자동차가 15달러에 팔렸다고 말하고 있다.

- for sale 판매 중인
- text 문자 메시지를 보내다
- fifteen 15
- old 오래된, 나이가 든

B: I posted a toy car for sale.
G: Did anyone send a message on your phone?
B: Yes. Someone named "Hamster" texted me yesterday.
G: Will "Hamster" buy it?
B: Yes, "Hamster" will buy it for fifteen dollars.
G: Great! And your toy car is not old.
B: Yes, it is two years old.

소년: 내 장난감 자동차를 판매한다고 글을 올렸어.
소녀: 네 전화로 문자 보낸 사람 있었니?
소년: 있었어. "Hamster"라는 사람이 어제 문자를 남겼어.
소녀: "Hamster"가 그것을 살까?
소년: 응. "Hamster"가 15달러에 그것을 살 거야.
소녀: 잘됐네! 그리고 네 장난감 자동차는 오래되지 않았잖아.
소년: 맞아. 2년 됐어.

---

17 ① 위치를 다시 한번 말해 달라는 말에 Candy Cup은 사탕 가게가 아니라는 응답은 알맞지 않다.

- candy 사탕
- around 주변에, 주위에
- far 멀리 있는
- straight 똑바로, 곧장
- corner 모퉁이

G: Excuse me, where is Candy Cup? I heard the candy store is around here.
M: Candy Cup is not far from here.
G: That's great. Please tell me how to get there.
M: Go straight and turn left at the corner. It's next to the market.
G: Can you say that again?
M: _____

소녀: 실례합니다만, Candy Cup이 어디 있나요? 그 사탕 가게가 이 근처에 있다고 하던데요.
남자: Candy Cup은 멀리 있지 않단다.
소녀: 잘됐군요. 그곳까지 가는 길을 알려 주세요.
남자: 곧장 가다가 모퉁이에서 왼쪽으로 돌아가렴. 시장 옆에 있단다.
소녀: 다시 한번 말씀해 주실래요?
남자: _____
① Candy Cup은 사탕 가게가 아니야. ② Candy Cup은 시장 옆에 있어. ③ 직진해서 모퉁이에서 왼쪽으로 돌아가렴. ④ 모퉁이에서 왼쪽으로 돌아. Candy Cup이 가까이 있어.

---

18 ② 공원의 쓰레기와 공원 청소 문제에 대해 깨끗한 공원 캠페인을 하자는 말이 알맞다.

B: The park is getting dirty.
G: You're right. There is trash everywhere.
B: But the street cleaners clean the park

소년: 공원이 점점 더러워지고 있어.
소녀: 네 말에 맞아. 어디나 쓰레기가 있어.
소년: 하지만 환경미화원이 매일 공원을 청소하잖아.

정답	JUMP UP 받아쓰기(스크립트)	해석
• dirty 더러운, 지저분한 • trash 쓰레기 • everywhere 어디나, 도처에 • street cleaner 환경미화원 • campaign 캠페인 운동	every day. G: That's not enough. People should clean it together. B: We should keep the park clean. What can we do? G: _____	소녀: 그것만으로 충분하지 않아. 사람들이 함께 청소해야 해. 소년: 우리가 공원을 깨끗하게 유지해야 해. 우리가 무엇을 해야 할까? 소녀: _____ ① 나는 그 공원을 좋아하지 않아. 너무 멀어. ② 우리는 깨끗한 공원 캠페인을 시작할 수 있어. ③ 수영장 근처에 공원이 있어. ④ 많은 사람들이 공원에서 자신들의 개를 산책시켜.
19 ① 유미가 이달의 학생으로 선정될 수 있었던 이유는 모두에게 친절하기 때문이다. • month 달, 월 • better ~보다 나은 • deserve 받을 만하다 • chose choose(고르다)의 과거형	B: Yumi, congratulations! G: So you heard the news? B: Yes, you are the student of the month! G: Thanks. But other students were better than me. B: Don't say that. You deserve it. G: Do you know why they chose me? B: _____	소년: 유미야, 축하해! 소녀: 너도 그 소식을 들었구나? 소년: 그래. 네가 이달의 학생이잖아! 소녀: 고마워. 하지만 다른 학생들이 나보다 더 훌륭했는데. 소년: 그런 말 하지 마. 너는 그럴 만한 자격이 있어. 소녀: 왜 그들이 나를 선택했는지 아니? 소년: _____ ① 너는 모든 사람들에게 친절해. ② 유미는 너보다 더 훌륭해. ③ 우리는 이번 달은 선택하지 않아. ④ 그녀의 이야기를 모두에게 말해야 해.
20 ③ 경기에서 선수가 어땠는지를 묻는 말에 대한 응답으로 경기를 잘해서 팀이 승리하도록 했다는 말이 알맞다. • watch 보다, 시청하다 • soccer game 축구 경기 • last night 어젯밤 • favorite 가장 좋아하는 • player 선수	B: Did you watch the soccer game last night? G: No, I didn't. I went to bed early. B: That's too bad. G: How was the game? B: The game was so exciting. G: How did your favorite player do? B: _____	소년: 어젯밤에 축구 경기 봤어? 소녀: 아니, 안 봤어. 일찍 잤어. 소년: 그거참 아쉽다. 소녀: 경기가 어땠는데? 소년: 아주 흥미진진했어. 소녀: 네가 가장 좋아하는 선수는 어땠어? 소년: _____ ① TV 시청은 좋은 취미야. ② 성냥을 켜지 마. 위험해. ③ 그는 대단했어. 팀이 승리하도록 도왔어. ④ 엉망이구나! 지금 당장 네 방을 청소해.

🎵 LISTEN UP 실력 높여 보기
본문 42쪽

01 ④ **02** ② **03** ③ **04** ⑤ **05** ⑤

정답	스크립트	해석
01 ④ 남자가 한 마지막 말의 의도는 여자가 말한 정보인 다이어트를 하지 않겠다는 것이다. • gain weight 살이 찌다, 체중이 늘다 • information 정보	M: Look, I think I've gained weight these days. W: I read some information on how to lose weight on the Internet. M: What is it? W: It says jogging is perfect exercise. How	남자: 봐, 나 요즘 살이 찐 것 같아. 여자: 인터넷에서 체중을 줄이는 방법에 대한 정보를 좀 읽었어. 남자: 뭔데? 여자: 조깅이 완벽한 운동이라고 해. 나랑 매일 공원에서 조깅하는 게 어때?

정답	스크립트	해석
• go on a diet 다이어트를 하다 • fail 실패하다	about jogging in the park every day with me? M: It's too hot outside. I'd better stay home. W: Then why don't you go on a diet? M: I've tried it many times, but I've failed. I love ice cream!	남자: 밖이 너무 더워. 집에 있는 게 낫겠어. 여자: 그럼 다이어트를 하는 게 어때? 남자: 여러 번 시도했지만 실패했어. 나는 아이스크림이 정말 좋아!
02 ② 승마를 하는 데 드는 비용은 언급하지 않았다. • horse riding 승마 • patient 참을성이 있는 • freedom 자유로움, 해방감 • friendship 우정 • communicate 의사소통하다	W: Horse riding is good exercise. Some people ride them to be more patient. Others ride them to feel freedom. We can build a friendship with a horse. We can learn how to communicate with these animals, too.	여자: 승마는 좋은 운동이다. 어떤 사람들은 참을성을 기르기 위해 그것을 탄다. 다른 사람들은 자유로움을 느끼기 위해 승마를 한다. 우리는 말과 우정을 쌓을 수 있다. 또한 이 동물들과 의사소통하는 것도 배울 수 있다.
03 ③ 여자는 남자가 여동생 선물을 사기 위해 함께 곰 인형 박람회에 간다고 해서 행복해하고 있다. • leaflet 안내 책자, 소책자 • teddy bear 곰 인형 • fair 박람회 • be into ~에 관심이 많다 • actually 참으로, 실제로 • lovely 사랑스러운, 아주 좋은	M: Lisa, what are looking at? W: This is a leaflet about a teddy bear fair. M: Oh, do you like teddy bears? W: Yes, I do. I am going to go to the fair with my friends. M: Really? Can I join you? W: Sure! I didn't know you were into teddy bears. M: Actually, I want to buy one for my sister. W: What a lovely idea! I am happy you will join us.	남자: Lisa, 무엇을 보고 있니? 여자: 이것은 테디베어 박람회 안내 책자야. 남자: 아, 너 곰 인형을 좋아하니? 여자: 응, 좋아해. 나는 내 친구들과 그 박람회에 갈 거야. 남자: 정말? 나도 함께 가도 되니? 여자: 그럼! 곰 인형에 관심이 많은 줄은 몰랐네. 남자: 실은 여동생에게 하나 사 주고 싶어. 여자: 아주 좋은 생각이야! 네가 우리와 함께한다니 행복해.
04 ⑤ Ryan은 선물로 태블릿 PC를 받을 것이다. • dining room 식당 • graduate 졸업하다 • be proud of ~을 자랑스러워하다 • college 대학교	W: Thank you for coming. M: No problem. Where is Ryan? W: He is in the dining room. He is waiting for you. M: I can't believe Ryan is graduating soon. You must be proud of your son. W: Yeah. He is going to college. What is this? M: This is his graduation gift, a tablet PC. W: Oh, Ryan will love it. Thank you so much for the gift.	여자: 와 줘서 고마워요. 남자: 이 정도는 아무것도 아닌데요. Ryan은 어디 있나요? 여자: 그 아이는 식당에 있어요. 당신을 기다리고 있어요. 남자: Ryan이 곧 졸업한다니 믿을 수 없군요. 당신의 아들이 자랑스럽겠어요. 여자: 네. 그는 대학교에 갈 거예요. 이것이 뭔가요? 남자: 이것은 그에게 줄 졸업 선물인 태블릿 PC예요. 여자: 오, Ryan이 그걸 마음에 들어 할 거예요. 선물 정말 감사해요.
05 ⑤ 모빌 만드는 법을 알려 달라는 말에 이어질 말로 수락하며 간단하고 만들기 쉽다고 답하는 것이 가장 적절하다. • mobile 모빌 • jellyfish 해파리 • hummingbird 벌새	W: Look at this mobile. M: That's amazing. The jellyfish is so real! W: See this rainbow hummingbird. It's flying. M: That's cool! Where did you get it? W: We made it in art class. M: Can you teach me how to make one?	여자: 이 모빌을 봐. 남자: 굉장해. 해파리가 진짜 같아! 여자: 여기 무지개색 벌새를 봐. 날아다니고 있어. 남자: 멋있다! 그것을 어디에서 구했니? 여자: 미술 시간에 우리가 만들었어. 남자: 한 개 만드는 방법을 나에게 가르쳐 줄 수 있니? 여자: _____

정답	스크립트	해석
• cool 멋있는	W: _____	① 미술 수업은 어려워. ② 해파리는 위험해. ③ 나는 그 문제를 해결할 수 없어. ④ 이 프로그램은 간단하지 않아. ⑤ 문제없어. 간단하고 쉬워.

FLY UP

본문 48~49쪽

01 B Yes. The acting was great. / 네. 연기가 훌륭했어요.　**02** A Do you want anything else? / 그 밖에 다른 필요하신 것은 없나요?　**03** B I cut my finger. / 난 손가락을 베였어.　**04** B I am taking a bus. / 저는 버스를 탈 거예요.　**05** A Do you like teddy bears? / 곰 인형을 좋아하니?　**06** My mom took me to a gallery. / 나의 엄마가 나를 미술관에 데려가 주셨다.　**07** I have to wash the clothes. / 나는 옷을 빨아야 한다.　**08** The store is not far from here. / 그 상점은 여기에서 멀리 있지 않다.　**09** Can you say that again? / 한 번 더 말씀해 주시겠어요?　**10** We should keep the park clean. / 우리가 공원을 깨끗하게 유지해야 한다.

SPEAK UP

본문 50쪽

01 The car was moving like a turtle.　**02** Children are mopping the floor.　**03** Can we stop by the store?　**04** How long did you live there?　**05** My mom texted me yesterday.　**06** We can start a clean park campaign.　**07** Did you watch the soccer game?

Listen & Speak Up 4

WARM UP

본문 51쪽

A　**01** expensive, 비싼　**02** fridge, 냉장고　**03** machine, 기계　**04** matter, 문제, 일　**05** receive, 받다　**06** search, 검색하다, 찾다　**07** shade, 그늘, 응달　**08** theater, 극장　**09** wrist, 손목　**10** take a break, 쉬다

B　**01** search　**02** fridge　**03** theater　**04** receive　**05** machine　**06** matter　**07** expensive　**08** wrist　**09** take a break　**10** shade

LISTEN UP 듣기평가 모의고사 4

본문 52~61쪽

| 01 ① | 02 ② | 03 ④ | 04 ③ | 05 ② | 06 ② | 07 ② | 08 ④ | 09 ④ | 10 ② |
| 11 ④ | 12 ③ | 13 ② | 14 ① | 15 ③ | 16 ③ | 17 ③ | 18 ④ | 19 ③ | 20 ④ |

정답	스크립트	해석
01 ① 손목에 통증이 있어서 첼로 연주를 멈추고 쉬어야겠다고 말했다. · matter 문제 · pain 통증 · wrist 손목 · rest 휴식	B: What's the matter? G: I have pain in my wrist. B: What's wrong with your wrist? G: I played the cello more than two hours today. B: I think you should take a break from playing. G: You're right. I will stop playing and get some rest.	소년: 무슨 일이야? 소녀: 내 손목이 아파. 소년: 손목에 무슨 일이 있어? 소녀: 오늘 첼로를 두 시간 넘게 연주했거든. 소년: 내 생각에 너는 연주를 좀 쉬어야 할 것 같아. 소녀: 네 말이 맞아. 연주를 그만하고 좀 쉴게.
02 ② 분홍색 장미꽃과 흰색 하트 세 개가 그려진 카드를 보고 있다. · rose 장미 · expensive 비싼	B: What are you going to buy? G: I'd like to buy a card for my mom. B: How about this one? G: What a pretty card! B: I like the pink rose. G: The three white hearts are pretty, too. B: It's five dollars. It's not that expensive.	소년: 너는 무엇을 사려고 하니? 소녀: 나의 엄마를 위해 카드를 사려고 해. 소년: 이것은 어때? 소녀: 정말 예쁜 카드구나! 소년: 나는 분홍색 장미꽃이 마음에 들어. 소녀: 세 개의 하얀 하트도 예뻐. 소년: 5달러네. 그렇게 비싸지 않구나.
03 ④ 남자아이가 내일 아침에 탁구 레슨을 받고 나서 극장으로 가겠다고 했으므로 두 아이가 함께 할 일은 극장에서 뮤지컬을 관람하는 것이다. · free 무료의 · musical 뮤지컬 · join 함께하다, 합류하다 · theater 극장	B: Becky, I have free tickets to a musical. Do you want to join me? G: I'd love to. When is it? B: It's two o'clock in the afternoon this Saturday. G: Saturday? That's tomorrow. B: Right. I have a table tennis lesson in the morning. Then I'll go to the theater. G: Okay. I'll meet you at the theater.	소년: Becky, 나에게 무료 뮤지컬 입장권이 있어. 나와 같이 갈래? 소녀: 그렇게 하고 싶어. 언제니? 소년: 이번 토요일 오후 2시야. 소녀: 토요일? 그게 내일이구나. 소년: 맞아. 아침에 탁구 레슨이 있어. 그리고 나서 극장으로 갈게. 소녀: 좋아. 극장에서 보자.
04 ③ 24시간 책을 반납할 수 있는 도서 반납기 사용법에 관해 설명하고 있다. · book return machine 도서 반납기 · push 밀다 · opening 구멍, 틈 · detail 세부 정보 · screen 스크린, 화면	W: There's a book return machine on the first floor of the library. You can return books 24 hours a day. Push one book at a time through the opening. You can check the details on the screen. After you push a book through, the light will turn green.	여자: 도서관 1층에 도서 반납기가 있습니다. 여러분은 하루 24시간 책을 반납할 수 있습니다. 한 번에 한 권의 책을 입구에 밀어 넣으세요. 자세한 내용은 화면에서 확인하실 수 있습니다. 책을 넣으면 불이 녹색으로 바뀔 겁니다.
05 ② 냉장고 옆, 탁자 위 커	B: Mom, can I have some more milk?	소년: 엄마, 저 우유 더 먹어도 될까요?

정답	JUMP UP 받아쓰기(스크립트)	해석

피 잔 옆이 아닌 전자레인지 위에 우유가 있다고 했다.
- next to ~ 옆에
- fridge 냉장고
- basket 바구니
- microwave 전자레인지

W: Sure. Just go get some.
B: Where is it?
W: Isn't it next to the fridge?
B: No. The fruit basket is there.
W: Oh. Maybe it is next to the coffee cup on the table.
B: No. That's orange juice.
W: Ah, did you check on the microwave?
B: Yeah, there it is.

여자: 물론이지. 직접 가서 좀 가져오렴.
소년: 어디에 있어요?
여자: 냉장고 옆에 없니?
소년: 아니요. 거기엔 과일 바구니가 있어요.
여자: 아. 아마 탁자 위 커피잔 옆에 있을 거야.
소년: 아니요. 그건 오렌지주스예요.
여자: 아, 전자레인지 위를 확인했니?
소년: 네, 거기 있네요.

---

06 ② 긴 곱슬머리에 커다란 모자를 쓰고 있는 아이가 남자아이의 여동생이다.
- over there 저쪽에
- curly 곱슬머리의
- sunglasses 선글라스

G: Is your sister over there?
B: Yes.
G: What does she look like?
B: She has long curly hair.
G: Is she wearing sunglasses?
B: No. She is wearing a big hat.
G: Oh, I think I see her.

소녀: 네 여동생이 저쪽에 있니?
소년: 응.
소녀: 그녀는 어떻게 생겼니?
소년: 그녀는 머리가 길고 곱슬곱슬해.
소녀: 그녀는 선글라스를 끼고 있니?
소년: 아니. 그녀는 커다란 모자를 쓰고 있어.
소녀: 오, 그녀를 본 것 같아.

---

07 ② 그늘이 많지 않아서 모자, 자외선 차단제, 물이 필요하다고 했으나 장갑은 언급하지 않았다.
- shade 그늘
- forget 잊다
- sunscreen 자외선 차단제
- a bottle of 한 병의

G: Let's go strawberry picking tomorrow.
B: Okay. That sounds fun. What do we need?
G: A basket. And there isn't a lot of shade.
B: Then I need a hat.
G: Right. Oh, and don't forget to bring your sunscreen.
B: Plus, I'll bring a bottle of water.

소녀: 내일 딸기 따러 가자.
소년: 좋아. 재미있겠다. 뭐가 필요하지?
소녀: 바구니 하나. 그리고 그늘이 많지 않아.
소년: 그럼 모자가 필요해.
소녀: 맞아. 아, 그리고 자외선 차단제 갖고 오는 거 잊지 마.
소년: 그리고 물 한 병도 갖고 올게.

---

08 ④ 남자는 잡채를 만들기 위한 재료로 고기와 양파는 있으나 당근이 없어서 여자아이에게 당근을 사 올 것을 부탁했다.
- favor 부탁
- meat 고기
- onion 양파
- carrot 당근

M: Mary, can I ask you a favor?
G: Sure. What is it?
M: Can you go to the grocery store for me? I'm going to make some *japchae*.
G: No problem. What should I buy?
M: I have meat and onions in the fridge. But I don't have carrots.
G: So I will buy some carrots.

남자: Mary, 부탁을 좀 해도 될까?
소녀: 물론이죠, 뭔데요?
남자: 나를 위해 식료품점에 가 줄 수 있겠니? 난 잡채를 만들려고 해.
소녀: 문제없어요. 제가 무엇을 사야 할까요?
남자: 냉장고에 고기와 양파는 있단다. 하지만 당근이 없어.
소녀: 그럼 제가 당근을 좀 사 올게요.

---

09 ④ 생일 때마다 초콜릿케이크를 직접 만든다고 말했다.
- taste 맛
- stressed 스트레스를 받는
- bake 굽다
- by oneself 혼자서, 혼자 힘으로

G: My favorite dessert is chocolate cake. The sweet taste makes me feel good. When I feel stressed, I eat chocolate cake. It's easy to bake. Every birthday I make a chocolate cake by myself.

소녀: 제가 가장 좋아하는 디저트는 초콜릿케이크입니다. 달콤한 맛이 저를 기분 좋게 만듭니다. 저는 스트레스를 받을 때 초콜릿케이크를 먹습니다. 그것은 쉽게 구울 수 있습니다. 생일 때마다 저는 초콜릿케이크를 직접 만들어요.

---

10 ② 수학 시험을 앞둔 여자아이는 수학책을 학교에 두고 와서 남자아이에게 사진을 찍어서 보내 달라고 요청했다.

G: Oh, I think I left my math book at school.
B: Why do you need it?
G: I have a math test next Monday. Do you

소녀: 오, 나는 학교에 내 수학책을 두고 온 것 같아.
소년: 그것이 왜 필요한데?
소녀: 다음 주 월요일에 수학 시험이 있어. 네 수학책 갖고 있니?

정답	JUMP UP 받아쓰기(스크립트)	해석

• left leave(놓고 가다)의 과거형
• take a picture of ~의 사진을 찍다
• cell phone 휴대 전화

have your math book?
B: I have mine at home.
G: Can you take pictures of some of the pages?
B: Sure. I'll take some photos at home. Then I'll send them to your cell phone.
G: Thank you.

소년: 내 것은 집에 있어.
소녀: 몇 페이지를 사진 찍어 줄 수 있니?
소년: 물론이지. 집에서 내가 사진을 찍을게. 그러고 나서 네 휴대 전화로 그것들을 보내줄게.
소녀: 고마워.

11 ④ 극장 왼쪽으로 학교가 있고, 오른쪽으로는 꽃집이 있다.
• bus stop 버스 정류장
• across from ~의 맞은편에
• restaurant 식당
• parking lot 주차장
• between ~ 사이에

① W: Where is the bus stop?
　M: The bus stop is across from the library.
② W: Do you know where the Korean restaurant is?
　M: Yes. It's between the bank and the library.
③ W: Where can I find the supermarket?
　M: It's next to the parking lot.
④ W: Where is the school?
　M: It's between the theater and the flower shop.

① 여자: 버스 정류장은 어디인가요?
　남자: 버스 정류장은 도서관 건너편에 있어요.
② 여자: 한국 음식점이 어디에 있는지 아세요?
　남자: 네. 그것은 은행과 도서관 사이에 있어요.
③ 여자: 슈퍼마켓은 어디에 있어요?
　남자: 그것은 주차장 옆에 있어요.
④ 여자: 학교는 어디에 있나요?
　남자: 그것은 극장과 꽃집 사이에 있어요.

12 ③ 남자아이가 여자아이에게 빌려준 태블릿 PC는 책장 위에 있다고 했다.
• lent lend(빌려주다)의 과거형
• check 확인하다, 알아보다
• bookshelf 책장

B: Sally, where's my tablet PC I lent to you?
G: I think I put it on your desk.
B: No, it's not there. I already checked.
G: Oh, let's see.
B: I'm going to be late for school. I need to bring it to school.
G: I'm sorry. Now I remember. I left it on the bookshelf.
B: Oh, there it is.

소년: Sally, 내가 너에게 빌려준 내 태블릿 PC는 어디 있니?
소녀: 내가 너의 책상에 둔 거 같은데.
소년: 아니, 거기 없어. 내가 이미 확인했어.
소녀: 오, 어디 보자.
소년: 나 학교 늦겠어. 나는 학교에 그걸 갖고 가야 해.
소녀: 미안. 이제 기억나. 내가 책장에 그걸 두었어.
소년: 오, 저기 있구나.

13 ② 머리를 부딪칠 수 있는 상황이므로, 조심하라고 안내하는 것이 자연스럽다.
• order 주문하다
• watch out 조심하다, 주의하다
• slippery 미끄러운
• deliver 배달하다

① G: I didn't order this.
② G: Watch out for your head.
③ G: The floor is very slippery.
④ G: Can you deliver this to my house?

① 소녀: 저는 이것을 주문하지 않았어요.
② 소녀: 머리를 조심하세요.
③ 소녀: 바닥이 매우 미끄러워요.
④ 소녀: 이것을 내 집에 배달해 주시겠어요?

14 ① 무거운 가방을 들고 있는 여자가 남자아이에게 도움을 요청하고 있다.
• Help yourself. (음식 등을) 마음껏 드세요.
• grocery shopping 장보기, 식료품 쇼핑하기

① W: Can you help me with these bags?
　B: Sure, I can.
② W: Please show me your ticket.
　B: Here you are.
③ W: Help yourself!
　B: Thank you.
④ W: I am going grocery shopping.

① 여자: 이 가방들을 드는 것을 도와줄 수 있나요?
　소년: 물론이죠, 할 수 있어요.
② 여자: 당신의 표를 나에게 보여 주세요.
　소년: 여기 있어요.
③ 여자: 맘껏 먹으렴!
　소년: 고맙습니다.
④ 여자: 나는 장을 보러 갈 거야.

정답	JUMP UP 받아쓰기(스크립트)	해석
	B: Let's go together.	소년: 같이 가요.
15 ③ 무엇을 마시고 싶은지 묻는 물음에 그것은 본인의 스타일이 아니라고 답하는 것은 자연스럽지 않다. • not at all 천만에요 • cup of tea 기호[취미]에 맞는 물건[사람]	① G: Hello. Can I speak to Jihun? B: Yes, this is he speaking. ② G: Thank you very much for your help. B: Not at all. ③ G: What do you want to drink? B: It's not my cup of tea. ④ G: What are you reading? B: I'm reading *Alice in Wonderland*.	① 소녀: 여보세요. 지훈이와 통화할 수 있을까요? 소년: 네, 제가 지훈이에요. ② 소녀: 도와줘서 정말 고마워. 소년: 천만에. ③ 소녀: 무엇을 마시고 싶니? 소년: 그건 내 스타일이 아니야. ④ 소녀: 무엇을 읽고 있니? 소년: '이상한 나라의 앨리스'를 읽고 있어.
16 ③ 남자아이는 자연 속에 있는 것이 좋아서 캠핑을 좋아한다고 말했다. • free time 자유 시간 • go biking 자전거 타러 가다 • in the middle of ~의 한 가운데에	B: What do you like to do in your free time? G: I like to go biking. I like going fast and feeling the cool wind. B: Sounds fun. I like to go camping. G: Why do you like it? B: Because I like being in the middle of nature.	소년: 넌 자유 시간에 무엇을 하는 것을 좋아해? 소녀: 나는 자전거 타는 것을 좋아해. 나는 빠른 속도로 가는 것과 시원한 바람을 느끼는 것을 좋아하거든. 소년: 재미있겠다. 난 캠핑 가는 것을 좋아해. 소녀: 너는 왜 그것을 좋아하니? 소년: 왜냐하면 난 자연 속에 있는 것이 좋아.
17 ③ 감기에 걸렸다는 말에 몇 시에 일어났는지 묻는 응답은 알맞지 않다. • snowball fight 눈싸움 • catch a cold 감기에 걸리다 • get well 병이 나아지다 • soon 곧 • get up 일어나다 • medicine 약 • rest 휴식; 휴식을 취하다	[Cell phone rings.] G: Hello? B: Hi, Minji. Why are you still at home? G: Tom, I'm sorry. I feel sick. B: What happened? G: Yesterday it snowed a lot, and I went out. B: What did you do? G: I had a snowball fight. Then I caught a cold. B: _____	[휴대 전화가 울린다.] 소녀: 여보세요? 소년: 안녕, 민지야. 왜 아직 집에 있니? 소녀: Tom, 미안해. 내가 아파. 소년: 무슨 일 있었니? 소녀: 어제 눈이 많이 와서 내가 외출했거든. 소년: 무엇을 했는데? 소녀: 눈싸움했어. 그러고 나서 감기에 걸렸지. 소년: _____ ① 의사는 뭐라고 했니? ② 네가 곧 낫기를 바라. ③ 몇 시에 일어났니? ④ 약을 먹고 좀 쉬어.
18 ④ 여자가 남자아이에게 저녁 요리하는 걸 도와 달라고 했고 남자아이가 무엇을 할지 물었으므로 할 일을 말하는 응답이 자연스럽다. • boil 끓이다 • noodles 국수, 면	W: Are you busy now, John? B: No, not really. W: Can you help me cook dinner? B: Sure. What should I do? W: _____	여자: 너 지금 바쁘니, John? 소년: 아니요, 별로요. 여자: 내가 저녁 요리하는 걸 도와줄 수 있니? 소년: 물론이죠. 제가 무엇을 할까요? 여자: _____ ① 정말 고마워. ② 나는 커피 한 잔을 원해. ③ 네 방을 청소하렴. ④ 국수를 위한 물을 끓여 주겠니?
19 ③ 마실 것을 주문하겠느냐는 물음에 주문할 음료를 말하는 응답이 자연스럽다. • large 큰 • delivery 배달 • pepperoni 페퍼로니(소시지의 일종) • extra 추가의	[Telephone rings.] W: Hi, this is Papa's Pizza. May I take your order? B: Hi. I'd like to order a large pizza for delivery. W: All right. What would you like on your pizza? B: I'd like pepperoni and extra cheese,	[전화벨이 울린다.] 여자: 안녕하세요, Papa's Pizza입니다. 주문하시겠어요? 소년: 안녕하세요. 라지 피자 하나 배달 주문하고 싶어요. 여자: 알겠습니다. 피자에 무엇을 올려 드릴까요? 소년: 페퍼로니와 치즈를 추가로 얹어 주세요. 여자: 좋아요. 마실 것을 원하시나요?

정답	JUMP UP 받아쓰기(스크립트)	해석
	please. W: Okay. Do you want <u>anything</u> to drink? B: _____	소년: _____ ① 다른 건요? ② 콜라 좋아하세요? ③ 얼음이 없는 콜라 하나요. ④ 닭 날개가 먹고 싶어요.
20 ④ 표지판에 사과를 마음 껏 먹으라고 쓰여 있다고 했으 므로 공짜로 사과를 가져가는 응답이 자연스럽다. • for free 공짜로 • fell off fall off(떨어지다)의 과거형 • give away 거저 주다, 나누 어 주다	B: Look! We can take some apples <u>for free</u>. G: How do you know? B: Look at this sign. It says, "Help <u>yourself</u> to apples." G: What does that mean? B: The apples probably fell off in the wind. So they are <u>giving</u> away apples for free. G: _____	소년: 봐! 우리가 사과를 공짜로 얻을 수 있어. 소녀: 어떻게 알아? 소년: 이 표지판을 봐. "사과를 마음껏 드세요."라고 쓰여 있어. 소녀: 그게 무슨 뜻이야? 소년: 아마도 사과가 바람에 떨어졌을 거야. 그래서 그들이 사과를 공짜로 나눠 주고 있는 거야. 소녀: _____ ① 사과는 비싸. ② 나는 돈이 충분하지 않아. ③ 우리 가 다른 사람들을 돕는 것이 좋잖아. ④ 그러면 공짜로 사과 좀 가져가자.

LISTEN UP 실력 높여 보기

본문 56쪽

01 ④ **02** ⑤ **03** ① **04** ⑤ **05** ⑤

정답	스크립트	해석
01 ④ 전화, 문자 메시지, 인 터넷, 이메일 등 스마트폰의 다 양한 기능을 설명하고 있다. • carry 휴대하다, 가지고 다 니다 • make a (phone) call 전 화를 걸다 • receive 받다 • text message 문자 메시지	W: You can carry this everywhere. You can use this to make and receive phone calls. Also, you can send and receive text messages. With this you can also take pictures and create videos. You can search the Internet, too. Using this, you can send and receive emails.	여자: 여러분은 이것을 어디든 가지고 다닐 수 있습니 다. 이것을 사용하여 전화를 걸고 받을 수 있습 니다. 또한 문자 메시지를 주고받을 수 있습니 다. 이것으로 여러분은 또한 사진을 찍고 동영 상을 만들 수 있습니다. 인터넷 검색도 할 수 있 습니다. 이것을 이용하여, 여러분은 이메일을 주 고받을 수 있습니다.
02 ⑤ 남자는 전기 기타를 중고로 팔려고 하며 판매자의 이름은 언급하지 않았다. • electric guitar 전기 기타 • contact 연락하다 • following 다음의 • email address 이메일 주소	M: This is my electric guitar. Check out this picture. I bought it for about 600 dollars. I'm selling it for 350 dollars. I only used it for a year. It sounds good. It was made in Mexico. Contact me at the following email address.	남자: 이것은 저의 전기 기타입니다. 이 사진을 확인 하세요. 저는 그것을 약 600달러에 샀어요. 저 는 350달러에 그것을 팔 거예요. 저는 그것을 1년 동안만 사용했어요. 그것은 좋은 소리를 냅 니다. 그것은 멕시코산입니다. 다음의 이메일 주 소로 저에게 연락해 주세요.
03 ① 주문한 컵이 깨져서 왔으므로 여자는 속상한 심정이 다. • order 주문하다 • online 온라인으로 • delivery person 상품 배 달원	M: You look upset. What happened? W: The mug I ordered online was broken. I bought it as a gift. M: How come? W: I think the delivery person dropped the cup. M: What are you going to do?	남자: 기분이 안 좋은 것 같아요. 무슨 일인가요? 여자: 온라인으로 주문한 머그잔이 깨졌어요. 선물로 그것을 구입했어요. 남자: 왜요? 여자: 배달원이 컵을 떨어뜨린 것 같아요. 남자: 어떻게 하실 거예요? 여자: 교환을 요청해야 할 것 같아요.

정답	스크립트	해석

• exchange 교환

W: I think I need to ask for an exchange.

04 ⑤ 딸이 아빠에게 세탁소에 맡긴 운동화를 찾아와 줄 것을 부탁하고 있다.
• running shoes 운동화
• pick ~ up (어디에서) ~을 찾다[찾아오다]

W: Dad, have you seen my running shoes?
M: Ah, your shoes were really dirty. So I took them to the store to get cleaned.
W: Then have you got them back?
M: Not yet. I'm sorry.
W: It's okay. Could you pick them up for me today?
M: Sure. I'll go there in the afternoon.

여자: 아빠, 제 운동화 보셨어요?
남자: 아, 네 신발이 너무 더럽더구나. 그래서 세탁하기 위해 내가 가게에 갖다줬어.
여자: 그러면 다시 찾아오셨어요?
남자: 아직 아니야. 미안해.
여자: 괜찮아요. 저를 위해 오늘 그것들을 찾아와 주실 수 있으세요?
남자: 물론이지, 오후에 그곳에 갈 거야.

05 ⑤ 여자가 초록색 상자가 마음에 들어 더 큰 것을 찾아 달라고 했으므로 확인 후 돌아오겠다는 남자의 응답이 자연스럽다.
• look for ~을 찾다
• larger 더 큰
• a bit 약간

W: I'm looking for a gift box for my sister.
M: How about this pink one?
W: It's nice. But do you have another color?
M: How about this green one?
W: I love it. Do you have it in a larger size? The gift is a bit larger than this.
M: _____

여자: 제 여동생을 위한 선물 상자를 찾고 있어요.
남자: 이 분홍색 상자는 어떤가요?
여자: 좋네요. 하지만 다른 색깔 있으세요?
남자: 이 초록색 상자는 어때요?
여자: 마음에 들어요. 이걸로 더 큰 사이즈 있을까요? 선물이 이것보다 약간 더 커요.
남자: _____
① 그녀가 그것을 좋아할 거예요. ② 이 상자가 마음에 안 들어요. ③ 좋아요. 이걸 삽시다. ④ 초록색이 당신에게 잘 어울려요. ⑤ 확인해 보고 바로 돌아올게요.

 **FLY UP**

본문 62~63쪽

01 A What's wrong with your wrist? / 손목이 왜 그래요? **02** A Could you pick them up for me? / 저를 위해 그것들 좀 가져다주시겠어요? **03** A What do you like to do in your free time? / 자유 시간에 뭐 하는 걸 좋아하세요? **04** B I'd like to order a sandwich. / 저는 샌드위치를 주문하고 싶어요. **05** A What would you like on your pizza? / 피자에 무엇을 올려 드릴까요? **06** Can you help me cook dinner? / 제가 저녁 요리하는 것 좀 도와주시겠어요? **07** I'd like to order a large pizza for delivery. / 배달로 라지 피자를 주문하고 싶습니다. **08** The bus stop is across from the library. / 버스 정류장은 도서관 맞은편에 있습니다. **09** Thank you very much for your help. / 당신의 도움에 정말 감사드립니다. **10** I'm looking for a gift box for my sister. / 제 여동생에게 줄 선물 상자를 찾고 있어요.

 **SPEAK UP**

본문 64쪽

01 There's a book return machine on the first floor of the library. **02** Don't forget to bring your sunscreen. **03** The sour taste of the lemon makes me feel surprised. **04** I like going fast and feeling the cool wind. **05** I hope everything goes well. **06** I think I need to ask for an exchange. **07** You can take pictures and create videos.

Listen & Speak Up 5

본문 65쪽

A
01 moment, 순간 02 ready, 준비가 된 03 famous, 유명한 04 solution, 해결, 해법
05 rest, 휴식 06 thirsty, 목이 마른 07 do well, 잘하다 08 email, 이메일
09 tidy up, ~을 정리[정돈]하다 10 garage, 차고, 정비소

B
01 famous 02 rest 03 moment 04 tidy up 05 solution 06 ready
07 do well 08 thirsty 09 email 10 garage

LISTEN UP JUMP UP

LISTEN UP 듣기평가 모의고사 5

본문 66~75쪽

| 01 ③ | 02 ④ | 03 ① | 04 ③ | 05 ④ | 06 ① | 07 ③ | 08 ④ | 09 ② | 10 ③ |
| 11 ② | 12 ② | 13 ③ | 14 ③ | 15 ④ | 16 ④ | 17 ① | 18 ③ | 19 ② | 20 ④ |

정답	JUMP UP 받아쓰기(스크립트)	해석
01 ③ 학교에서 여는 책 이야기 축제에 관한 내용이다. • interesting 흥미진진한 • famous 유명한	M: Come to the Book Talk Festival! It's on Saturday, October, 9th. You can read interesting books. You can meet famous writers, too. Come to school at 12 pm.	남자: 책 이야기 축제에 오세요! 10월 9일 토요일에 합니다. 여러분은 흥미진진한 책들을 읽을 수 있습니다. 유명한 작가들도 만날 수 있답니다. 학교에 오후 12시에 오세요.
02 ④ 소녀는 설악산에 가기 위해 삼촌을 찾고 있다. • ready 준비가 된 • in a moment 금방, 잠시 후 • pack 짐으로 싸다 • snack 간식	G: Where are you, uncle David? M: I'm here. I will be ready in a moment. G: The bus is arriving soon. M: Did you pack snacks and water? G: Yes. It's our first time to go to Seorak Mountain together! M: Right. It will be fun.	소녀: David 삼촌, 어디 계세요? 남자: 여기 있단다. 금방 준비가 될 거야. 소녀: 버스가 곧 도착할 거예요. 남자: 간식과 물은 챙겼니? 소녀: 네. 처음으로 설악산에 같이 가는군요! 남자: 그래. 재미있을 거야.
03 ① 여자아이는 남자아이에게 책 정리를 도와달라고 하고 있다. • not much 별로 • bookshelf 책장 • tidy up ~을 정리[정돈]하다 • give ~ a hand ~에게 도움을 주다	G: Are you busy in the afternoon? B: Not much. Do you need some help? G: Yes. My friend and I have to clean the bookshelf. But she is sick. B: What do you want me to do? G: Can you help me tidy up the books? B: No problem. I will give you a hand.	소녀: 오후에 바쁘니? 소년: 별로. 도움이 필요하니? 소녀: 응. 내 친구랑 나는 책장을 청소해야 해. 그런데 그녀가 아파. 소년: 내가 무엇을 해 주길 원해? 소녀: 내가 책 정리하는 것을 도와줄 수 있어? 소년: 그럼. 도와줄게.
04 ③ 여자아이는 내일 서점에 가서 자신이 읽을 책과 남자아이의 만화책을 살 것이다.	G: What are you going to do tomorrow? B: I am going to take a computer class tomorrow. How about you?	소녀: 내일 뭐 할 거니? 소년: 내일은 컴퓨터 수업을 받을 거야. 너는 언제? 소녀: 서점에 갈 거야. 책 몇 권을 살 거야.

정답	JUMP UP 받아쓰기(스크립트)	해석
• take a ~ class ~ 수업을 듣다 • bookstore 서점 • comic book 만화책	G: I am going to the <u>bookstore</u>. I am going to buy some books. B: I wanted to buy <u>comic</u> books, but I am too busy. Can you help me? G: Sure. Tell me the name of the comic books. I will get them for you. B: Thank you.	소년: 난 만화책을 사고 싶었는데, 너무 바빠. 나를 도와줄래? 소녀: 물론이지. 그 만화책의 이름을 내게 알려 줘. 내가 널 위해 사다 줄게. 소년: 고마워.
05 ④ 두 사람은 각자 자신이 가장 좋아하는 음악가에 대해 이야기하고 있다. • Mozart 모차르트 • favorite 가장 좋아하는 • musician 음악가 • Beethoven 베토벤 • pleasure 기쁨	B: What are you doing? G: I am playing Mozart's piano music. Please enjoy. B: His music <u>sounds</u> comfortable. G: Yes. Mozart is my favorite musician. B: I like Beethoven the <u>most</u>. Will you play his piano music next time? G: It will be my <u>pleasure</u>.	소년: 지금 뭐 하고 있니? 소녀: 지금 모차르트 피아노곡을 연주하고 있어. 즐겨 봐. 소년: 그의 음악은 편안하게 들리는구나. 소녀: 응. 모차르트는 내가 가장 좋아하는 음악가야. 소년: 나는 베토벤을 제일 좋아해. 다음에 그의 피아노곡을 연주해 줄래? 소녀: 기꺼이 할게.
06 ① 여자아이들은 음악회를 동영상으로 시청하고 있다. • send 보내다 • e-sports 이 스포츠(온라인에서 승부를 겨루는 스포츠)	① W: Two girls are watching a <u>concert</u>. ② W: Two girls are sending an <u>email</u>. ③ W: Two girls are playing e-sports. ④ W: Two girls are buying books <u>online</u>.	① 여자: 두 여자아이가 음악회를 관람하고 있다. ② 여자: 두 여자아이가 이메일을 보내고 있다. ③ 여자: 두 여자아이가 이 스포츠를 하고 있다. ④ 여자: 두 여자아이가 온라인으로 책을 사고 있다.
07 ③ 고장 난 차에 대한 해결 방법을 찾아 차를 고치는 자동차 정비사에 대한 설명이다. • garage 차고, 정비소 • solution 해결책 • car mechanic 자동차 정비사 • rebuild 다시 조립하다	M: They work in a garage. They <u>fix</u> cars every day. They find solutions to broken cars. They are car mechanics. They <u>rebuild</u> old cars, too.	남자: 그들은 정비소에서 일을 한다. 그들은 매일 차를 고친다. 그들은 고장 난 차에 대한 해결 방법을 찾는다. 그들은 자동차 정비사이다. 그들은 오래된 차를 재조립하는 일도 한다.
08 ④ 남자아이가 찾고 있는 리코더는 사물함에 있다. • recorder 리코더 • locker 사물함 • thank you for ~에 대해 감사하다	G: It's time for music class. B: Where is my <u>recorder</u>? G: <u>Isn't it</u> in your desk? B: No, it isn't. G: <u>How about</u> looking in your locker? B: It's here. Thank you for helping me.	소녀: 음악 시간이야. 소년: 내 리코더가 어디 있지? 소녀: 네 책상 안에 있는 것이 아니야? 소년: 아니야, 없어. 소녀: 네 사물함 안을 보는 것이 어때? 소년: 여기 있다. 나를 도와줘서 고마워.
09 ② 꽃집에서 오른쪽으로 돌면 왼편에 있으며, 옆에는 문구점이 있다고 했다. • bakery 제과점, 빵집 • flower shop 꽃집 • over there 저쪽에 있는 • stationery store 문구점	W: Excuse me, where is Brown Bakery? M: Brown Bakery? W: Yes. M: Go straight and turn right at the <u>corner</u>. W: You mean turn right at the flower shop over there? M: Right. It's on your left. It's next to the <u>stationery</u> store.	여자: 실례합니다, Brown 빵집이 어디 있나요? 남자: Brown 빵집이요? 여자: 네. 남자: 앞으로 쭉 가서서 모퉁이에서 오른쪽으로 돌아가시면 됩니다. 여자: 저쪽의 꽃집에서 오른쪽으로 돌아가라는 말씀이지요? 남자: 맞아요. 왼쪽에 있어요. 문구점 옆에 있답니다.

정답	JUMP UP 받아쓰기(스크립트)	해석

10 ③ 여자아이는 남자아이의 필통 모양이 마음에 든다고 말하였다.
- look like ~처럼 생기다
- fish 물고기, 생선
- cool 멋있는
- by the way 그나저나, 어쨌든

B: What is it?
G: It's a new pencil case. What do you think about it?
B: The pencil case <u>looks</u> <u>like</u> a fish. I think it's cool.
G: Me too. So, by the way, happy birthday! This is <u>for</u> you.
B: Wow, I'm so <u>glad</u>. Thanks for the gift! I like this pencil case very much.

소년: 이게 뭐니?
소녀: 새 필통이야. 어떻게 생각해?
소년: 그 필통이 물고기처럼 생겼네. 멋있는 거 같아.
소녀: 나도 그래. 그래서 말인데, 어찌 되었든 생일 축하해! 이건 널 위한 거야.
소년: 와, 정말 기쁘다. 선물 고마워! 이 필통이 아주 마음에 들어.

---

11 ② 남자아이는 점심을 너무 많이 먹어 배가 아프다고 한다.
- science 과학
- lab 실험실, 실습실
- stomachache 복통, 배탈
- go fishing 낚시하러 가다
- birthday 생일

① G: It's 11:30. It's time for science class.
  B: We have to move to the science <u>lab</u>.
② G: Hi, Junho. What's wrong?
  B: I have a stomachache. I think I ate too much for lunch.
③ G: Where are you going, Jinwoo?
  B: I'm going <u>fishing</u> to the lake.
④ G: What did you do for your mom's birthday?
  B: We <u>bought</u> a birthday cake for her.

① 소녀: 11시 30분이야. 과학 시간이다.
  소년: 우리 과학 실험실로 이동해야 해.
② 소녀: 안녕, 준호야. 무슨 일 있어?
  소년: 나 배가 아파. 점심을 너무 많이 먹은 것 같아.
③ 소녀: 진우야, 어디로 가는 중이니?
  소년: 호수로 낚시하러 가는 길이야.
④ 소녀: 어머니 생신에 무엇을 했어?
  소년: 그분께 생신 케이크를 사 드렸어.

---

12 ② 방과 후에 여자아이는 보통 피아노 수업을 받는다고 말하고 있다.
- after school 방과 후에
- usually 보통, 대개
- piano lesson 피아노 수업

G: What do you do <u>after</u> <u>school</u>, Jimin?
B: I usually go to the book club and read books. How about you, Hayun?
G: I usually take a piano <u>lesson</u>.
B: Really? So how about joining a music club?
G: Why?
B: The club needs a <u>pianist</u>.

소녀: 방과 후에 뭐 해, 지민아?
소년: 대개 독서부에 가서 책을 읽어. 너는 어때, 하윤아?
소녀: 나는 보통 피아노 수업을 받아.
소년: 진짜? 그러면 음악부에 들어가지 않을래?
소녀: 왜?
소년: 그 부에서 피아노 연주자 한 명을 필요로 해.

---

13 ③ 식사를 잘했느냐는 질문에 사람들을 만나는 것을 즐기지 않는다는 대답은 자연스럽지 않다.
- go to the movies 영화 보러 가다
- drawing 그리기
- around 약, 대략

① G: Let's go to the movies this Saturday.
  B: Sounds good. At what <u>time</u>?
② G: What do you want to do?
  B: I want to take a drawing lesson.
③ G: Did you enjoy your <u>meal</u>?
  B: I don't enjoy meeting people.
④ G: When do you go to school?
  B: I go to school at <u>around</u> 8:40.

① 소녀: 이번 주 토요일에 영화 보러 가자.
  소년: 좋아. 몇 시에 갈까?
② 소녀: 무엇을 하고 싶어?
  소년: 그리기 수업을 받고 싶어.
③ 소녀: 식사 맛있게 했어?
  소년: 나는 사람들 만나는 것을 즐기지 않아.
④ 소녀: 학교에는 언제 가니?
  소년: 8시 40분쯤에 등교해.

---

14 ③ 준호는 체육 시간에 몸이 좋지 않아 친구의 도움으로 보건실로 가서 쉬었다.
- dodge ball 피구
- P.E. 체육
- feel good 몸이 가뿐하다
- school nurse 보건교사
- rest 휴식, 쉼

G: We were playing dodge ball in P.E. class. My friend, Junho didn't <u>feel</u> <u>good</u>. The P.E. teacher told him to see the school nurse. I <u>took</u> Junho to the school nurse's office. Junho got some <u>rest</u> there and felt better.

소녀: 우리는 체육 시간에 피구를 하고 있었다. 나의 친구 준호가 몸이 좋지 않았다. 체육 선생님은 그에게 보건 선생님을 보러 가라고 하셨다. 나는 준호를 데리고 보건실로 갔다. 준호는 거기에서 쉬었고 몸이 나아졌다.

정답	JUMP UP 받아쓰기(스크립트)	해석

15 ④ 두 사람은 이어달리기 종목을 하기 위해 내일 회의를 하기로 하고 있다.
- sports day 체육대회
- player 운동선수
- watch 보다, 구경하다
- relay race 이어달리기

G: Let's see what to do for the sports day.
B: Eleven players will play soccer and five players will play basketball.
G: Okay. We need a sport for the four students. They can't just watch.
B: How about running a relay race?
G: Great idea! Let's plan a relay race tomorrow.

소녀: 체육대회에 무엇을 해야 하는지 보자.
소년: 선수 11명은 축구를 하고 선수 5명은 농구를 할 거야.
소녀: 알겠어. 4명의 학생이 할 운동경기가 필요해. 그들이 구경만 할 수는 없어.
소년: 이어달리기를 하는 것이 어때?
소녀: 좋은 생각이야! 내일 이어달리기를 계획하자.

---

16 ④ 여자아이는 조부모님을 뵈러 가서 학교 축제에 갈 수 없다.
- festival 축제
- join ~에 함께 하다
- see 만나다, 방문하다
- grandparents 조부모

B: Let's go to the school festival this Friday.
G: Sorry, I can't join on that day.
B: Why is that?
G: I have to see my grandparents this Friday.
B: The festival is on Saturday, too.
G: I won't be back until Sunday.

소년: 이번 주 금요일에 학교 축제에 가자.
소녀: 미안해. 그날 함께 못 갈 것 같아.
소년: 왜 그러는데?
소녀: 이번 주 금요일에 조부모님을 뵈어야 해.
소년: 축제는 토요일에도 해.
소녀: 일요일까지 돌아오지 않을 거야.

---

17 ① 숙제를 하지 않은 남자아이가 같이 숙제를 하자는 여자아이의 말에 숙제가 없다고 답하는 것은 알맞지 않다.
- Speaking. (전화 통화에서) 전데요.
- not yet 아직 ~하지 않은
- neither ~ 또한 아니다

G: Hello. Is Minsu there?
B: Speaking.
G: Hi, this is Subin. Did you do your homework?
B: Not yet. I was too busy.
G: Me neither. How about doing the homework together?
B: _____

소녀: 여보세요. 거기 민수 있나요?
소년: 전데요.
소녀: 안녕, 나 수빈이야. 너 숙제 했니?
소년: 아직 안 했어. 나 너무 바빴어.
소녀: 나도 안 했어. 숙제 같이 하는 게 어때?
소년: _____
① 나는 숙제가 없어. ② 좋은 생각이야. 어디에서 만나야 할까? ③ 좋아. 우린 서로 도울 수 있어. ④ 그거 좋은데. 학교 도서관에서 그걸 하자.

---

18 ③ 여자가 보라색 신발도 있는지 물었으므로 남자가 신으려는 사람의 신발 치수를 물어보는 것이 알맞다.
- shoes 구두, 신발
- popular 인기 있는
- purple 보라색
- on sale 판매 중인
- size 크기, 치수

W: I'm looking for shoes for my daughter.
M: How old is she?
W: She is 8 years old.
M: All right. These are popular shoes for 8-year-old girls.
W: I like them all. Do you have them in purple?
M: _____

여자: 제 딸이 신을 구두를 찾고 있어요.
남자: 따님이 몇 살인가요?
여자: 여덟 살이에요.
남자: 좋아요. 이것들은 8살 여자아이들에게 인기가 많은 신발입니다.
여자: 전부 마음에 드는군요. 보라색도 있나요?
남자: _____
① 양말은 판매하고 있지 않습니다. ② 드레스들이 너무 비싸요. ③ 물론이지요. 따님의 신발 치수가 얼마인가요? ④ 앞으로 쭉 가시다가 신발가게에서 왼쪽으로 돌아가시면 됩니다.

---

19 ② 체험 학습에서 무엇을 했는지 물었으므로 박물관에 갔다는 대답이 알맞다.
- field trip 체험 학습, 소풍
- awesome 엄청난, 너무 좋은
- museum 박물관

G: How was your field trip?
B: It was awesome.
G: Where did you go?
B: We went to Gyeongju this time.
G: What did you do there?
B: _____

소녀: 체험 학습은 어땠어?
소년: 너무 좋았어.
소녀: 어디에 갔어?
소년: 이번에는 경주에 갔어.
소녀: 그곳에서 무엇을 했는데?
소년: _____
① 나 지금 피곤해. ② 우리는 박물관에 갔어. ③ 우리는 공원에 갈 거야. ④ 너는 경주를 좋아하니?

정답	JUMP UP 받아쓰기(스크립트)	해석
20 ④ 시험을 잘 봤는지 물어보는 말에 대한 응답은 ④가 가장 알맞다. • math test 수학 시험 • do well 잘하다 • do one's best 최선을 다하다	G: Good morning, Justin. B: Good morning, Dahee. How was the test yesterday? G: Oh, you mean the <u>math</u> test? B: Yeah. Did you <u>do well</u> on the test? G: Well, I did my best. How about you? B: _____	소녀: 안녕, Justin. 소년: 다희야, 안녕. 어제 시험은 어땠어? 소녀: 아, 수학 시험 말하는 거지? 소년: 응. 시험 잘 봤어? 소녀: 음, 최선을 다했어. 너는 어때? 소년: _____ ① 나는 수학을 좋아하지 않아. ② 나는 수학 수업이 있어. ③ 나는 수학 교사이다. ④ 나는 그것을 잘한 것 같아.

LISTEN UP 실력 높여 보기   본문 70쪽

01 ②   **02** ⑤   **03** ①   **04** ③   **05** ②

정답	스크립트	해석
01 ② 여자는 남자에게 파티에 가져갈 샐러드 만드는 법을 알려 달라고 부탁한다. • pajama party 파자마 파티 • tuna 참치 • salad 샐러드	W: Dad, I'm planning to have a pajama party with my friends next Friday, but I don't know what to bring for snacks. M: How about some sandwiches? W: Sally is going to bring some sandwiches. M: How about a tuna salad? W: Okay! But I don't know how to make a salad. Can you teach me how to make tuna salad?	여자: 아빠, 다음 금요일에 친구들과 파자마 파티를 하기로 했는데, 간식으로 무엇을 가져가야 할지 모르겠어요. 남자: 샌드위치는 어떠니? 여자: 샌드위치는 Sally가 가져오기로 했어요. 남자: 참치 샐러드는 어때? 여자: 좋아요! 하지만 저는 샐러드 만드는 법을 몰라요. 저에게 참치 샐러드 만드는 법을 알려 주실래요?
02 ⑤ 밴드의 정기 모임일에 대해서는 언급하지 않았다. • drummer 드럼 연주자 • singer 가수 • guitarist 기타 연주자 • keyboard 키보드 • concert 연주회	M: The school band had a drummer, a guitarist, and a singer. They were looking for a member to play the keyboard. I know how to play the keyboard. So I took a test and became the school band keyboard player. We are having a concert this fall.	남자: 학교 밴드는 드럼 연주자, 기타 연주자, 가수로 구성되어 있었다. 밴드에서는 키보드 연주자를 구하고 있었다. 나는 키보드를 연주할 줄 안다. 그래서 시험을 친 후, 밴드의 키보드 연주자가 되었다. 우리는 이번 가을에 연주회를 연다.
03 ① 여자는 산행으로 힘들고 지쳐서, 쉬고 싶다는 간절한 심정이다. • a few 약간의, 몇몇의 • thirsty 목이 마른 • exhausted 피곤한 • fresh 신선한 • break 휴식	W: How long do we have to go? M: We need to take a few more minutes. W: It's getting hot. I am thirsty. M: Here, have some of my water. W: Let's go to the beach next time. This is really hard. And I'm exhausted. M: Try to enjoy hiking. The wind is fresh, isn't it? W: I need a break. I want to take a rest. Let's stop here.	여자: 우리는 얼마나 더 오래 가야 하나요? 남자: 몇 분만 더 가면 됩니다. 여자: 점점 더워져요. 목이 말라요. 남자: 여기, 제 물을 좀 마셔요. 여자: 다음에는 바닷가로 가요. 이거 정말 힘들군요. 그리고 저는 지쳤어요. 남자: 산행을 즐기려고 노력해 봐요. 바람도 신선하지 않나요? 여자: 저는 휴식이 필요해요. 저는 쉬고 싶어요. 여기서 멈춥시다.

정답	스크립트	해석

04 ③ 여자가 화장실에서 주운 스마트폰은 파란색이다.
· found find(찾다)의 과거형
· restroom 화장실
· key chain 열쇠고리
· announcement 발표, 안내
· lost item 분실물

W: Whose smartphone is this?
M: A blue smartphone. Where did you get it?
W: I found it in the restroom.
M: Does it have a key chain?
W: Yes, it does.
M: I will make an announcement that we have a lost item.

여자: 이것은 누구의 스마트폰인가요?
남자: 파란색 스마트폰이군요. 어디에서 주우셨어요?
여자: 화장실에서 그것을 발견했어요.
남자: 열쇠고리가 달려 있나요?
여자: 네, 맞아요.
남자: 분실물이 들어왔다고 안내할게요.

05 ② 강아지의 성별을 묻는 말에 대한 응답은 그중 2마리가 암컷이라는 말이 가장 적절하다.
· aunt 이모, 고모
· puppy 강아지
· cute 귀여운

W: What did you do yesterday?
M: I visited my aunt and saw her puppies.
W: Puppies. How many does she have?
M: She has three puppies. They are three months old.
W: They must be very cute. Are they boys or girls?
M: _____

여자: 어제 뭐 하셨나요?
남자: 이모 댁에 가서 강아지들을 봤어요.
여자: 강아지들이요. 그분은 몇 마리를 데리고 계시나요?
남자: 세 마리를 키우고 있어요. 그것들은 태어난 지 3개월 되었어요.
여자: 그것들은 틀림없이 아주 귀엽겠군요. 수컷인가요, 암컷인가요?
남자: _____
① 저는 어린 남동생이 있어요. ② 그중 두 마리는 암컷이에요. ③ 개와 고양이는 귀여워요. ④ 여학생 5명이 있어요. ⑤ 소년들은 교실에 있어요.

FLY UP

본문 76~77쪽

01 B No problem. I will give you a hand. / 문제없어. 내가 너를 도와줄게.　　**02** A Are you busy in the afternoon? / 너는 오후에 바쁘니?　　**03** B I think I did well on it. / 나는 시험 잘 본 것 같아.　　**04** A Where is your recorder? / 네 리코더가 어디에 있니?　　**05** A What do you do after school? / 너는 방과 후에 뭐 해?　　**06** I like Beethoven the most. / 나는 베토벤을 제일 좋아한다.　　**07** The pencil case looks like a fish. / 그 필통은 물고기처럼 생겼다.　　**08** They are car mechanics. / 그 사람들은 자동차 정비사이다.　　**09** I want to take a drawing lesson. / 나는 그리기 수업을 받고 싶다.　　**10** We went to a museum. / 우리는 박물관에 갔다.

SPEAK UP

본문 78쪽

01 How long do we have to go?　　**02** Does it have a key chain?　　**03** My friend didn't feel good.
04 Can you tell me what it looks like?　　**05** Did you enjoy your meal?　　**06** I bought a cake for my mom.　　**07** It is next to the stationery store.

Listen & Speak Up 6

WARM UP

A 01 donate, 기부하다 02 festival, 축제 03 happen, 일어나다, 생기다
04 outside, 밖에, 밖으로 05 perform, 공연하다 06 repair shop, 수리점
07 sharp, 날카로운 08 sore, 아픈 09 get dressed, 옷을 입다
10 give thanks to, ~에게 감사를 표현하다

B 01 outside 02 sharp 03 repair shop 04 give, thanks to 05 festival
06 get dressed 07 sore 08 happen 09 perform 10 donate

LISTEN UP | JUMP UP

LISTEN UP 듣기평가 모의고사 6

01 ③ 02 ② 03 ② 04 ② 05 ③ 06 ② 07 ① 08 ② 09 ① 10 ③
11 ④ 12 ③ 13 ② 14 ① 15 ③ 16 ④ 17 ② 18 ② 19 ④ 20 ②

정답	JUMP UP 받아쓰기(스크립트)	해석
01 ③ 남자아이는 컴퓨터 게임하는 법을 여쭤보려고 아빠를 찾고 있다. • help 도움 • soon 곧	B: Mom, where's Dad? W: He went to the <u>supermarket</u>. B: Oh, I <u>need</u> his help. W: What do you need his help for? B: I want to learn <u>how</u> to play this PC game. W: He'll be here soon.	소년: 엄마, 아빠는 어디에 계세요? 여자: 그는 슈퍼마켓에 가셨어. 소년: 오, 저는 그의 도움이 필요한데요. 여자: 왜 그의 도움이 필요하니? 소년: 저는 이 PC 게임을 어떻게 하는지 배우고 싶어요. 여자: 그는 곧 여기에 오실 거야.
02 ② 한나의 물건은 하얀색 신발이다. • baseball cap 야구 모자 • backpack 배낭 • floor 바닥 • mine 내 것 • cousin 사촌	B: Hannah, is that red baseball cap <u>yours</u>? G: No. It's Leo's. The white shoes on the floor are <u>mine</u>. B: How about the blue <u>backpack</u>? G: It's my sister's. Are those green gloves yours? B: They are not mine. They are my <u>cousin's</u>.	소년: 한나야, 그 빨간 야구 모자가 네 거니? 소녀: 아니. 그것은 Leo의 것이야. 바닥에 있는 하얀색 신발이 내 거야. 소년: 파란색 배낭은? 소녀: 그것은 내 여동생의 것이야. 저 초록색 장갑은 네 것이니? 소년: 그것들은 내 것이 아니야. 그것들은 내 사촌의 것이야.
03 ② 남자아이는 주말에 엄마를 위해 스파게티를 요리할 것이다. • weekend 주말 • visit 방문하다 • grandmother 할머니 • cook 요리하다	B: Brittany, what are you going to do this <u>weekend</u>? G: I'm going to <u>visit</u> my grandmother for Mother's Day. B: Great. I'm going to do <u>something</u> special for my mom. G: What are you going to do?	소년: Brittany, 이번 주말에 너는 무엇을 할 거니? 소녀: 나는 어머니날을 맞아 할머니를 방문할 거야. 소년: 좋아. 나는 우리 엄마를 위해 특별한 것을 할 거야. 소녀: 무엇을 할 건데? 소년: 그녀를 위해 스파게티를 요리할 거야. 소녀: 정말? 그녀가 그걸 좋아하실 거야.

정답	JUMP UP 받아쓰기(스크립트)	해석

B: I'm going to cook spaghetti for her.
G: Really? She'll love it.

---

04 ② 선생님께 특별히 감사를 표현하는 날인 스승의 날에 대한 설명이다.
- give thanks to ~에게 감사를 표현하다
- sometimes 때때로
- message 메시지

M: On this day we give special thanks to our teachers. We sometimes sing for them. Also, we make a card for them and write kind messages in it. Lastly, we make some carnations for them.

남자: 이날 우리는 우리의 선생님들께 특별한 감사를 드립니다. 우리는 때때로 그들을 위해 노래를 부릅니다. 또한 우리는 그들을 위해 카드를 만들고 그 안에 친절한 메시지를 씁니다. 마지막으로, 우리는 그들을 위해 카네이션을 만듭니다.
① 어머니날 ② 스승의 날 ③ 어린이날 ④ 추수 감사절

---

05 ③ 쭉 가서 모퉁이에서 좌회전한 후 은행 옆에 있는 건물이 영화관이다.
- cinema 영화관
- straight 똑바로[일직선으로], 곧장
- corner 모퉁이
- next to ~ 옆에

G: Excuse me, can you tell me where the cinema is?
M: Sure. Go straight and turn left at the corner.
G: Go straight and turn left at the first corner?
M: Yes. Then go straight again. The cinema is next to the bank.
G: Thank you very much.

소녀: 실례합니다, 영화관이 어디 있는지 알려 주실 수 있나요?
남자: 물론이죠. 쭉 가서 모퉁이에서 좌회전하세요.
소녀: 쭉 가서 첫 번째 모퉁이에서 좌회전하라고요?
남자: 네. 그다음에 다시 쭉 가세요. 영화관은 은행 옆에 있어요.
소녀: 정말 감사합니다.

---

06 ② 여동생은 분홍색 드레스에 짧은 곱슬머리이며 안경을 썼고, 남동생은 하얀색 티셔츠에 청바지를 입고 여동생보다 키가 크다.
- curly 곱슬머리의
- jeans 청바지

G: Look at this photo. This is my sister and brother. My sister has short curly hair. She's wearing a pink dress. She's also wearing glasses. My brother is taller than my sister. He's wearing a white T-shirt and jeans.

소녀: 이 사진을 봐. 얘들은 내 여동생과 남동생이야. 내 여동생은 짧은 곱슬머리를 하고 있어. 그녀는 분홍색 드레스를 입었지. 그녀는 또한 안경을 쓰고 있어. 내 남동생은 내 여동생보다 키가 커. 그는 하얀색 티셔츠에 청바지를 입고 있어.

---

07 ① Jenny는 학급 음악회에서 첼로를 월요일에 연주할 것이다.
- ukulele 우쿨렐레
- be good at ~을 잘하다
- recorder 리코더
- cello 첼로

G: Tom, what will you play for the class music concert?
B: I'll play the ukulele. Will you play the piano, Jenny?
G: I am not good at playing the piano.
B: What about the recorder?
G: Eunju will play the recorder. I'll play the cello.
B: What day are you going to play on?
G: Monday.

소녀: Tom, 학급 음악회에서 무엇을 연주할 거야?
소년: 나는 우쿨렐레를 연주할 거야. Jenny, 너는 피아노를 연주할 거니?
소녀: 나는 피아노를 잘 못 쳐.
소년: 리코더는 어때?
소녀: 은주가 리코더를 연주할 거야. 나는 첼로를 연주할 거야.
소년: 너는 무슨 요일에 연주하지?
소녀: 월요일이야.

---

08 ② 소년은 운동화가 아직 젖어 있어서 배드민턴을 할 수 없다고 말했다.
- still 아직, 여전히
- wet 젖은
- happen 일어나다

G: Do you have any plans this afternoon?
B: No, I don't.
G: Let's play badminton.
B: I'm sorry I can't. My shoes are still wet.
G: What happened to your shoes?
B: They were wet in the rain yesterday, but they're not dry yet.
G: Let's play board games then.

소녀: 오늘 오후에 너는 무슨 계획이라도 있니?
소년: 아니, 없어.
소녀: 배드민턴 하자.
소년: 미안하지만 할 수 없어. 내 신발이 아직 젖어 있거든.
소녀: 네 신발에 무슨 일이 있었는데?
소년: 어제 비에 젖었는데, 아직 안 말랐어.
소녀: 그러면 보드게임 하자.

정답	JUMP UP 받아쓰기(스크립트)	해석
	B: Sounds good.	소년: 좋은 생각이야.
09 ① 여자아이는 일주일에 세 번, 월, 수, 토요일에 운동한다. • often 자주 • exercise 운동하다 • yoga 요가 • Monday 월요일 • Wednesday 수요일 • Saturday 토요일	G: How often do you exercise? I exercise three times a week. What exercises do I do? I do yoga on Monday and Wednesday. I go swimming every Saturday.	소녀: 얼마나 자주 운동하세요? 저는 일주일에 세 번 운동을 해요. 제가 어떤 운동을 할까요? 저는 월요일과 수요일에 요가를 해요. 저는 토요일마다 수영하러 가요.
10 ③ 남자아이는 8시에 옷을 입고 8시 40분에 학교에 간다. • get up 일어나다 • take a shower 샤워하다 • breakfast 아침 식사 • get dressed 옷을 입다	B: Every day I get up and take a shower at seven. I have breakfast at seven thirty. Then I get dressed at eight. I go to school at eight forty. My first class starts at nine ten.	소년: 저는 매일 7시에 일어나서 샤워해요. 저는 7시 30분에 아침을 먹어요. 그러고 나서 8시에 옷을 입어요. 저는 8시 40분에 학교에 가요. 첫 수업은 9시 10분에 시작해요.
11 ④ 남자아이의 수학책은 의자 아래에, 휴대 전화는 책상 위에 있다. • under ~의 아래에 • check 확인하다	B: Mom, where is my math book? W: Your math book is under your chair. B: Oh, there it is. What about my cell phone? W: On your bed. B: On my bed? No, it's not there. W: Then check on your desk. B: Oh, you're right. It is on my desk.	소년: 엄마, 내 수학책 어디 있어요? 여자: 네 수학책은 너의 의자 아래에 있어. 소년: 오, 거기 있네요. 제 휴대 전화는요? 여자: 네 침대 위에. 소년: 제 침대 위에요? 아니요, 거기 없는데요. 여자: 그럼 네 책상 위를 확인해 보렴. 소년: 오, 엄마 말씀이 맞네요. 그건 제 책상 위에 있어요.
12 ③ 생일을 맞는 Sally를 위해 깜짝 파티를 계획하고 있다. • birthday 생일 • surprise party 깜짝 파티 • bake (음식을) 굽다 • violin 바이올린	G: It's Sally's birthday next Friday. B: Let's have a surprise party for her. G: Okay. Let's bake a cake. B: Sounds good. And let's play her 'Happy Birthday.' G: All right. I'll play the violin. B: I'll play the piano.	소녀: 다음 주 금요일이 Sally의 생일이야. 소년: 그녀를 위해 깜짝 파티를 하자. 소녀: 좋아. 케이크를 굽자. 소년: 좋은 생각이야. 그리고 그녀에게 'Happy Birthday'를 연주해 주자. 소녀: 좋아. 내가 바이올린을 연주할게. 소년: 내가 피아노를 연주할게.
13 ② 그림은 여자아이가 12시에 점심을 먹는 모습이다. • begin 시작하다 • at noon 정오에 • library 도서관	① G: My class begins at nine. ② G: I have lunch at noon. ③ G: I read books in the library at four. ④ G: I come home at six.	① 소녀: 내 수업은 9시에 시작한다. ② 소녀: 나는 정오에 점심을 먹는다. ③ 소녀: 나는 4시에 도서관에서 책을 읽는다. ④ 소녀: 나는 6시에 집에 온다.

14 ① 이어폰을 잃어버려 슬퍼하고 있는 상황이다.
• lost lose(잃어버리다)의 과거형
• ride 타다
	① G: Why are you so sad?
	  B: Because I can't find my earphones.
	② G: What are you doing?
	  B: I'm playing with my dog.
	③ G: Can you ride a bike?
	  B: Yes, I can.
		① 소녀: 왜 그렇게 슬퍼?
		  소년: 내 이어폰을 찾지 못해서.
		② 소녀: 뭐 하고 있어?
		  소년: 나는 내 개랑 놀고 있어.
		③ 소녀: 자전거 탈 수 있니?
		  소년: 응, 탈 수 있지.

정답	JUMP UP 받아쓰기(스크립트)	해석
	④ G: Can you help me with my homework? B: Of course, I can.	④ 소녀: 내 숙제 좀 도와줄 수 있어? 소년: 물론, 할 수 있지.

15 ③ 좋아하는 과목을 물었는데 과일을 별로 좋아하지 않는다고 대답했으므로 자연스럽지 않다.
• favorite 가장 좋아하는
• subject 과목

① G: Do you know how to play the guitar?
B: Yes, I do. Do you want to learn?
② G: Where are you going?
B: I'm going to the library.
③ G: What's your favorite subject?
B: I don't like fruit much.
④ G: Do you know Mr. Brown?
B: Sure. He's my favorite teacher.

① 소녀: 기타 칠 줄 아니?
소년: 응, 칠 줄 알아. 너는 배우고 싶니?
② 소녀: 어디 가?
소년: 도서관에 가고 있어.
③ 소녀: 좋아하는 과목이 뭐니?
소년: 나는 과일을 별로 좋아하지 않아.
④ 소녀: 너는 Brown 선생님을 아니?
소년: 물론이지. 그는 내가 가장 좋아하는 선생님이야.

16 ④ 소녀는 스키를 탈 수 있는 겨울이 가장 좋다고 말했다.
• spring 봄
• season 계절
• already 벌써, 이미
• go skiing 스키 타러 가다

B: The weather is getting warmer.
G: Yeah. Spring is already here.
B: Yeah. My favorite season is spring.
G: Why do you like spring the best?
B: Because I love flowers. What about you?
G: I love winter the best because I can go skiing.

소년: 날씨가 따뜻해지고 있어.
소녀: 그래. 봄이 벌써 이곳에 왔어.
소년: 그래, 내가 가장 좋아하는 계절이 봄이야.
소녀: 너는 왜 봄을 가장 좋아하니?
소년: 내가 꽃을 좋아하기 때문이야. 너는 어때?
소녀: 나는 스키를 타러 갈 수 있어서 겨울을 가장 좋아해.

17 ② 감기에 걸린 여자가 무엇을 해야 할지 물었으므로 창문을 열라는 말은 응답으로 알맞지 않다.
• runny nose 콧물
• sore 아픈
• throat 목구멍
• a sore throat 인후염
• cold 감기

M: What's wrong with you?
W: I have a runny nose and a sore throat.
M: When did you start feeling sick?
W: Since last night around 9.
M: I think you have a cold.
W: What should I do?
M: _____

남자: 어디가 아프세요?
여자: 나는 콧물이 나고 목이 아파요.
남자: 언제부터 아프기 시작했어요?
여자: 어젯밤 9시쯤부터요.
남자: 제 생각에 당신은 감기에 걸린 것 같아요.
여자: 제가 무엇을 해야 하나요?
남자: _____
① 의사의 진찰을 받아야 해요. ② 더워요. 창문을 여세요. ③ 집에 가서 좀 쉬세요. ④ 약을 좀 먹는 게 어때요?

18 ② 비가 너무 많이 와서 밖에서 운동할 수 없으므로 실내 운동을 하자고 제안하는 응답이 자연스럽다.
• a lot 많이
• workout 운동

W: We need to do some exercise.
B: Yeah, but we can't go outside. It's raining a lot.
W: What should we do?
B: There are lots of home workout videos online.
W: _____

여자: 우리는 운동을 좀 해야 하는데.
소년: 맞아요, 하지만 우리는 밖에 나갈 수 없어요. 비가 많이 와요.
여자: 우리 어떻게 하지?
소년: 온라인에는 많은 홈 트레이닝 비디오가 있어요.
여자: _____
① 슈퍼마켓이 있어. ② 그러면 실내 운동을 하자. ③ 온라인으로 음식을 주문하자. ④ 볶음밥을 요리하는 건 어때?

19 ④ 찻잔이 얼마인지 물어보았으므로 이어서 가격을 말하는 표현으로 응답하는 것이 자연스럽다.
• look for ~을 찾다
• gift 선물

G: Excuse me.
M: Yes. How may I help you?
G: Hi. I'm looking for a gift for Mother's Day.
M: How about this teacup?
G: It's nice. How much is it?

소녀: 실례합니다.
남자: 네. 어떻게 도와드릴까요?
소녀: 안녕하세요. 어머니날을 위한 선물을 찾고 있어요.
남자: 이 찻잔은 어떻습니까?
소녀: 멋져요. 그것은 얼마인가요?

정답	JUMP UP 받아쓰기(스크립트)	해석
• Mother's Day 어머니날 • teacup 찻잔	M: _____	남자: _____ ① 그걸로 할게요. ② 그것은 아주 귀여워요. ③ 천만에요. ④ 그것은 15달러예요.
20 ② 영화를 함께 보기 위해 만날 시간을 묻고 있으므로 시간을 말하는 응답이 자연스럽다. • Shall we ~? ~할래?	G: I'm going to the cinema <u>tomorrow</u>. B: Sounds <u>fun</u>. G: <u>Would</u> you like to come with me? B: Sure. I'd love to. What time <u>shall</u> we meet? G: _____	소녀: 나는 내일 영화를 보러 갈 거야. 소년: 재미있겠다. 소녀: 나랑 함께 갈래? 소년: 물론, 그리고 싶어. 우리 몇 시에 만날까? 소녀: _____ ① 그것은 멋진 영화였어. ② 4시가 어때? ③ 버스 정류장에서 만나자. ④ 나는 여동생과 그곳에 갈 거야.

LISTEN UP 실력 높여 보기

본문 84쪽

01 ③ **02** ⑤ **03** ④ **04** ⑤ **05** ④

정답	스크립트	해석
01 ③ 두 개의 날이 있고 종이 인형이나 천 등을 자르는 작은 것은 가위이다. • sharp 날카로운 • blade 칼날 • doll 인형 • cloth 천	W: What are these? They have two sharp blades. We can use these for cutting out paper dolls or cloth. You should be careful when you use them.	여자: 이것들은 무엇일까요? 그것들은 두 개의 날카로운 칼날을 가지고 있습니다. 우리는 이것들을 종이 인형이나 천을 자르는 데 사용할 수 있습니다. 그것들을 사용할 때 여러분은 조심해야 합니다.
02 ⑤ 남자는 여자에게 물에 빠뜨린 휴대 전화를 수리점에 맡겨야 한다고 조언하고 있다. • drop 떨어뜨리다 • cell phone 휴대 전화 • turn on 켜다 • repair shop 수리점	M: Hey, Rachel. How are you doing? W: Not good. M: Why is that? W: I dropped my cell phone in some water. M: Oh, no. Is it working? W: No. It won't turn on. M: I think you should visit a cell phone repair shop.	남자: 안녕, Rachel. 어떻게 지내? 여자: 좋지 않아. 남자: 왜 그래? 여자: 휴대 전화를 물에 빠뜨렸어. 남자: 오, 이런. 그것이 작동되니? 여자: 아니. 켜지지 않아. 남자: 내 생각에 너는 휴대 전화 수리점에 가 봐야 할 것 같아.
03 ④ 음악 축제를 여는 요일, 시간, 장소, 특별 행사인 벼룩시장에 대해 언급했으나 관객 수는 언급하지 않았다. • festival 축제 • perform 공연하다 • flea market 벼룩시장 • donate 기부하다	M: I'd like to invite you to our school music festival this Saturday. It's from 3 pm to 5 pm. Our school band is performing on the school field. There's a special event, too. We are having a flea market to help poor children. You can donate your books or clothes to it.	남자: 이번 토요일에 열리는 우리 학교 음악 축제에 여러분을 초대하고 싶어요. 오후 3시부터 5시까지예요. 우리 학교 밴드는 학교 운동장에서 공연할 거예요. 특별한 행사도 있어요. 우리는 가난한 어린이들을 돕기 위해 벼룩시장을 열 것입니다. 여러분은 책이나 옷을 거기에 기부할 수 있어요.

정답	스크립트	해석

04 ⑤ 도서관에 태블릿 PC 를 두고 왔는데 이미 도서관 문 이 닫혔으므로 당황스러운 심정 이 가장 적절하다.
- left leave(두고 가다, 놓고 가다)의 과거형
- already 이미, 벌써
- closed (문이) 닫힌

M: What's wrong, Sally?
W: I don't have my tablet PC. What should I do?
M: Where is it?
W: I think I left it in the library.
M: How about going back to the library and getting it?
W: It's too late. The library is already closed.

남자: 무슨 일이야, Sally?
여자: 태블릿 PC가 없어. 어떻게 해야 하지?
남자: 그게 어디 있는데?
여자: 도서관에 두고 온 것 같아.
남자: 도서관으로 돌아가서 갖고 오는 게 어때?
여자: 너무 늦었어. 도서관이 이미 닫혔거든.

05 ④ 표현의 의미를 되묻고 있으므로 그 의미를 설명하는 응답이 와야 자연스럽다.
- go to the dentist 치과에 가다
- though (문장 끝에 와서) 그 렇지만[하지만]
- cross (서로) 교차하다[엇갈 리다]
- mean 의미하다
- promise 약속

M: I have a soccer game tomorrow. Can you come?
W: I'm sorry I can't. I have to go to the dentist.
M: That's okay.
W: I'll keep my fingers crossed for you though!
M: What did you just say?
W: I said, "I'll keep my fingers crossed for you."
M: What does that mean?
W: _____

남자: 내일 축구 경기가 있어요. 올 수 있어요?
여자: 미안하지만 못 가겠어요. 저는 치과에 가야 해 요.
남자: 괜찮아요.
여자: 그래도 제가 행운을 빌게요!
남자: 방금 뭐라고 했어요?
여자: "당신을 위해 행운을 빌게요."라고 말했어요.
남자: 그게 무슨 뜻이에요?
여자: _____
① 재미있겠어요. ② 정말 고마워요. ③ 나도 축구 경 기가 있어요. ④ 행운을 빈다는 것을 의미해요. ⑤ 약 속을 지키는 것이 중요해요.

 **FLY UP**

본문 90~91쪽

01 A Are those green gloves yours? / 그 녹색 장갑들은 당신 것인가요?　**02** B I'll play the ukulele. / 나는 우 쿨렐레를 연주할 거야.　**03** A What happened to your shoes? / 신발에 무슨 일이 생겼나요?　**04** B Because I can't find my earphones. / 저는 이어폰을 못 찾았기 때문이에요.　**05** B I'm looking for a gift for Mother's Day. / 저는 어머니날을 위한 선물을 찾고 있어요.　**06** The white shoes on the floor are mine. / 바닥에 있는 하얀 신 발은 제 것입니다.　**07** She's wearing a pink dress. / 그녀는 분홍색 드레스를 입고 있어요.　**08** I am not good at playing the piano. / 저는 피아노를 잘 못 쳐요.　**09** My first class starts at nine ten. / 첫 수업은 9시 10분에 시작해요.　**10** Let's have a surprise party for her. / 그녀를 위해 깜짝 파티를 열자.

 **SPEAK UP**

본문 92쪽

01 You should be careful when you cross the street.　**02** The weather is getting colder.　**03** We will open a flea market to raise money.　**04** The library is already closed.　**05** Keeping a promise is not easy.　**06** I'm going to do something special for my family.　**07** When did you start feeling sick?

Listen & Speak Up 7

A
01 clothes, 옷, 의복　02 coach, 코치, 지도자　03 hurt, 상처 내다, 다치게 하다
04 manager, 경영자, 매니저, 감독　05 museum, 박물관　06 receipt, 영수증
07 rectangular, 직사각형의　08 a slice of, 한 조각의　09 bookstore, 서점
10 fall down, 넘어지다

B
01 a slice of　02 clothes　03 bookstore　04 museum　05 manager
06 rectangular　07 receipt　08 coach　09 hurt　10 fell down

LISTEN UP　JUMP UP

LISTEN UP　듣기평가 모의고사 7

01 ④	02 ②	03 ④	04 ③	05 ③	06 ④	07 ①	08 ④	09 ④	10 ③
11 ①	12 ③	13 ④	14 ③	15 ④	16 ④	17 ①	18 ①	19 ①	20 ④

정답	JUMP UP 받아쓰기(스크립트)	해석
01 ④ 넘어져서 다친 상처를 치료해 주는 대화이므로 보건실이 적합하다. • hurt 다치다 • knee 무릎 • fall down 넘어지다 • playground 운동장 • quickly 곧, 빨리	W: What's the matter? B: I hurt my knee. W: How did you <u>hurt</u> your knee? B: I <u>fell down</u> in the school playground. W: I will put some ice on it. B: Thank you. Do you think it's bad? W: I don't think so. It will <u>get better</u> quickly.	여자: 무슨 일이니? 소년: 무릎을 다쳤어요. 여자: 무릎을 어떻게 다쳤어? 소년: 학교 운동장에서 넘어졌어요. 여자: 상처 위에 얼음을 좀 얹어 줄게. 소년: 감사합니다. 상처가 심각한가요? 여자: 나는 그렇게 생각하지 않아. 그건 곧 나을 거야.
02 ② 졸업 사진 찍을 때 입을 의상에 관해 이야기하고 있다. • graduation 졸업 • costume 의상, 복장 • like ~처럼 • clothes 옷, 의복 • magic 마법의 • wand 지팡이	G: What should we wear for our <u>graduation</u> photo? B: How about *Harry Potter* <u>costumes</u>? G: That sounds great. I'll dress like Hermione. B: I will wear <u>clothes</u> like Harry. G: I don't have a <u>magic wand</u>. B: Why don't you buy one online? G: Good idea.	소녀: 졸업 사진 찍을 때 뭘 입어야 할까? 소년: '해리 포터' 의상은 어때? 소녀: 그거 좋은데. 난 Hermione처럼 옷을 입을 거야. 소년: 나는 Harry처럼 옷을 입을게. 소녀: 나는 마술 지팡이가 없어. 소년: 온라인으로 하나 사는 게 어때? 소녀: 좋은 생각이야.
03 ④ 여자아이는 주말에 조부모님 댁을 방문해서 사과 따는 것을 도울 거라고 했다. • visit 방문하다 • pick 따다	B: I have two tickets for a soccer game. Do you want to come? G: I'd love to. But I'll visit my <u>grandparents</u> this weekend. I'm going to help them <u>pick</u> apples.	소년: 나 축구 경기 티켓 두 장 있어. 가고 싶니? 소녀: 그러고 싶어. 하지만 나는 이번 주말에 조부모님 댁을 방문할 거야. 나는 그분들이 사과 따는 것을 도울 거야. 소년: 아, 다른 친구를 찾아야겠네.

정답	JUMP UP 받아쓰기(스크립트)	해석
• another 다른 • text (휴대 전화로) 문자를 보내다 • right away 바로, 당장	B: Oh, I'll have to find another friend. G: Why don't you call Jihun? B: Okay. I'll text him right away. G: I will bring some apples for you. See you on Monday.	소녀: 지훈이한테 전화하는 게 어때? 소년: 좋아. 내가 바로 그에게 문자를 보낼게. 소녀: 너에게 사과를 좀 가져다줄게. 월요일에 만나.
04 ③ 서점은 한 블록 지나서 우회전 후에 보이는 지하철역 건너편에 있는 건물이다. • nearest 가장 가까운 • bookstore 서점 • subway station 지하철역	W: Excuse me. Where is the nearest bookstore? M: Go straight one block and turn right. W: Turn right at King's Road? M: Yes. Then go straight one block. It's across from the subway station. W: Okay. Thanks.	여자: 실례합니다. 가장 가까운 서점은 어디인가요? 남자: 한 블록 직진하고 오른쪽으로 도세요. 여자: King's Road에서 우회전하는 거예요? 남자: 네. 그리고 나서 한 블록 직진하세요. 지하철역 건너편에 있어요. 여자: 네. 감사합니다.
05 ③ 남자아이는 목이 아프고 열이 높아서 학교에 갈 수 없다고 결석을 알리고 있다. • period (학교의 일과를 나눠 놓은) 시간, 기간 • actually 사실 • throat 목, 목구멍 • fever 열 • stay 머무르다	[Cell phone rings.] B: Hello, Ms. Kim. W: Jinsu, are you coming to school? It's already the second period now. B: Actually, I won't be coming to school. W: Why is that? B: I have a sore throat and a high fever. W: Oh, then you can't come to school. B: Right. I think I have to stay home.	[휴대 전화가 울린다.] 소년: 안녕하세요, 김 선생님. 여자: 진수야, 학교에 올 거니? 지금 벌써 2교시야. 소년: 사실, 학교에 오늘 안 가요. 여자: 왜 그러니? 소년: 목이 아프고 열이 높아요. 여자: 아, 그러면 너는 학교에 올 수 없겠구나. 소년: 네. 저는 집에 있어야 할 것 같아요.
06 ④ 수박 한 조각처럼 생긴 필통을 찾고 있다. • pencil case 필통 • rectangular 직사각형의 • slice 조각 • watermelon 수박	M: Hyomin, what are you looking for? G: I'm looking for my pencil case. I think I left it here. M: Is it rectangular? G: No, it's not. M: Does it look like a hot dog? G: No. It looks like a slice of watermelon. M: Ah, there it is.	남자: 효민아, 뭘 찾고 있니? 소녀: 필통을 찾고 있어요. 여기 두고 간 것 같아요. 남자: 직사각형 모양이니? 소녀: 아니요, 그렇지 않아요. 남자: 핫도그처럼 생겼어? 소녀: 아니요. 수박 한 조각처럼 생겼어요. 남자: 아, 저기 있네.
07 ① 이미 같은 종류의 손목시계를 갖고 있어서 알람 시계로 교환하려고 한다. • exchange 교환하다 • watch (손목)시계 • wrong 잘못된 • receipt 영수증 • alarm clock 알람 시계, 자명종	M: Hello. May I help you? G: Yes, please. I'd like to exchange this watch. M: Is there anything wrong with it? G: No. And I like the style. But I already have one. M: Okay. Do you have the receipt? G: Yes. Here it is. Can I exchange it for that alarm clock? M: Let me check the price.	남자: 안녕하세요. 도와드릴까요? 소녀: 네. 이 손목시계를 교환하고 싶어요. 남자: 그것에 무슨 문제라도 있어요? 소녀: 아뇨. 그리고 스타일은 마음에 들어요. 하지만 저는 이미 하나 가지고 있어요. 남자: 네. 영수증을 가지고 있나요? 소녀: 네. 여기 있어요. 제가 그것을 저 알람 시계로 교환할 수 있나요? 남자: 가격을 확인해 볼게요.
08 ④ 남자아이는 여자아이가 점심으로 피시앤칩스를 제안하자 튀긴 음식을 좋아하지 않아 다른 걸 먹고 싶다고 했다.	G: How about having fish and chips for lunch? B: Fish and chips? I'd rather have something else.	소녀: 점심으로 피시앤칩스 어때? 소년: 피시앤칩스? 난 오히려 뭔가 다른 걸 먹고 싶은데. 소녀: 왜?

정답	JUMP UP 받아쓰기(스크립트)	해석

• fish and chips 피시앤칩스 (생선튀김과 막대 모양의 감자튀김)
• fried 튀긴
• Indian 인도의
• curry 카레
• taste 맛

G: Why?
B: I don't like fried food.
G: What about Indian curry?
B: Oh, that's a good idea. I love the taste of Indian curry.

소년: 나는 튀긴 음식을 좋아하지 않아서.
소녀: 인도 카레는 어때?
소년: 오, 좋은 생각이네. 나는 인도 카레의 맛을 좋아해.

09 ④ 치과 직원이 예약 시간으로 2시 30분이 어떤지 물었지만 학교 수업이 3시에 끝나서 3시 30분으로 예약했다.
• make an appointment 약속을 정하다
• appointment 약속, 예약
• available 가능한, 이용할 수 있는

W: Hello. Dr. Song's Dental Clinic. How may I help you?
B: Hi. My name is Brian Thompson. I'd like to make an appointment.
W: Okay. How about Wednesday, June 23rd?
B: Wednesday, June 23rd? That's good. What time is available?
W: Is 2:30 okay with you?
B: Oh, my school finishes at three.
W: There's time at 3:30. Can you come then?
B: Yes. Sounds good. Thanks.

여자: 안녕하세요. Dr. Song의 치과입니다. 무엇을 도와드릴까요?
소년: 안녕하세요, 제 이름은 Brian Thompson입니다. 예약을 하고 싶은데요.
여자: 네. 6월 23일 수요일은 어때요?
소년: 6월 23일 수요일이요? 좋아요. 몇 시가 가능한가요?
여자: 2시 30분 괜찮으세요?
소년: 아, 저희 학교가 3시에 끝나요.
여자: 3시 30분에 시간이 있습니다. 그때 올 수 있어요?
소년: 네. 좋습니다. 고맙습니다.

10 ③ 테니스공은 소파 밑에 있다.
• court 코트
• racket 라켓
• under ~ 아래에
• couch 긴 의자, 소파

G: Dad, I'm going to the tennis court.
M: Okay.
G: I have my tennis racket, but I can't find my balls. Do you know where they are?
M: Aren't they on the table?
G: No, they're not.
M: What about in the box?
G: No, they're not there.
M: Look under the couch.
G: There they are.

소녀: 아빠, 저 테니스장에 가려고 해요.
남자: 그래.
소녀: 제 테니스 라켓은 있는데 제 공들을 찾을 수가 없어요. 그것들이 어디에 있는지 아세요?
남자: 테이블 위에 있지 않니?
소녀: 아니요, 없어요.
남자: 상자 안에는?
소녀: 아니요, 거기 없어요.
남자: 소파 밑을 보렴.
소녀: 저기 있네요.

11 ① 고양이는 소파 위에서 자고 있다.
• toy 장난감
• snake 뱀
• fishbowl 어항
• headphone 헤드폰

① M: A cat is playing with the toy snake.
② M: A white dog is sitting on the chair.
③ M: A fish is swimming in the fishbowl.
④ M: A boy with headphones on is listening to music.

① 남자: 고양이 한 마리가 장난감 뱀을 가지고 놀고 있다.
② 남자: 하얀 개 한 마리가 의자에 앉아 있다.
③ 남자: 물고기 한 마리가 어항에서 헤엄치고 있다.
④ 남자: 헤드폰을 쓴 한 남자아이가 음악을 듣고 있다.

12 ③ 친구를 다른 친구에게 소개해 주는 장면이다.
• miss 놓치다
• weather 날씨
• warm 따뜻한
• sunny 화창한

① G: Suho, you're late today.
   B: I'm sorry. I missed the bus.
② G: What's the weather like today?
   B: It's warm and sunny.
③ G: Meet my friend, Sam.
   B: Nice to meet you, Sam.
④ G: I'm hungry. Let's have some sandwiches.

① 소녀: 수호야, 오늘 지각했구나.
   소년: 미안해. 내가 버스를 놓쳤어.
② 소녀: 오늘 날씨가 어때?
   소년: 따뜻하고 화창한 날씨야.
③ 소녀: 내 친구 Sam이야.
   소년: 만나서 반가워, Sam.
④ 소녀: 배고파. 샌드위치를 좀 먹자.
   소년: 좋아.

정답	JUMP UP 받아쓰기(스크립트)	해석
	B: Sounds good.	

13 ④ 세나는 주말에는 운동을 쉬고, 준수가 주말에 탁구를 한다.
- often 자주
- table tennis 탁구
- on weekends 주말마다

B: Sena, what <u>exercises</u> do you do?
G: I do yoga and jump rope.
B: How <u>often</u> do you exercise?
G: I do yoga on Monday, Wednesday, and Friday.
B: What about jump rope?
G: I jump rope every day after school. So five <u>times</u> a week. What about you, Junsu?
B: I play table tennis on <u>weekends</u>.
G: I take a rest on weekends.

소년: 세나야, 너는 어떤 운동을 하니?
소녀: 나는 요가와 줄넘기를 해.
소년: 얼마나 자주 운동하는데?
소녀: 나는 월요일, 수요일, 금요일에 요가를 해.
소년: 줄넘기는 어때?
소녀: 나는 매일 방과 후에 줄넘기를 해. 그래서 일주일에 다섯 번. 너는 어때, 준수야?
소년: 나는 주말마다 탁구를 해.
소녀: 나는 주말에는 쉬어.

14 ③ 수학 문제 풀기를 어려워하는 친구를 도와주는 대화이다.
- favor 부탁, 호의
- difficulty 어려움
- divide 나누다
- understand 이해하다

G: Can you do me a <u>favor</u>?
B: Sure. What is it?
G: I'm having <u>difficulty</u> solving this math problem.
B: Let's see. You have to <u>divide</u> 12 by 4 first.
G: Divide 12 by 4? And then?
B: Then you should add 6.
G: Okay. Now I <u>understand</u>. Thanks.

소녀: 부탁 하나만 들어줄래?
소년: 응. 그게 뭔데?
소녀: 내가 이 수학 문제를 푸는 데 어려움을 겪고 있거든.
소년: 어디 보자. 먼저 12를 4로 나누어야 해.
소녀: 12를 4로 나누라고? 그러고 나서는?
소년: 그런 다음 6을 더해야 해.
소녀: 응. 이제 알겠어. 고마워.

15 ④ 우체국의 위치를 묻는 질문에 우체국에서 편지를 부칠 수 있다는 응답은 자연스럽지 않다.
- order 주문하다
- wrong 잘못된, 틀린
- museum 박물관
- stop 정거장
- post office 우체국
- letter 편지

① M: I'd like to <u>order</u> two hot dogs.
W: Are they for here or to go?
② M: You don't look well. What's <u>wrong</u>?
W: I think I have a bad cold.
③ M: How can I get to the <u>museum</u>?
W: Take bus number 45. It's three stops from here.
④ M: Can you tell me where the post office is?
W: You can send <u>letters</u> at the post office.

① 남자: 핫도그 두 개 주문할게요.
여자: 여기서 드실 건가요, 아니면 가지고 가실 건가요?
② 남자: 안색이 안 좋아 보여요. 무슨 일이에요?
여자: 감기가 심하게 걸린 것 같아요.
③ 남자: 박물관에 어떻게 갈 수 있나요?
여자: 45번 버스를 타세요. 여기서 세 정거장이에요.
④ 남자: 우체국이 어디에 있는지 말씀해 주시겠어요?
여자: 우체국에서 편지를 보낼 수 있어요.

16 ④ 여름 방학이 시작하는 다음 날인 7월 19일에 미술 전시회를 가기로 했다.
- art show 미술 전시회
- Friday 금요일
- Saturday 토요일
- summer vacation 여름 방학

B: Let's go to the Van Gogh <u>art show</u>.
G: Sounds good! How about this Friday?
B: Is it July 15th? I can't. How about <u>Saturday</u>?
G: I have a badminton <u>match</u> on that day.
B: Okay. When does summer vacation <u>begin</u>?
G: It starts on July 18th.
B: Then how about the next day, July 19th?
G: Great!

소년: 반 고흐 미술 전시회에 가자.
소녀: 좋아! 이번 금요일 어때?
소년: 7월 15일이야? 난 못 가. 토요일은 어때?
소녀: 그날 난 배드민턴 경기가 있어.
소년: 좋아. 여름 방학은 언제 시작하지?
소녀: 7월 18일에 시작해.
소년: 그럼 다음 날인 7월 19일은 어때?
소녀: 좋아!

17 ① 마지막으로 들은 장소

G: Oh, no! Where's my <u>cell phone</u>?

소녀: 오, 안 돼! 내 휴대 전화는 어디 있지?

정답	JUMP UP 받아쓰기(스크립트)	해석

가 가게이므로 그곳에 가자는 응답이 이어져야 하고 충분한 물이 있다는 말은 응답으로 알맞지 않다.

- remember 기억하다
- maybe 아마도
- bought buy(사다)의 과거형
- store 가게

B: Where did you have it last?
G: I remember I used it at school.
B: Maybe you left it there.
G: No, I put it in my bag.
B: Then we bought some water at the store.
G: Oh, yeah. We went to the store.
B: _____

소년: 마지막으로 어디서 갖고 있었니?
소녀: 학교에서 사용했던 걸로 기억해.
소년: 아마 네가 거기다 놔두고 왔나 봐.
소녀: 아니, 내가 그걸 가방에 넣었어.
소년: 그러고 나서 우리는 가게에서 물을 좀 샀지.
소녀: 아, 그래. 우리는 가게에 갔었어.
소년: _____
① 우리는 충분한 물이 있어. ② 거기 가서 확인해 보자. ③ 오, 네가 그걸 가게에 두고 왔구나. ④ 맞아, 우리는 지금 거기 가는 게 좋을 거야.

18 ① 영수증을 가지고 있냐고 물었으므로 영수증을 건네주며 하는 응답이 자연스럽다.

- return 반품하다, 반환하다
- yellow 노란색의
- receipt 영수증

G: Excuse me. I'd like to return these yellow pants.
M: Okay. Is there anything wrong with them?
G: No. I just don't like them.
M: All right. Do you have the receipt?
G: _____

소녀: 실례합니다. 이 노란색 바지를 반품하고 싶어요.
남자: 알겠습니다. 거기에 무슨 문제라도 있나요?
소녀: 아니요. 그냥 마음에 들지 않아요.
남자: 좋습니다. 영수증을 가지고 있나요?
소녀: _____
① 네, 여기 있어요. ② 그것을 입어 보고 싶어요. ③ 그 노란색 바지는 멋져요. ④ 사흘 전에 그것을 샀어요.

19 ① 축구팀의 포지션을 물었으므로 골키퍼라고 응답하는 것이 알맞다.

- congratulations 축하(인사); 축하해
- exciting 신나는, 흥미진진한
- position (팀 경기에서 선수의) 위치[자리]
- coach (스포츠팀의) 코치

G: Congratulations! I heard your soccer team won the game.
B: Yes, we did. It was an exciting game.
G: I'm happy for you.
B: Thank you. I feel so good.
G: Which position do you play on your team?
B: _____

소녀: 축하해! 너의 축구팀이 경기에서 이겼다고 들었어.
소년: 응, 그랬어. 신나는 경기였어.
소녀: 잘됐다.
소년: 고마워. 기분이 너무 좋아.
소녀: 너는 너의 팀에서 어떤 포지션을 맡고 있니?
소년: _____
① 나는 골키퍼야. ② 나는 매일 축구를 해. ③ 내 코치가 내 옆에 있어. ④ 나는 피아노와 기타를 연주해.

20 ④ 남자아이가 여자의 말이 무슨 의미인지 물었으므로 설명하는 응답이 알맞다.

- stay 머무르다
- busy 바쁜
- rain check 우천 교환권, 다음 기회, 후일의 약속
- umbrella 우산

B: Aunt Em, are you staying here?
W: Yes. Why?
B: Great. Let's go see a movie this weekend.
W: I'll be a little busy. Can I get a rain check?
B: A rain check? What does that mean?
W: _____

소년: Em 이모, 여기 머무르실 건가요?
여자: 그래. 왜?
소년: 좋아요. 이번 주말에 영화 보러 가요.
여자: 내가 좀 바쁠 거야. 우천 교환권을 받아도 될까?
소년: 우천 교환권이요? 그게 무슨 의미죠?
여자: _____
① 밖에 비가 오고 있니? ② 너는 내 우산을 가져가도 돼. ③ 내 말은 네가 날씨를 확인해야 한다는 거야. ④ 그건 우리가 언젠가 다른 때에 가야 한다는 것을 뜻해.

LISTEN UP 실력 높여 보기 본문 98쪽

01 ①   **02** ④   **03** ⑤   **04** ⑤   **05** ④

정답	스크립트	해석

01 ① 호텔 방이 춥다고 말했으므로 불평하는 의도를 담고 있다.
- guest 손님
- stay 머무르다
- manager 매니저
- cold 추운

W: Good evening.
M: Hi. I'm a hotel guest staying in room 1002.
W: Okay. How can I help you?
M: Can I speak with the manager?
W: Sure. I'm the manager.
M: My hotel room is a little cold.

여자: 안녕하세요?
남자: 안녕하세요. 저는 1002호에 묵고 있는 호텔 투숙객입니다.
여자: 네. 어떻게 도와드릴까요?
남자: 매니저와 통화할 수 있을까요?
여자: 물론입니다. 제가 매니저입니다.
남자: 제 호텔 방이 좀 춥습니다.

02 ④ 책 표지 디자인 대회의 날짜, 시간, 요일, 참가 대상은 언급했지만, 준비물은 언급하지 않았다.
- grade 학년
- enter 참가하다
- interested 관심 있는
- sign-up 신청, 등록

W: The Book Cover Design Contest is coming up! It is on Saturday, October 1st. All students from grade 3 to 6 in elementary school are free to enter. You will paint outside from 10 a.m. to 3 p.m. If you're interested, sign up today! Here's the sign-up link.

여자: 책 표지 디자인 대회가 다가오고 있습니다! 그것은 10월 1일 토요일입니다. 초등학교 3학년부터 6학년까지 모든 학생은 자유롭게 참여할 수 있습니다. 여러분은 오전 10시부터 오후 3시까지 밖에서 그림을 그릴 것입니다. 관심이 있다면 오늘 바로 신청하세요! 여기 신청 링크가 있습니다.

03 ⑤ 과제와 시험을 앞두고 걱정하고 있으므로 스트레스를 받는 상황이다.
- homework 숙제, 과제
- grade 성적, 등급
- important 중요한
- finish 끝내다

M: You look down. What's up?
W: I have a lot of homework.
M: Oh. You even have a test this week, don't you?
W: Yes. I worry I will not get a good grade.
M: Your grades aren't everything.
W: I know. But they're important. And I have very little time to finish all of my homework. What can I do?

남자: 기운이 없어 보여요. 무슨 일이에요?
여자: 과제가 많아요.
남자: 오. 당신은 이번 주에 시험도 있잖아요, 그렇죠?
여자: 네. 좋은 성적을 받지 못할까 봐 걱정이에요.
남자: 성적이 전부는 아니에요.
여자: 알아요. 하지만 그것은 중요해요. 그리고 나는 숙제를 다 끝낼 시간이 거의 없어요. 어떻게 해야 할까요?
① 자랑스러운 ② 행복한 ③ 화난 ④ 신난 ⑤ 스트레스를 받는

04 ⑤ 팬케이크를 20개 만들 분량이라 밀가루가 더 필요하다고 했다.
- strawberry 딸기
- pancake 팬케이크
- butter 버터
- sugar 설탕
- flour 밀가루
- enough 충분한
- right away 당장

W: Let's make strawberry pancakes tomorrow morning.
M: Good idea. I know we have butter, sugar and eggs.
W: And we have milk, strawberries, and a little flour.
M: Do we have enough flour?
W: How many pancakes should we make?
M: About twenty.
W: Then we need some more flour.
M: Okay. I'll buy some right away.

여자: 내일 아침에 딸기 팬케이크를 만듭시다.
남자: 좋은 생각이에요. 버터, 설탕, 달걀이 있는 걸로 알아요.
여자: 그리고 우리는 우유, 딸기, 그리고 약간의 밀가루가 있어요.
남자: 밀가루는 충분해요?
여자: 팬케이크를 몇 개 만들어야 하나요?
남자: 한 스무 개 정도요.
여자: 그럼 밀가루가 더 필요해요.
남자: 네. 지금 당장 살게요.

05 ④ 어디에서 입어 보는지 물었으므로 탈의실 위치를 알려주는 말이 이어지는 것이 가장 적절하다.
- try on 입어 보다
- hold on 기다리다
- fitting room 탈의실

W: Can I try on that shirt?
M: Sure. What size do you wear?
W: Large, please.
M: And what color?
W: Blue, please.
M: Okay. Hold on. [Pause] Here you go.
W: Thanks. Where can I try it on?
M: _____

여자: 저 셔츠를 입어 봐도 돼요?
남자: 물론입니다. 어떤 사이즈를 입으시나요?
여자: 라지 사이즈로 주세요.
남자: 그리고 무슨 색으로요?
여자: 파란색으로 부탁합니다.
남자: 네. 잠깐만 기다려 주세요. [잠시 후] 여기 있어요.
여자: 감사합니다. 어디서 입어 볼 수 있나요?
남자: _____

정답	스크립트	해석

① 당신의 새 셔츠가 마음에 들어요. ② 가격이 매우 저렴합니다. ③ 저는 그 셔츠를 사고 싶어요. ④ 탈의실은 저쪽에 있습니다. ⑤ 흰색 셔츠는 입어 볼 수 없습니다.

 **FLY UP**

본문 104~105쪽

01 A When does winter vacation start? / 겨울 방학은 언제 시작해? **02** B Oh, that's a good idea. / 오, 좋은 생각입니다. **03** B It's hot and humid. / 덥고 습해. **04** B I like indoor rock climbing. / 나는 실내 암벽 등반을 좋아해요. **05** A Which position do you play on your team? / 당신은 당신의 팀에서 어떤 포지션을 맡고 있나요? **06** I will bring some blueberries for you. / 당신을 위해 제가 블루베리를 좀 가져다드릴게요. **07** I'll call him right away. / 제가 바로 그에게 전화를 걸게요. **08** I'll buy the Harry Potter costume. / 나는 Harry Potter의 의상을 구입할 거야. **09** What should we wear for our graduation photo? / 우리는 졸업 사진을 위해 무엇을 입어야 할까? **10** It was three stops ago. / 그건 세 정거장 전이었어요.

 **SPEAK UP**

본문 106쪽

01 Two goldfish are swimming in the fishbowl. **02** Let me check the price. **03** I'd like to exchange this watch. **04** I love the taste of sweet chocolate cake. **05** I did 30 minutes of jump rope every day for a month. **06** I'd like to make an appointment for two days and one night. **07** I'm having difficulty completing this puzzle.

Listen & Speak Up 8

WARM UP

본문 107쪽

A **01** amazing, 놀라운 **02** audition, 오디션 **03** expect, 예상하다 **04** match, 경기 **05** shorts, 반바지 **06** sink, 세면대, 싱크대 **07** tight, 꽉 조이는, 몸에 꼭 맞는 **08** wisely, 현명하게 **09** go well, 잘되어 가다 **10** sign up, 등록하다

B **01** shorts **02** match **03** wisely **04** sign up **05** sink **06** tight **07** audition **08** amazing **09** go well **10** expect

LISTEN UP   듣기평가 모의고사 8

01 ④	02 ③	03 ③	04 ②	05 ③	06 ③	07 ③	08 ③	09 ④	10 ④
11 ④	12 ③	13 ①	14 ④	15 ④	16 ④	17 ④	18 ②	19 ①	20 ④

정답	JUMP UP 받아쓰기(스크립트)	해석
01 ④ 여자아이는 구입한 치마를 더 큰 사이즈로 교환하려고 한다. • exchange 교환하다 • tight (옷이 몸에) 꽉 조이는 [딱 붙는] • size 크기, 치수	M: Hello. Do you need some help? G: Yes. I'd like to exchange this skirt. It's too tight. M: All right. What size would you like? G: Large, please. M: Here you go. G: Thank you.	남자: 안녕하세요. 도움이 필요하세요? 소녀: 네. 저는 이 치마를 교환하고 싶어요. 그건 너무 꽉 끼어서요. 남자: 알겠습니다. 어떤 사이즈를 원하나요? 소녀: 라지로 주세요. 남자: 여기 있습니다. 소녀: 고맙습니다.
02 ③ 남자아이는 지출 일기를 쓰기 위해 공책을 사러 간다고 했다. • spending diary 지출 일기 • wisely 현명하게	B: I'm going to buy a notebook. G: For what? B: I'm going to keep a spending diary. G: A spending diary? B: Yes. By keeping a spending diary, I hope I can spend my money wisely. G: Good idea.	소년: 나는 공책을 한 권 살 거야. 소녀: 뭐 하려고? 소년: 나는 지출 일기를 쓰려고 해. 소녀: 지출 일기? 소년: 응. 지출 일기를 써서 내 돈을 현명하게 쓰고 싶어. 소녀: 좋은 생각이야.
03 ③ 남자아이는 잠자리에 들기 전에 방을 청소하라는 엄마의 말을 따라 자신의 방을 치우겠다고 했다. • finish 끝내다 • messy 어지러운, 지저분한 • right away 바로, 당장	B: Mom, I'm home. W: Where did you go? B: I played basketball with my friends. W: Good. But have you finished your homework? B: Yeah. I finished it yesterday. W: Good. Look! Your room is so messy. Before you go to sleep, you need to clean up your room. B: Okay. I will clean my room right away.	소년: 엄마, 저 집에 왔어요. 여자: 어디 갔었니? 소년: 제 친구들과 농구를 했어요. 여자: 좋아. 그런데 숙제는 끝냈니? 소년: 네. 어제 다 끝냈어요. 여자: 잘했어. 봐! 네 방이 아주 지저분하구나. 잠자리에 들기 전에, 네 방을 치워야겠구나. 소년: 알겠어요. 지금 바로 제 방을 치울게요.
04 ② 간식 자판기를 사용하는 방법을 설명하고 있다. • vending machine 자판기 • item 물품, 품목 • cash slot 현금 투입구 • enter 입력하다 • come out 나오다	W: This is how to use a snack vending machine. Find the snack you want to buy. Check the price and item number. Put your money into the cash slot. Enter the snack's code. The snack will come out.	여자: 이것이 간식 자판기를 사용하는 방법입니다. 여러분이 사고 싶은 간식을 찾으세요. 가격과 품목 번호를 확인하세요. 돈을 현금 투입구에 넣으세요. 간식의 코드를 입력하세요. 간식이 나올 거예요.
05 ③ 치약은 세면대 위 비누 옆에 있다고 했다. • toothpaste 치약 • shelf 선반	G: I can't find the toothpaste, Dad. M: Isn't it on the shelf? G: On the shelf? No. The shampoo is there. M: What about on the floor?	소녀: 치약을 찾을 수가 없어요, 아빠. 남자: 선반 위에 있지 않니? 소녀: 선반 위에요? 아니요. 삼푸가 거기 있어요. 남자: 바닥은 어때?

정답	JUMP UP 받아쓰기(스크립트)	해석

• sink 세면대
• probably 아마도

G: No. It's not there.
M: Then it's probably next to the soap on the sink.
G: Ah, there it is.

소녀: 아니요. 거기 없어요.
남자: 그러면 그건 아마도 세면대 위에 비누 옆에 있겠구나.
소녀: 아, 거기 있네요.

06 ③ 여동생은 짧은 곱슬머리에, 반바지를 입고 테니스 라켓을 들고 있다.
• curly 곱슬머리의
• short 짧은
• cute 귀여운

B: That's my younger sister. She has short curly hair. She's wearing shorts. She and I play tennis together every day. She likes tennis very much. She has her own tennis racket. My sister is so cute and kind.

소년: 저 애는 내 여동생이에요. 그녀는 짧은 곱슬머리를 가졌어요. 그녀는 반바지를 입고 있어요. 그녀와 나는 매일 같이 테니스를 쳐요. 그녀는 테니스를 매우 좋아해요. 그녀는 자신의 테니스 라켓을 가지고 있어요. 내 여동생은 너무 귀엽고 친절해요.

07 ③ 여자아이의 아버지 직업은 간호사이다.
• parents 부모
• nurse 간호사
• surprising 놀라운
• baker 제빵사

B: What do your parents do?
G: My mom is a teacher, and my dad is a nurse.
B: Your dad is a nurse?
G: Yes, that's right. Why?
B: My dad is a nurse, too. How surprising!
G: What about your mom?
B: She's a baker.

소년: 너희 부모님은 무슨 일을 하시니?
소녀: 나의 엄마는 선생님이고 나의 아빠는 간호사야.
소년: 너의 아빠가 간호사라고?
소녀: 응, 맞아. 왜?
소년: 나의 아빠도 간호사야. 정말 놀랍다!
소년: 너희 엄마는?
소년: 그녀는 제빵사야.

08 ③ 오늘은 수요일이지만 국경일이기 때문에 도서관이 문을 닫는다고 했다.
• library 도서관
• every month 매달
• national holiday 국경일

B: Mom, I'm going to the library. I'll be back before dinner.
W: Brian, I think the library is closed.
B: Why is the library closed today?
W: The library is closed on the first and third Tuesday of every month.
B: But today is Wednesday.
W: Oh, yeah. But today is a national holiday. So the library is closed.

소년: 엄마, 저 도서관에 가요. 저녁 먹기 전에 돌아올게요.
여자: Brian, 도서관이 문이 닫힌 것 같은데.
소년: 오늘 도서관은 왜 문을 닫아요?
여자: 도서관은 매월 첫째 주와 셋째 주 화요일에 문을 닫아.
소년: 하지만 오늘은 수요일이에요.
여자: 오, 맞아. 하지만 오늘은 국경일이야. 그래서 도서관이 문을 닫아.

09 ④ 어렸을 때는 개를 세 마리 키웠지만 지금은 거북 한 마리와 고양이 한 마리를 키운다.
• animal doctor 수의사
• countryside 시골
• turtle 거북

G: I love pets. So I want to be an animal doctor. When I was younger, I lived in the countryside. My family had three little cute dogs. Now I have a turtle and a cat. My turtle's name is Diego. My cat's name is Timothy. I love them very much.

소녀: 저는 반려동물을 사랑합니다. 그래서 저는 수의사가 되고 싶어요. 제가 더 어렸을 때, 저는 시골에 살았어요. 저의 가족은 귀여운 작은 개 세 마리를 키웠어요. 지금은 거북 한 마리와 고양이 한 마리를 키워요. 제 거북의 이름은 Diego예요. 제 고양이 이름은 Timothy예요. 저는 그들을 매우 사랑합니다.

10 ④ 노란색 바탕에 안경을 쓴 분홍색 수박 조각이 있는 스마트폰 케이스이다.
• smartphone case 스마트폰 케이스
• gift 선물
• watermelon 수박
• slice 조각

G: Did you buy your new smartphone case?
B: No. I got it as a gift. It's from my sister.
G: Cool. I love the yellow color.
B: Me, too. And the pink watermelon slice is so cute.
G: The watermelon is even wearing glasses.
B: Yeah. I really like it.

소녀: 스마트폰 케이스를 새로 샀니?
소년: 아니. 난 그걸 선물로 받았어. 내 여동생으로부터 받은 거야.
소녀: 멋지다. 노란색이 마음에 들어.
소년: 나도 그래. 그리고 분홍색 수박 조각이 정말 귀여워.
소녀: 그 수박은 심지어 안경도 쓰고 있어.
소년: 응. 정말 마음에 들어.

정답	JUMP UP 받아쓰기(스크립트)	해석

11 ④ Main Street를 따라 두 블록 곧장 걸어가서 First Street에서 오른쪽으로 돌면 왼쪽에 기차역이 보인다고 했다.
• train station 기차역

G: Excuse me. Can you tell me where the train station is?
M: Sure. Go along Main Street for two blocks.
G: Go straight for two blocks?
M: Yes. And turn right on First Street.
G: Go straight and turn right on First Street?
M: Yes. Then you will see the train station on your left.
G: Thank you.

소녀: 실례합니다. 기차역이 어디 있는지 알려 주실 수 있으세요?
남자: 물론이죠. Main Street를 따라 두 블록 가세요.
소녀: 두 블록 곧장 가라고요?
남자: 네. 그리고 First Street에서 오른쪽으로 도세요.
소녀: 곧장 가다가 First Street에서 우회전이요?
남자: 네. 그러면 왼쪽에 기차역이 보일 겁니다.
소녀: 고맙습니다.

---

12 ③ 패스트푸드점에서 주문을 받는 상황이다.
• try on ~을 입어 보다
• return 반납하다
• online 온라인으로

① M: Do you want to try it on?
② M: Where do I return this book?
③ M: What would you like to have?
④ M: Why don't you take a math class online?

① 남자: 그것을 입어 보시겠어요?
② 남자: 이 책을 어디에서 반납하나요?
③ 남자: 무엇을 드시겠어요?
④ 남자: 온라인으로 수학 수업을 듣는 게 어때요?

---

13 ① 공항에서 출국하는 모습이므로 한국에서 즐거웠고 감사하다며 작별 인사를 나누는 대화가 어울린다.
• visit 방문하다
• chocolate 초콜릿
• full 배부른

① W: Thank you. I had a great time in Korea.
  M: You're welcome. Please come visit me again, Emily.
② W: I'd like to buy this green bag.
  M: Okay. Here you are.
③ W: Would you like some chocolate?
  M: No, thanks. I'm full.
④ W: We're running late. Let's take a taxi.
  M: Good idea.

① 여자: 고맙습니다. 저는 한국에서 즐겁게 지냈어요.
  남자: 천만에요. 나를 다시 방문해 주세요, Emily.
② 여자: 저는 이 녹색 가방을 사고 싶어요.
  남자: 좋아요. 여기 있습니다.
③ 여자: 초콜릿을 드시겠어요?
  남자: 사양하겠어요. 배불러요.
④ 여자: 우리 늦겠어요. 택시를 타요.
  남자: 좋은 생각이에요.

---

14 ④ 찾고 있는 물건은 보라색 배낭이고 잃어버린 장소는 지하철이다.
• subway 지하철
• handle 손잡이
• purple 보라색의

W: How can I help you?
B: Hi, I think I left my backpack on the subway.
W: Okay. What does it look like?
B: It has two large pockets and a handle.
W: What color is it?
B: It's purple.
W: I'm sorry. We don't have it. We only have a green backpack.

여자: 무엇을 도와드릴까요?
소년: 안녕하세요, 지하철에 내 배낭을 두고 내린 것 같아요.
여자: 알겠습니다. 그것은 어떻게 생겼나요?
소년: 큰 포켓 두 개와 손잡이가 달려 있어요.
여자: 무슨 색이에요?
소년: 보라색이에요.
여자: 죄송합니다. 우리에게 없습니다. 초록색 배낭만 있어요.

---

15 ④ 지난주에 무엇을 했는지 묻는 말에 새 청바지를 살 것이라고 응답하는 것은 자연스럽지 않다.
• refund 환불
• upset 속상한
• a pair of 한 벌의

① W: Hello. Do you need some help?
  B: Yes, please. I'd like to get a refund for this shirt.
② W: What would you like to drink?
  B: I'd like a glass of orange juice, please.
③ W: My smartphone is broken. I'm very upset.
  B: That's too bad.
④ W: What did Minji do last week?

① 여자: 안녕하세요. 도움이 필요하신가요?
  소년: 네, 그렇습니다. 이 셔츠를 환불받고 싶은데요.
② 여자: 마실 것은 무엇으로 하시겠어요?
  소년: 오렌지주스 한 잔 주세요.
③ 여자: 내 스마트폰이 고장 났어. 정말 속상해.
  소년: 안됐군요.
④ 여자: 민지는 지난주에 무엇을 했니?
  소년: 그녀는 새 청바지를 한 벌 살 거예요.

정답	JUMP UP 받아쓰기(스크립트)	해석

B: She is going to buy a <u>pair</u> of new jeans.

---

16 ④ 축구팀이 열심히 연습하고 이길 것이라고 생각했지만 경기에 져서 실망했다.
- final 결승의, 마지막의
- match 경기
- practice 연습하다
- hard 열심히
- go well 잘되어 가다
- teammate 같은 팀의 사람
- even 심지어

B: Yesterday, my soccer team lost our <u>final match</u>. My team practiced so hard every day from Monday through Saturday. We expected we would win. But it didn't <u>go well</u>. Some of my <u>teammates</u> even cried.

소년: 어제 우리 축구팀이 결승전에서 졌습니다. 우리 팀은 월요일부터 토요일까지 매일 아주 열심히 연습했습니다. 우리는 우리가 이길 것이라고 생각했어요. 하지만 잘되지 않았습니다. 몇몇 팀원들은 심지어 울기도 했습니다.
① 행복한 ② 지루한 ③ 신이 난 ④ 실망한

---

17 ④ 감기에 걸려 약을 먹고 있다는 말에 약국이 있는 곳을 가르쳐 주는 것은 어색하다.
- see a doctor 의사에게 보이다, 의사의 진찰을 받다
- medicine 약
- drugstore 약국

M: You don't look so good, Lin.
G: I have a <u>bad cold</u>.
M: That's <u>too bad</u>. Have you seen a doctor?
G: Yes. I'm taking <u>medicine</u>.
M: _____

남자: 안색이 별로 안 좋아 보여, Lin.
소녀: 심한 감기에 걸렸어요.
남자: 그것 참 안됐구나. 의사의 진찰은 받았니?
소녀: 네. 약을 먹고 있어요.
남자: _____
① 나는 네가 곧 낫길 바라. ② 뜨거운 차를 마시고 쉬어. ③ 집에 가서 좀 쉬어라. ④ 저기 약국이 있어.

---

18 ② 오디션에 합격해 줄리엣 역을 맡은 여자아이가 첫 연습이 언제인지 물었으므로 연습 시간을 알려 주는 응답이 알맞다.
- audition 오디션
- play ~의 역을 맡아서 하다
- awesome 놀라운
- practice 연습하다; 연습

G: Mr. Robinson, did I pass the <u>audition</u>?
M: Yes. You'll <u>play</u> Juliet.
G: Wow, that's <u>awesome</u>! I'm so happy!
M: You'll be perfect. And we'll get together and <u>practice</u> three days a week.
G: That's cool. When is the first practice?
M: _____

소녀: Robinson 선생님, 제가 오디션에 합격했나요?
남자: 그래, 너는 줄리엣 역을 맡을 거야.
소녀: 와, 정말 놀라워요! 정말 기뻐요!
남자: 넌 완벽할 거야. 그리고 일주일에 3일 모여서 연습할 거야.
소녀: 그거 멋지네요. 첫 연습은 언제예요?
남자: _____
① 음악실에서 있어. ② 내일 오후 2시야. ③ 연습은 완벽을 만들지. ④ 미안해, 나는 지금 매우 바빠.

---

19 ① 주스를 사 준다고 하는 말에 감사 인사를 했으므로 '천만에'라는 응답이 가장 어울린다.
- mean 의미하다
- pay 지불하다
- expensive 비싼

B: Let's drink some juice.
W: Okay. The juice is <u>on me</u>.
B: "The juice is on me"? What does it <u>mean</u>?
W: It means, "I will <u>pay for</u> the juice."
B: I see. Thanks!
W: _____

소년: 우리 주스를 마셔요.
여자: 그래. 주스는 내가 살게.
소년: "The juice is on me?" 그게 무슨 뜻이에요?
여자: "내가 주스값을 내겠다."라는 뜻이야.
소년: 알겠어요. 감사합니다!
여자: _____
① 천만에. ② 주스는 매우 비싸. ③ 다른 거 마시자. ④ 나는 오렌지주스를 가장 좋아해.

---

20 ④ 겨울 방학을 어떻게 지냈느냐는 물음에 영어 공부를 했다는 대답이 응답으로 알맞다.
- cousin 사촌
- travel 여행하다
- zoo 동물원

G: Hi, Jimin. Long time no see.
B: Hi, Rebecca. How was your winter <u>vacation</u>?
G: It was so <u>great</u>. I visited my cousin in New Zealand.
B: Cool! What did you do with your

소녀: 안녕, 지민아. 오랜만이야.
소년: 안녕, Rebecca. 겨울 방학 어떻게 지냈어?
소녀: 너무 좋았어. 나는 뉴질랜드에 있는 사촌을 방문했어.
소년: 멋지다! 사촌이랑 뭐 했어?
소녀: 그곳은 여름이었거든. 그래서 우리는 여행을 많

정답	JUMP UP 받아쓰기(스크립트)	해석
• Saturday 토요일	<u>cousin</u>? G: It was summer there. So we <u>travelled</u> a lot. How was your vacation? B: _____	이 했어. 너의 방학은 어땠어? 소년: _____ ① 나는 스페인으로 여행을 갈 거야. ② 나는 뉴질랜드에 가고 싶어. ③ 나는 이번 주 토요일에 동물원에 갈 거야. ④ 나는 방학 동안 영어를 공부했어.

♪ LISTEN UP 실력 높여 보기

본문 112쪽

01 ① 02 ① 03 ⑤ 04 ④ 05 ③

정답	스크립트	해석
01 ① 'I'm with you.'는 상대편의 말에 동의할 때, 쓰는 표현으로 '네 말에 동의해.'라는 뜻이다. • enjoy 즐기다 • amazing 놀라운, 굉장한	M: How did you like the movie? Did you enjoy it? W: The movie was so amazing! How did you like it? M: I loved it, too. How about pizza for dinner? W: I'm with you.	남자: 그 영화 어땠어요? 즐거우셨나요? 여자: 그 영화는 매우 놀라웠어요! 당신은 어땠나요? 남자: 저도 너무 좋았어요. 저녁으로 피자 어때요? 여자: 좋아요.
02 ① 수영 강습 등록 방법, 강습 요일, 강습 횟수, 수강 제한 인원은 언급했으나 강습비는 언급하지 않았다. • sign up for ~을 신청하다, ~에 등록하다	M: Do you want to sign up for a swimming class? Here's how to sign up. Enter your name and phone number. Then click the red button. We have swimming lessons on Tuesdays and Thursdays. They are twice a week. The class has a limit of 8 people.	남자: 수영 수업을 신청하고 싶으세요? 여기 등록하는 방법이 있습니다. 이름과 전화번호를 입력하십시오. 그런 다음 빨간색 버튼을 클릭합니다. 우리는 화요일과 목요일마다 수영 수업이 있습니다. 일주일에 두 번입니다. 그 수업은 여덟 명으로 제한되어 있습니다.
03 ⑤ 여자는 그리운 삼촌이 오지 않는다는 소식을 듣고 실망한 심정이다. • vacation 휴가, 방학 • business trip 출장	W: Dad, who was that on the phone? M: It was your uncle Bob. W: Did he say he's coming this vacation? M: No. Actually, he's going on a business trip to France. W: Oh, no. I really wanted to see him. M: I know. He wanted to see you, too.	여자: 아빠, 누가 전화했어요? 남자: 네 삼촌 Bob이었어. 여자: 그가 이번 휴가에 온다고 했나요? 남자: 아니. 사실 그는 프랑스로 출장을 간대. 여자: 오, 안 돼요. 저는 정말 그를 보고 싶었어요. 남자: 알아. 그도 역시 너를 보고 싶어 했어. ① 걱정하는 ② 흥분한 ③ 기쁜 ④ 만족한 ⑤ 실망한
04 ④ 두 사람은 불꽃놀이 쇼를 보러 가기로 했고 남자는 샌드위치를 준비한다고 했다. • fireworks 불꽃놀이, 폭죽 • mat 깔개, 매트	M: I'm so excited for the weekend. Where should we go for a picnic? W: I heard there's a fireworks show at Rose Garden Park this weekend. M: Awesome! Let's go there. I really want to see the fireworks. W: Okay. I'll bring a picnic mat and some water. M: All right. I'll prepare some sandwiches. W: Great!	남자: 주말이 너무 기대돼요. 어디로 소풍을 갈까요? 여자: 이번 주말에 Rose Garden 공원에서 불꽃놀이 쇼가 있다고 들었어요. 남자: 훌륭하네요! 거기로 갑시다. 저는 불꽃놀이를 정말 보고 싶어요. 여자: 알겠어요. 저는 피크닉 매트와 물을 좀 가지고 올게요. 남자: 좋아요. 저는 샌드위치를 준비할게요. 여자: 좋아요!

정답	스크립트	해석
05 ③ 학교 벼룩시장에 같이 가도 되는지 묻는 물음에 모든 사람이 와도 된다는 응답이 가장 적절하다. • flea market 벼룩시장 • playground 운동장 • set up 세우다, 설치하다 • secondhand goods 중고 물품 • look around 구경하다, 둘러보다	W: Ron, where are you going? M: I'm going to my school flea market. W: Where is it? M: It's in the school playground. W: What are you going to do there? M: I'm going to set up a booth and sell secondhand goods. W: Can I go, too? M: _____	여자: Ron, 어디 가는 거야? 남자: 내 학교 벼룩시장에 가. 여자: 어디서 하는데? 남자: 학교 운동장에서 해. 여자: 너 거기서 뭐 할 건데? 남자: 나는 부스를 설치하고 중고 물건들을 팔 거야. 여자: 나도 가도 돼? 남자: _____ ① 나는 엄마를 위한 선물을 살 거야. ② 그냥 구경하고 있어. ③ 물론이지. 모두 환영이야. ④ 나는 꽃집에 갈 거야. ⑤ 슈퍼마켓에 가자.

FLY UP

본문 118~119쪽

01 A What size would you like? / 당신은 어떤 사이즈로 하시겠어요?　　**02** A Who was that on the phone? / 전화한 사람 누구였어요?　　**03** B No, thanks. I'm full. / 아니요, 괜찮습니다. 전 배불러요.　　**04** A When is the first practice? / 첫 연습은 언제예요?　　**05** B It has two large pockets and a handle. / 큰 포켓 두 개와 손잡이가 달려 있어요.　　**06** My soccer team won our semi-final match. / 내 축구팀이 준결승전에서 이겼어요.　　**07** We thought we would win. / 우리는 우리가 이길 것이라고 생각했어요.　　**08** I will pay for the juice. / 주스값은 제가 낼게요.　　**09** I am planning to visit my cousin in New Zealand. / 저는 뉴질랜드에 있는 사촌을 방문할 계획이에요.　　**10** Do you want to sign up for a dance class? / 당신은 댄스 수업에 등록하고 싶으세요?

SPEAK UP

본문 120쪽

01 Then you will see the train station on your left.　　**02** The movie was so amazing!　　**03** Do you want to try it on?　　**04** The chocolate milk and bread are on me.　　**05** Some of my teammates got up and cheered.　　**06** She is going to buy a pair of rain boots.　　**07** My dream is to become an animal doctor.

Listen & Speak Up 9

WARM UP

본문 121쪽

A　**01** fever, 열　**02** allowance, 용돈　**03** spend, (돈·시간을) 쓰다　**04** wallet, 지갑
　　05 quiet, 조용한　**06** take off, ~을 벗다　**07** get off, 내리다　**08** mistake, 실수
　　09 turn on, ~을 켜다　**10** bright, 밝은

B　**01** fever　**02** spend　**03** wallet　**04** get off　**05** mistake
　　06 allowance　**07** quiet　**08** off　**09** turn　**10** bright

♪ LISTEN UP　듣기평가 모의고사 9

본문 122~131쪽

01 ④	02 ④	03 ④	04 ②	05 ②	06 ①	07 ①	08 ③	09 ③	10 ④
11 ①	12 ②	13 ④	14 ③	15 ③	16 ①	17 ④	18 ④	19 ①	20 ②

정답	JUMP UP 받아쓰기(스크립트)	해석
01 ④ 여자아이는 우유병을 열지 못해 지호에게 부탁했고 지호도 못 열어서 아빠에게 부탁하기로 한다. • bottle 병 • either (부정문에서) 역시, 또한	G: Hey, Jiho. Can you <u>help</u> me? B: Sure. What do you want? G: I can't <u>open</u> this milk bottle. B: Okay, I will open it for you. G: Can you? B: Wait! *[Pause]* Oh, I <u>can't</u> open it, either. G: I'll <u>ask</u> Dad to open it.	소녀: 이봐, 지호야. 나를 도와줄 수 있어? 소년: 물론이지. 무엇을 원하니? 소녀: 내가 이 우유병을 열 수가 없어. 소년: 알겠어, 네가 너를 위해 그것을 열어 줄게. 소녀: 할 수 있어? 소년: 기다려! *[잠시 후]* 어, 나도 역시 그것을 열 수 없는데. 소녀: 내가 아빠께 그것을 열도록 부탁할게.
02 ④ 남자아이는 머리가 아프고 어지러우며 열이 높아서 진찰을 받기 위해 부모님께 먼저 전화를 걸기로 했다. • headache 두통 • dizzy 어지러운 • temperature 체온 • fever 열 • parents 부모	W: What's wrong? B: I have a <u>headache</u>. I feel dizzy, too. W: I'll check your temperature. B: Okay. *[Pause]* W: Oh, you have a high <u>fever</u>. I think you should see a doctor. B: All right. W: You should <u>call</u> your parents <u>first</u>. B: Okay, I will.	여자: 어디가 안 좋아? 소년: 머리가 아파요. 또, 어지러워요. 여자: 내가 열을 잴게. 소년: 알겠어요. *[잠시 후]* 여자: 어, 너는 열이 높아. 의사의 진찰을 받아야겠어. 소년: 알겠어요. 여자: 너의 부모님께 먼저 전화해야 해. 소년: 알겠어요, 그럴게요.
03 ④ 남자아이에게 내일 농구 시합 결승전이 있어서 엄마가 특별한 저녁 식사를 준비하였다. • ready 준비된 • even 심지어 • final 마지막의 • Help yourself. 마음껏 드세요.	W: Dinner is <u>ready</u>, Tom. B: Okay. I'm coming. W: Why don't you <u>sit</u> <u>down</u>? B: All right. Wow. There is so much delicious food. It's not even my birthday today. W: Haha. Your <u>final</u> basketball game is tomorrow. B: So you made a special dinner. W: That's right! <u>Help</u> yourself.	여자: 저녁 준비되었다, Tom. 소년: 알겠어요. 가고 있어요. 여자: 앉는 게 어떠니? 소년: 알겠어요. 와. 맛있는 음식이 너무 많아요. 심지어 오늘 제 생일도 아닌데요. 여자: 하하. 너의 마지막 농구 시합이 내일이잖아. 소년: 그래서 특별한 저녁 식사를 만드셨군요. 여자: 맞아! 많이 먹거라.
04 ② 어디에나 있는 바이러스로부터 우리를 보호하는 방법을 설명하고 있다. • a few 몇몇의 • virus 바이러스 • protect 보호하다 • often 자주	M: A few years ago, COVID-19 hit the world. Like COVID-19, viruses are <u>everywhere</u>. To <u>protect</u> ourselves from them, we should do some things. We should <u>exercise</u> a lot. We should eat vegetables and fruits. And we should wash our hands <u>often</u>.	남자: 몇 년 전에, 코로나19가 세계를 강타했다. 코로나19처럼 바이러스는 어디에나 있다. 그들로부터 우리를 보호하기 위하여 우리는 몇 가지 일을 해야 한다. 우리는 운동을 많이 해야 한다. 우리는 채소와 과일을 먹어야 한다. 그리고 우리는 손을 자주 씻어야 한다.
05 ② 버스터미널에서 경복	M: What are you <u>looking</u> <u>at</u>?	남자: 무엇을 보고 있니?

정답	JUMP UP 받아쓰기(스크립트)	해석

궁까지 걸리는 시간을 묻고 있다.

- app 앱
- how long 얼마나 오래
- stop 정거장
- convenient 편리한

G: I'm checking the time, Grandpa.
M: Oh, is that a subway app?
G: Yes. It tells us the time from the bus terminal to Gyeongbok Palace.
M: Oh, good. How long will it take?
G: _____

소녀: 시간을 확인하고 있어요, 할아버지.
남자: 오, 그게 지하철 앱이니?
소녀: 네. 그것은 우리에게 버스터미널에서 경복궁까지의 시간을 알려 줘요.
남자: 어, 좋구나. 얼마나 걸리니?
소녀: _____
① 12정거장이에요. ② 22분 걸릴 거예요. ③ 지하철을 타요. ④ 그것은 아주 유용하고 편리해요.

06 ① 남자아이는 음식에 7달러, 펜과 같은 작은 것들에 4달러, 은행에 2달러를 넣고 나머지 2달러는 지갑에 넣는다.

- allowance 용돈
- spend 돈 on ~ ~에 (돈을) 쓰다
- each 각각의
- rest 나머지
- wallet 지갑

B: I get 15 dollars for my allowance every week. I spend 7 dollars on food each week. On weekends, I buy small things like pens. I spend 4 dollars on those things. I put 2 dollars in the bank every Monday. I put the rest of my allowance in my wallet.

소년: 나는 매주 용돈으로 15달러를 받는다. 나는 매주 음식에 7달러를 쓴다. 주말마다 나는 펜과 같은 작은 물건들을 산다. 나는 그런 것들에게 4달러를 쓴다. 나는 월요일마다 은행에 2달러를 넣는다. 나는 용돈의 나머지를 지갑에 넣는다.

07 ① 두 아이는 곧 비가 올 거 같은데 우산을 가져오지 않아서 학생회에 빌리러 갈 것이다.

- cloudy 흐린
- student council 학생회
- borrow 빌리다

B: It's cloudy. It'll rain soon.
G: Right. Did you bring an umbrella?
B: No, it was sunny this morning.
G: I didn't, either. We should go to the student council room.
B: Student council room? Why?
G: We can borrow umbrellas there.
B: That's good.

소년: 날이 흐리네. 곧 비가 올 거야.
소녀: 맞아. 너는 우산 가져왔니?
소년: 아니, 오늘 아침에는 맑았거든.
소녀: 나도 역시 안 가져왔어. 우리 학생회실에 가야 해.
소년: 학생회실? 왜?
소녀: 우리는 거기에서 우산을 빌릴 수 있어.
소년: 그거 좋네.

08 ③ 여자는 더 조용한 곳을 원하고 카페 Green이 더 조용한 곳이다.

- doughnut 도넛
- noisy 시끄러운
- quiet 조용한
- quieter 더 조용한(quiet의 비교급)

M: I'm hungry. Let's go and get some doughnuts.
W: Okay. Where do you want to go?
M: How about Kong Café? The doughnuts are really big there.
W: Well, it's so noisy there. Let's go to Café Green.
M: All right. It's quiet there.
W: Yeah. Let's go to the quieter place.

남자: 나는 배고파. 가서 도넛을 좀 먹자.
여자: 좋아. 어디 가고 싶어?
남자: Kong 카페 어때? 거기에는 도넛이 정말 커.
여자: 음, 거기는 너무 시끄러워. 카페 Green으로 가자.
남자: 좋아. 그곳은 조용하지.
여자: 응. 더 조용한 곳으로 가자.

09 ③ 칠레는 겨울에 따뜻하고 여름에 춥다.

- narrow 좁은
- country 나라
- Spanish 스페인어

G: I learned about Chile today. It is in South America. It is a very long and narrow country. It is warm in winter and cold in summer. People in Chile speak Spanish.

소녀: 나는 오늘 칠레에 대해 배웠다. 그것은 남아메리카에 있다. 그것은 매우 길고 좁은 나라이다. 겨울에는 따뜻하고 여름에는 춥다. 칠레 사람들은 스페인어를 말한다.

10 ④ Steve는 John과 통화가 되지 않아 문자를 확인하라는 말을 메시지로 남기고 있다.

[Telephone rings.]
B: Hello. May I speak to John?
W: Sorry, he's taking a shower. Who's

[전화벨이 울린다.]
소년: 여보세요. 제가 John과 통화할 수 있을까요?
여자: 미안한데, 그는 샤워 중이야. 누구니?

정답	JUMP UP 받아쓰기(스크립트)	해석

• take a shower 샤워하다
• message 메시지
• text message 문자 메시지

calling?
B: I'm his friend, Steve.
W: Oh, Steve. Can I take a <u>message</u> for you?
B: Sure, thanks. I <u>sent</u> John some text messages. Please tell him <u>to check</u> them.
W: Okay, I will.

소년: 저는 그의 친구 Steve입니다.
여자: 아, Steve. 널 위해 내가 말을 전해 줄까?
소년: 네, 고마워요. 제가 John에게 문자를 좀 보냈어요. 그에게 그것들을 확인해 보라고 말씀해 주세요.
여자: 그래, 그렇게.

---

11 ① 수빈이가 체육 시간에 겉옷을 벗어서 벤치 위에 두었다고 추측한 것으로 보아 겉옷은 벤치 위에 있다.
• name tag 이름표
• take off ~을 벗다

G: What is that?
B: Oh, it's a <u>jacket</u>.
G: Check the <u>name</u> tag on it.
B: Okay. *[Pause]* Oh, it's Subin's jacket.
G: Maybe she <u>took off</u> her jacket in PE class.
B: Right. And she left it on the bench and <u>forgot</u> to take it.
G: Let's bring it to Subin.
B: Okay.

소녀: 저거 뭐야?
소년: 어, 그거 겉옷인데.
소녀: 그 위에 이름표를 확인해 봐.
소년: 알겠어. *[잠시 후]* 어, 그거 수빈이 겉옷인데.
소녀: 아마 체육 시간에 겉옷을 벗었나 봐.
소년: 맞아. 그리고 그녀는 그것을 벤치에 두고 가져가는 것을 잊었지.
소녀: 그것을 수빈이에게 가져다주자.
소년: 좋아.

---

12 ② 몇 달 후에 중국으로 돌아갈 판다에 관해 이야기를 나누고 있다.
• a few 몇몇의
• month 달, 월
• a lot of 많은

B: Jessy, did you <u>hear</u> the news?
G: What news?
B: The panda Ming is going <u>back</u> to China.
G: Really? When?
B: Maybe a few <u>months</u> later.
G: Oh, I love her.
B: Why don't we go see her this weekend?
G: Sounds good. I'll take a lot of <u>pictures</u> of her.

소년: Jessy, 너는 그 뉴스 들었어?
소녀: 무슨 뉴스?
소년: 판다 밍이 중국으로 돌아갈 거래.
소녀: 정말? 언제?
소년: 아마 몇 달 후에.
소녀: 아, 나는 그녀가 너무 좋은데.
소년: 이번 주말에 그녀를 보러 가는 게 어때?
소녀: 좋아. 그녀 사진을 많이 찍을 거야.

---

13 ④ Dear Grandma로 시작하는 것으로 보아 할머니에게 편지를 쓰고 있다.
• elderly woman 노부인
• wait for ~을 기다리다

① W: The elderly woman is <u>reading</u> a letter.
② W: The elderly woman is <u>waiting for</u> the boy.
③ W: The boy is <u>singing</u> for his grandmother.
④ W: The boy is writing a <u>letter</u> to his grandmother.

① 여자: 노부인이 편지를 읽고 있다.
② 여자: 노부인은 소년을 기다리고 있다.
③ 여자: 소년은 할머니에게 노래를 불러 주고 있다.
④ 여자: 소년은 할머니에게 편지를 쓰고 있다.

---

14 ③ 파티를 하고 있으므로 여자아이는 환영의 말을, 남자아이는 감사의 말을 하는 것이 자연스럽다.
• dish 요리
• help oneself 마음껏 먹다
• invite 초대하다

① G: All the dishes are <u>delicious</u>.
　 B: Thanks. Help yourself to some more.
② G: Hi. Is Fred <u>home</u>?
　 B: Yes. He's in his room.
③ G: Welcome to my party!
　 B: Thank you for <u>inviting</u> me.
④ G: Can you come to my birthday party?
　 B: Of course. <u>When</u> is it?

① 소녀: 모든 요리가 맛있어.
　 소년: 고마워. 좀 더 먹어.
② 소녀: 안녕. Fred가 집에 있어?
　 소년: 응. 그는 방에 있어.
③ 소녀: 내 파티에 온 것을 환영해!
　 소년: 나를 초대해 줘서 고마워.
④ 소녀: 나의 생일 파티에 올 거니?
　 소년: 물론이지. 언제야?

---

15 ③ 점심을 먹지 않은 이유를 묻는 말에 스파게티가 맛

① M: May I take your order?
　 W: Sure. <u>I'd like</u> a hamburger.

① 남자: 주문하시겠어요?
　 여자: 네. 저는 햄버거를 선택할게요.

정답	JUMP UP 받아쓰기(스크립트)	해석

있었다는 말은 자연스럽지 않다.
- order 주문
- how often 얼마나 자주
- once 한 번

② M: What's your favorite music?
　W: I love hip-hop.
③ M: Why didn't you have lunch?
　W: The spaghetti was so delicious.
④ M: How often do you exercise?
　W: About once a week.

② 남자: 가장 좋아하는 음악은 무엇인가요?
　여자: 저는 힙합을 좋아해요.
③ 남자: 왜 점심을 먹지 않았어요?
　여자: 스파게티가 정말 맛있었어요.
④ 남자: 얼마나 자주 운동하나요?
　여자: 대략 일주일에 한 번 해요.

16 ① 남자아이는 수요일부터 금요일까지 축구하고, 토요일에는 엄마를 도왔고 일요일에는 아빠와 도보 여행을 갔다.
- busy 바쁜
- practice 연습
- go hiking 도보 여행 가다

G: Brian, you look tired.
B: Yeah, I am really tired. I had a very busy week.
G: What did you do?
B: I had soccer practice every day from Wednesday to Friday.
G: How about on Saturday?
B: I helped my mom. She opened a store.
G: That's cool! What did you do on Sunday?
B: I went hiking with my dad.

소녀: Brian, 너 피곤해 보여.
소년: 응, 난 정말 피곤해. 난 매우 바쁜 주를 보냈거든.
소녀: 무엇을 했는데?
소년: 나는 수요일부터 금요일까지 매일 축구 연습이 있었어.
소녀: 토요일에는 어땠어?
소년: 나는 엄마를 도와드렸어. 그녀는 가게를 열었거든.
소녀: 그거 멋지구나! 너는 일요일에는 뭐 했어?
소년: 아빠와 도보 여행을 갔어.

17 ④ 감자 외에 더 필요한 게 있는지 묻는 말에 가격을 말하는 것은 알맞지 않다.
- potato 감자
- else 그 밖의
- onion 양파
- sweet potato 고구마

W: May I help you?
M: Yes, please. I'd like to buy some potatoes.
W: Okay. How about these ones?
M: Perfect! They look really good!
W: How many do you need?
M: I need four.
W: Do you need anything else?
M: _____

여자: 도와드릴까요?
남자: 네. 저는 감자를 좀 사려고 합니다.
여자: 알겠어요. 이것들은 어떠세요?
남자: 완전히 좋아요! 그것들은 정말 좋아 보여요!
여자: 몇 개 필요하신가요?
남자: 네 개 필요해요.
여자: 그 밖에 다른 것이 필요한가요?
남자: _____
① 저는 양파가 좀 필요해요. ② 고구마가 있나요? ③ 아니요, 그 밖에 다른 것은 필요하지 않아요. ④ 이 감자들은 모두 5달러입니다.

18 ④ 여자의 말을 잘 못 들어서 다시 말해 달라고 하므로 오렌지 노선을 타고 Joy 공원에서 내리라는 말을 반복해서 한다.
- line 노선
- get off 내리다

M: Excuse me, can you tell me the best way to get to Suho Hospital?
W: Sure. You should take the subway.
M: Okay. What line should I take?
W: Take the Orange Line and get off at Joy Park.
M: Oh, sorry! What did you say?
W: _____

남자: 실례합니다만, 수호 병원으로 가는 가장 좋은 길을 말해 주실 수 있나요?
여자: 네. 지하철을 타야 해요.
남자: 알겠어요. 어느 선을 타야 하나요?
여자: 오렌지 노선을 타고 Joy 공원에서 내리세요.
남자: 아, 죄송해요! 뭐라고 말씀하셨죠?
여자: _____
① 수호 병원은 Joy 공원 근처에 있어요. ② 약 30분이 걸릴 거예요. ③ 지하철이 버스보다 더 빨라요. ④ 오렌지 노선을 타고 Joy 공원에서 내리세요.

19 ① 형제자매가 몇 명이 있는지 묻고 있으므로 인원수를 나타내는 말로 응답한다.
- drop off 데려다주다
- kindergarten 유치원
- youngest 가장 어린

B: Where are you going?
G: I'm going to drop off my sister at her kindergarten.
B: Oh, your sister is young.
G: Yeah. She's the youngest.
B: Is she? How many brothers and sisters

소년: 너는 어디 가고 있니?
소녀: 나는 유치원에 내 여동생을 데려다주러 가.
소년: 어, 네 여동생 어리구나.
소녀: 응. 그녀는 제일 어려.
소년: 그래? 너는 형제자매가 몇 명이 있는데?
소녀: _____

정답	JUMP UP 받아쓰기(스크립트)	해석
• oldest 가장 나이가 많은	do you have? G: _____	① 나는 세 명의 자매가 있어. ② 나의 여동생은 6살이야. ③ 그녀는 빨간 치마를 입고 있어. ④ 나는 가족 중 가장 나이 많은 여자아이야.
20 ② 수학 시험에서 쉬운 문제를 놓쳤다는 말에는 위로의 말을 해 주는 것이 알맞다. • difficult 어려운 • mistake 실수 • miss 놓치다 • problem 문제	W: <u>How</u> was your math test? B: It was really <u>difficult</u>. W: You studied really hard for it. B: Yeah, but I made some <u>mistakes</u>. W: That's okay. B: I <u>missed</u> some easy problems. W: _____	여자: 너의 수학 시험은 어땠어? 소년: 그것은 정말 어려웠어요. 여자: 넌 그것을 위해 정말 열심히 공부했는데. 소년: 맞아요, 하지만 몇몇 실수를 했어요. 여자: 괜찮아. 소년: 몇몇 쉬운 문제를 놓쳤어요. 여자: _____ ① 쉬운 문제를 먼저 풀어. ② 힘내! 다음번에 더 잘할 거야. ③ 너의 수학책을 가져오는 것을 잊지 마. ④ 네가 열심히 공부하지 않으면 더 많은 실수를 할 거야.

♫ **LISTEN UP** 　실력 높여 보기　　　　　　　　　　　　　　본문 126쪽

01 ③　**02** ①　**03** ⑤　**04** ③　**05** ⑤

정답	스크립트	해석
01 ③ 딸이 친구네 집에 가서 연락이 되지 않아 아빠는 많이 걱정하였다. • notice 인지하다, 알아차리다 • battery 배터리, 전지 • die 죽다, 없어지다 • worried 걱정하는 • contact 연락하다	M: Katie, why are you so late? G: Sorry! I didn't notice the time. M: Where were you? G: I was at my friend Sora's house. M: But why didn't you answer my phone call? G: My phone battery died. M: Oh, I was so worried because I couldn't contact you. G: I'm so sorry, Dad!	남자: Katie, 너는 왜 늦었니? 소녀: 죄송해요! 시간 가는 줄 몰랐어요. 남자: 너는 어디 있었는데? 소녀: 친구 소라네 집에 있었어요. 남자: 하지만 너는 왜 내 전화를 받지 않았니? 소녀: 제 전화기 배터리가 없었어요. 남자: 어, 너에게 연락을 할 수 없어서 너무나 걱정했어. 여자: 정말 죄송해요, 아빠!
02 ① 어두울 때 방을 밝혀 주는 것은 전구이다. • set (해·달이) 지다 • past 과거 • candle 양초 • these days 요즘 • turn on ~을 켜다	M: When the sun sets, it is dark outside. Then, we can't see anything. So we need this. In the past, people used candles to make a room bright. These days we just turn this on. Then the room is bright.	남자: 태양이 질 때 밖은 어둡다. 그러면 우리는 아무것도 볼 수 없다. 그래서 우리는 이것이 필요하다. 과거에는 사람들은 방을 밝게 하기 위하여 양초를 사용했다. 요즘은 우리는 그냥 이것을 켠다. 그러면 방은 밝다.
03 ⑤ 여자가 받고 싶은 테니스 강습은 화요일과 금요일, 6시에 2시간씩 한다고 언급되었으나 강사에 대해서는 언급되지 않았다. • sign up 등록하다	M: How can I help you, ma'am? W: Hi, I'd like to sign up for tennis lessons. M: All right. Our tennis lessons are on Tuesdays and Fridays. W: That's good. At what time? M: At 6 p.m. Every lesson lasts two hours.	남자: 어떻게 도와드릴까요, 고객님? 여자: 안녕하세요, 저는 테니스 강습에 등록하고 싶어요. 남자: 알겠습니다. 우리 테니스 강습은 화요일과 금요일에 있어요. 여자: 잘됐군요. 몇 시에 있나요?

정답	스크립트	해석

• last 지속되다

W: Okay. I'll sign up for the class.
M: Great. Can I have your name?
W: My name is Amanda Jackson.

남자: 오후 6시에 있어요. 모든 강습은 두 시간 지속됩니다.
여자: 좋아요. 제가 그 반에 등록할게요.
남자: 좋아요. 이름을 말씀해 주시겠어요?
여자: 저의 이름은 Amanda Jackson입니다.

04 ③ 여자아이는 설악산에 아빠와 갔지만 케이블카를 타지는 않았다.
• weekend 주말
• rode ride(타다)의 과거형
• cable car 케이블카
• area 지역

B: Jimin, did you have a good weekend?
G: Yes. It was really good. I went to Seoraksan.
B: Cool. With whom?
G: With my dad. He drove his car.
B: You rode the cable car, right?
G: No. We went to the picnic area and ate some sandwiches.

소년: 지민아, 즐거운 주말을 보냈니?
소녀: 응. 정말 좋았어. 나는 설악산에 갔어.
소년: 멋지다. 누구랑?
소녀: 아빠와 함께. 그가 차를 운전하셨어.
소년: 너는 케이블카를 탔지, 맞지?
소녀: 아니. 우리는 소풍지로 가서 샌드위치를 먹었어.

05 ⑤ 실종자가 무엇을 입고 있었는지 물었으므로 옷에 대해 설명하는 것이 응답으로 가장 알맞다.
• report 신고하다
• missing 실종된
• get on 타다

W: Excuse me, but I'd like to report something.
M: What is it?
W: I got a message about a man missing. I think I saw the missing man.
M: Oh. Can you tell me more?
W: Sure. An old man got on the subway at Yongsan. I gave my seat to him.
M: What was he wearing?
W: _____

여자: 실례지만, 저는 뭔가를 신고하려고 합니다.
남자: 그것이 무엇인가요?
여자: 저는 실종자에 대한 메시지를 받았어요. 제가 그 실종자를 본 거 같아요.
남자: 아. 더 말씀해 주시겠습니까?
여자: 네. 한 노인이 용산에서 지하철을 탔어요. 제가 그 분에게 제 자리를 내주었어요.
남자: 그는 무엇을 입고 있었나요?
여자: _____
① 그는 약 65kg이었습니다. ② 그는 그때 실종이었습니다. ③ 그는 저의 할아버지입니다. ④ 그는 저보다 키가 컸습니다. ⑤ 그는 하얀 셔츠를 입고 있었어요.

본문 132~133쪽

01 B Of course. When is it? / 물론이야. 언제니? **02** A How many do you need? / 당신은 몇 개가 필요한가요?
03 A Why didn't you answer my phone call? / 너는 왜 내 전화를 받지 않았니? **04** A Excuse me, but I'd like to report something. / 실례지만, 저는 뭔가를 신고하려고 합니다. **05** A What was he wearing? / 그는 무엇을 입고 있었나요? **06** We should wash our hands often. / 우리는 자주 손을 씻어야 한다. **07** I spend 7 dollars on food each week. / 나는 매주 음식에 7달러를 쓴다. **08** I had a very busy week. / 나는 매우 바쁜 주를 보냈다. **09** What did you say? / 당신은 무엇이라고 말했습니까? **10** I'll sign up for the class. / 저는 그 수업에 등록하겠습니다.

본문 134쪽

01 Do you have a fever? **02** Can you tell me the best way to the airport? **03** How many brothers or sisters do you have? **04** I was so worried because I couldn't contact you. **05** Every lesson lasts three hours. **06** He was wearing an orange T-shirt and green pants. **07** Can you tell me more?

Listen & Speak Up 10

WARM UP

A
01 anymore, 이제, 더 이상　02 guest, 손님　03 leave, 떠나다
04 prefer, 더 좋아하다, 선호하다　05 stage, 무대　06 survey, (설문) 조사
07 on sale, 할인 중인, 판매되는　08 take care of, ~을 돌보다, ~을 (책임지고) 맡다
09 transportation, 교통, 운수, 운송　10 wait for, ~을 기다리다

B
01 survey　02 transportation　03 stage　04 guest　05 prefer
06 wait, for　07 leave　08 take care of　09 on sale　10 anymore

LISTEN UP | JUMP UP

LISTEN UP　듣기평가 모의고사 10

| 01 ② | 02 ① | 03 ④ | 04 ④ | 05 ② | 06 ① | 07 ② | 08 ① | 09 ③ | 10 ④ |
| 11 ④ | 12 ② | 13 ④ | 14 ③ | 15 ② | 16 ③ | 17 ① | 18 ③ | 19 ④ | 20 ② |

정답	JUMP UP 받아쓰기(스크립트)	해석
01 ② 남자아이는 함께 줄넘기하기 위해 친구를 기다리고 있다고 했다. • wait for ~을 기다리다 • library 도서관 • jump rope 줄넘기하다	G: Hi, Jim. Who are you <u>waiting</u> for? B: I'm waiting for Eric. G: Are you two going to the library? B: No. We're going to the <u>gym</u>. G: What are you going to do there? B: We're going to <u>jump rope</u> together.	소녀: 안녕, Jim. 누구를 기다리고 있어? 소년: Eric을 기다리고 있어. 소녀: 너희 둘은 도서관에 가니? 소년: 아니. 우리는 체육관에 갈 거야. 소녀: 거기서 뭐 할 건데? 소년: 우린 함께 줄넘기할 거야.
02 ① 김치볶음밥을 만들기 위한 재료를 확인하다가 햄과 달걀이 필요해서 장을 먼저 보기로 했다. • grocery shopping 장보기	G: Let's make some kimchi fried rice. B: Sounds good. Do we have <u>onions</u>? G: Yes. We <u>also</u> have some kimchi. B: How about ham and eggs? G: Oh, we don't have any ham and eggs. B: Let's go <u>grocery shopping</u> then. G: Okay.	소녀: 김치볶음밥을 만들자. 소년: 좋아. 우리 양파 있니? 소녀: 그래. 김치도 있어. 소년: 햄과 달걀은 어때? 소녀: 오, 우리는 햄과 달걀이 하나도 없어. 소년: 그럼 장을 보러 가자. 소녀: 그래.
03 ④ 친구의 생일파티를 위해 남자아이는 음악 재생 목록을, 여자아이는 시원한 음료를 준비하기로 했다. • guest 손님 • already 이미, 벌써 • take care of ~을 책임지고 맡다 • prepare 준비하다	B: Hey, Katie. Let's plan Brian's birthday party. G: Okay. We need to make a <u>guest</u> list. B: Jane <u>already</u> made it. G: Great. How about making a <u>music playlist</u>? B: I'll <u>take care of</u> it. G: Then I'll prepare some cool drinks.	소년: 안녕, Katie. Brian의 생일파티를 계획하자. 소녀: 좋아. 우린 손님 명단을 만들어야 해. 소년: Jane이 이미 그걸 만들었어. 소녀: 좋아. 음악 재생 목록을 만드는 건 어때? 소년: 그건 내가 맡을게. 소녀: 그럼 난 시원한 음료를 준비할게.

정답	JUMP UP 받아쓰기(스크립트)	해석

04 ④ 교통 카드에 돈을 충전하는 방법을 설명하고 있다.
- transportation 교통
- machine 기계
- choose 선택하다
- amount 양
- subway 지하철

M: Do you want to add money to your transportation card? It's <u>simple</u>. First, put your card in the machine. Second, choose the <u>amount</u> of money you want to add. Third, put the money in. Now you have more money on your <u>transportation</u> card. You can use it for a bus or <u>subway</u>.

남자: 교통 카드에 돈을 추가하고 싶은가요? 그건 간단해요. 먼저, 당신의 카드를 기계에 넣으세요. 두 번째, 추가하기 원하는 금액을 선택하세요. 셋째, 돈을 넣으세요. 이제 당신은 교통 카드에 더 많은 돈을 갖게 되었어요. 당신은 그것을 버스나 지하철에 사용할 수 있습니다.

---

05 ② 블라우스는 마음에 들지만, 색깔이 어울리지 않아 바꾸고 싶다고 했다.
- look good on ~에 잘 어울리다
- exchange 교환하다

G: I bought this white blouse last <u>weekend</u>. I like it, but my mom says the color doesn't <u>look good</u> on me. I'd like to <u>exchange</u> it for a <u>different</u> color. Is it okay?

소녀: 지난 주말에 이 흰색 블라우스를 샀어요. 저는 그것이 마음에 드는데, 엄마는 색깔이 저한테 안 어울린다고 하십니다. 다른 색깔로 그것을 교환하고 싶어요. 그렇게 해도 괜찮을까요?

---

06 ① 종이를 올려놓고 용지 크기를 정하고 시작 버튼을 누르는 것은 복사기 사용법이다.
- machine 기계
- piece 조각, 단편, 일부분
- press 누르다
- work 작동하다

B: Excuse me. Do you know <u>how to</u> use this machine?
W: Yes. First, put the <u>piece</u> of paper on the machine.
B: So I put the paper here?
W: Yes. Now, <u>choose</u> the paper size. Then press the START button.
B: Okay. It's <u>working</u>. Thank you.

소년: 실례합니다. 이 기계를 어떻게 사용하는지 아세요?
여자: 네. 먼저, 종이를 기계에 올려놓으세요.
소년: 그러니까 여기에 종이를 놓아요?
여자: 네. 이제, 용지 크기를 선택하세요. 그런 다음 '시작' 버튼을 누르세요.
소년: 알겠어요. 작동하네요. 감사합니다.

---

07 ② 여자아이는 갈비탕, 남자아이는 비빔밥을 주문하겠다고 말했다.
- prefer A to B B보다 A를 더 선호하다
- order 주문하다

G: Minsu, what do we have for lunch? There are *galbitang*, *bibimbap*, and *bulgogi* on the menu.
B: Which one do you want to have, Becky?
G: I <u>already</u> had *bulgogi* yesterday. So <u>I'd like</u> *galbitang*. What about you, Minsu?
B: I <u>prefer</u> *bibimbap* to *galbitang*. I will get *bibimbap*.
G: Okay, then I will <u>order</u> one *bibimbap* and one *galbitang*.

소녀: 민수야, 우리 점심 뭐 먹을까? 메뉴에는 갈비탕, 비빔밥, 불고기가 있어.
소년: Becky, 넌 어떤 걸 먹고 싶어?
소녀: 나는 어제 이미 불고기를 먹었어. 그래서 갈비탕으로 할게. 민수야, 너는 어때?
소년: 난 갈비탕보다 비빔밥이 더 좋아. 난 비빔밥으로 할게.
소녀: 좋아, 그럼 내가 비빔밥 하나와 갈비탕 하나를 주문할게.

---

08 ① 남자아이는 체육 수업을 통해 운동을 할 수 있고, 스포츠와 게임을 하는 것이 재미있어서 체육 시간을 좋아한다고 했다.
- PE 체육
- art 미술
- express 표현하다
- feeling 감정, 느낌

W: What's your favorite <u>subject</u>?
B: I like PE the best.
W: Why do you like PE?
B: I love PE class because I can get some <u>exercise</u>. Also, sports and games are fun to play.
W: When I was young, I loved art class.
B: Why?
W: With colors, I could <u>express</u> my feelings.

여자: 네가 좋아하는 과목이 뭐니?
소년: 저는 체육이 제일 좋아요.
여자: 왜 체육을 좋아하니?
소년: 저는 운동을 할 수 있어서 체육 수업을 좋아해요. 또한 스포츠와 게임을 하는 것이 재미있어요.
여자: 어렸을 때, 나는 미술 수업을 좋아했어.
소년: 왜요?
여자: 색깔로, 나는 내 감정을 표현할 수 있었거든.

---

09 ③ 밤늦게까지 여는 도서

W: Visit the library late at <u>night</u>. The library

여자: 밤늦게 도서관을 방문하세요. 도서관은 화요일

정답	JUMP UP 받아쓰기(스크립트)	해석

관에서 도서 대출과 반납을 할 수 있다고 했다.

- late 늦은
- until ~까지
- check out (책 등) 빌리다
- return 반납하다
- machine 기계
- quiet 조용한
- space 공간

stays open until 9 p.m. on Tuesdays and Thursdays. You can check out and return books until late at night. You can also study for school. The library has a coffee machine and offers free WiFi. Come and use the library's quiet space at night.

과 목요일에 오후 9시까지 문을 엽니다. 당신은 늦은 밤까지 책을 빌리고 반납할 수 있습니다. 당신은 또한 학교 공부를 할 수도 있어요. 도서관에는 커피 머신이 있고 무료 와이파이를 제공해요. 와서 도서관의 조용한 공간을 밤에 이용하세요.

---

10 ④ 여자아이는 다음 주 토요일에 이탈리아로 여행을 떠날 계획이다.

- vacation 방학, 휴가
- travel 여행하다
- cool 멋진
- leave 떠나다
- trip 여행

G: Winter vacation starts tomorrow.
B: I'm so happy. This Friday I'm going to China. What are you going to do on vacation?
G: I'm going to travel to Italy.
B: Cool! When are you leaving?
G: I'm going to leave next Saturday.
B: Have a good trip!

소녀: 내일 겨울 방학이 시작돼.
소년: 정말 행복해. 이번 주 금요일에 난 중국에 갈 거야. 넌 방학에 뭘 할 거야?
소녀: 나는 이탈리아로 여행 갈 거야.
소년: 멋지다! 언제 떠나니?
소녀: 다음 주 토요일에 떠나.
소년: 여행 잘 다녀와!

---

11 ④ 필통은 책상 위, 의자 아래가 아닌 침대 위에 있다고 했다.

- pencil case 필통
- finish 마치다
- under ~ 아래에
- chair 의자
- either (부정문에서) ~도[또한/역시] (그렇다)

B: Mom, where's my pencil case?
W: You put it on your desk after you finished your homework.
B: On my desk? No, it's not there.
W: Then how about under your chair?
B: It's not there, either.
W: Is it on your bed?
B: Oh, yes. It's on my bed.
W: Good.

소년: 엄마, 내 필통 어딨어요?
여자: 숙제를 다 한 후에 책상 위에 놓았잖아.
소년: 내 책상 위에요? 아니요, 거기 없어요.
여자: 그럼 네 의자 아래는 어때?
소년: 거기에도 없어요.
여자: 침대 위에 있니?
소년: 아, 네. 침대 위에 있어요.
여자: 좋아.

---

12 ② 6달러짜리 모자를 50 퍼센트 할인해서 3달러에 샀다고 말했다.

- baseball cap 야구 모자
- expensive 비싼
- normally 보통은, 보통 때는
- on sale 할인 중인

W: Your baseball cap is really cool.
B: Thanks. I bought it last Sunday.
W: Was it expensive?
B: No. It's normally 6 dollars.
W: So did you get it on sale?
B: Yes. It was 50% off. So I paid only 3 dollars.

여자: 네 야구 모자가 아주 멋지구나.
소년: 고맙습니다. 지난 일요일에 샀어요.
여자: 그것은 비쌌니?
소년: 아니요. 보통 그건 6달러예요.
여자: 그래서 넌 그걸 할인해서 샀니?
소년: 네. 50퍼센트 할인이었어요. 그래서 3달러만 냈어요.

---

13 ④ 여자아이는 학교 급식을 좋아하며 "Excellent"를 선택할 건지 묻는 말에 그럴 거라고 대답했다.

- wait for ~을 기다리다
- excellent 아주 좋은

M: What are you doing?
G: I'm answering a question about our school lunch.
M: Oh. Do you like the school lunch?
G: Of course. So I always wait for lunch time.
M: Then are you choosing "Excellent"?
G: Yes, I am.

남자: 뭐 하고 있니?
소녀: 우리 학교 급식에 관한 질문에 답하고 있어요.
남자: 오. 너는 학교 급식을 좋아하니?
소녀: 물론이죠. 그래서 저는 항상 점심시간을 기다려요.
남자: 그럼 너는 "Excellent"를 선택할 거니?
소녀: 네, 그럴 거예요.

---

14 ③ 그림에 5 : 3이라고 쓰여 있으므로 경기 상황을 묻고

① G: Where is my baseball bat?
  B: It's under the table.

① 소녀: 내 야구 배트는 어디 있어?
  소년: 탁자 밑에 있어.

정답	JUMP UP 받아쓰기(스크립트)	해석
답하는 대화가 어울린다. • bat 야구 배트 • practice 연습	② G: It's cold outside. 　B: Okay, I will wear my coat. ③ G: How's the game going? 　B: Our team is winning 5 to 3. ④ G: When is our soccer practice? 　B: We don't have soccer practice today.	② 소녀: 바깥 날씨가 추워. 　소년: 응, 코트를 입을게. ③ 소녀: 경기는 어떻게 되고 있어? 　소년: 우리 팀이 5대 3으로 이기고 있어. ④ 소녀: 우리 축구 연습은 언제야? 　소년: 오늘은 축구 연습이 없어.
15 ② 토요일에 무엇을 할 것인지 묻는 말에 지난 토요일에 한 일을 말하는 것은 자연스럽지 않다. • grade 학년, 등급 • Saturday 토요일 • afraid 두려운 • worry 걱정하다	① G: What grade are you in? 　B: I'm in 6th grade. ② G: What will you do on Saturday? 　B: I went roller-skating last Saturday. ③ G: When is your birthday? 　B: It's June 17th. ④ G: I'm so afraid. I can't swim. 　B: Don't worry. I can teach you.	① 소녀: 너는 몇 학년이니? 　소년: 나는 6학년이야. ② 소녀: 토요일에 뭐 할 거야? 　소년: 지난 토요일에 롤러스케이트를 타러 갔어. ③ 소녀: 네 생일이 언제야? 　소년: 6월 17일이야. ④ 소녀: 너무 무서워. 난 수영을 못해. 　소년: 걱정하지 마. 내가 너에게 가르쳐 줄 수 있어.
16 ③ 연날리기에 적당하게 바람이 부는지 남자아이가 날씨를 확인해 본다고 했다. • nothing 아무것[일]도 ~ 없음 • special 특별한 • fly 날리다 • kite 연 • windy 바람이 부는 • enough 충분한	G: What are you going to do this afternoon? B: Nothing special. G: I would like to fly a kite. B: Can I come with you? G: Sure. Do you think it is windy enough to fly a kite? B: I'll check the weather on my cell phone.	소녀: 오늘 오후에 뭐 할 거야? 소년: 특별한 건 없어. 소녀: 나는 연을 날리고 싶어. 소년: 나도 같이 가도 돼? 소녀: 물론이지. 연을 날릴 만큼 충분히 바람이 부는 것 같니? 소년: 내 휴대 전화로 날씨를 확인해 볼게.
17 ① 집에서 차고 세일을 한다고 했으므로 장난감 가게의 위치를 묻는 응답은 적절하지 않다. • garage 차고 • garage sale (사람이 자기 집 차고에서 하는) 중고 물품 판매 • clothes 옷, 의복	G: John, you should come over to my house this Saturday. B: Why? G: I'm going to have a garage sale. B: Oh. What are you selling? G: I'm selling clothes, board games, and toys. B: ＿＿＿＿＿＿＿＿＿＿＿＿	소녀: John, 이번 토요일에 우리 집에 와야 해. 소년: 왜? 소녀: 차고 세일을 하거든. 소년: 아. 무엇을 팔려고? 소녀: 나는 옷, 보드게임, 그리고 장난감을 팔 거야. 소년: ＿＿＿＿＿＿＿＿＿＿＿＿ ① 장난감 가게는 어디에 있니? ② 가고 싶지만 못 가. ③ 근사하게 들려! 거기 갈게. ④ 차고 세일은 몇 시에 시작하니?
18 ③ 샴푸를 주문하는 것을 잊었으므로 가게에 가서 사겠다는 응답이 어울린다. • order 주문하다 • forgot forget(잊다)의 과거형 • need to ~해야 한다 • wash 씻다, 깨끗이 하다	W: Ron, I'm home. B: Hi, Mom. Did you order shampoo? W: Shampoo? No, I didn't. I'm sorry. I forgot. B: I need to wash my hair. W: ＿＿＿＿＿＿＿＿＿＿＿＿	여자: Ron, 나 왔다. 소년: 안녕, 엄마. 샴푸 주문하셨어요? 여자: 샴푸? 아니, 안 했어. 미안하구나. 내가 잊어버렸어. 소년: 저 머리 감아야 해요. 여자: ＿＿＿＿＿＿＿＿＿＿＿＿ ① 그건 비누 옆에 있어. ② 맞아. 잊지 않을게. ③ 가게에서 샴푸를 살게. ④ 이것은 너를 위한 특별한 샴푸야.
19 ④ 자전거 타는 법을 배우고 싶다는 친구에게 가르쳐	G: Harry, are you busy now? B: Not really.	소녀: Harry, 지금 바쁘니? 소년: 별로.

정답	JUMP UP 받아쓰기(스크립트)	해석
주겠다고 응답하는 것이 자연스럽다. • busy 바쁜 • ride 타다 • teach 가르쳐 주다	G: Can you help me? B: Sure. What is it? G: I'd like to <u>learn</u> how to <u>ride</u> a bike. B: _____	소녀: 나 좀 도와줄래? 소년: 물론이지. 뭔데? 소녀: 자전거 타는 법을 배우고 싶어. 소년: _____ ① 응, 부탁해. ② 내 자전거는 낡았어. ③ 괜찮아. 배불러. ④ 좋아. 내가 가르쳐 줄게.
20 ② 설문 조사를 도와줄 수 있는지 묻는 말에 수락하고 어떻게 하는지 물었으므로 방법을 말하는 응답이 알맞다. • busy 바쁜 • survey 설문 조사 • spend (돈 등을) 쓰다	B: Minji, you look very busy. G: Yes. I'm making some <u>survey questions</u>. Can you help me with my survey? B: Sure. What is it about? G: It's about how you <u>spend</u> your money. B: Okay. How can I <u>take</u> the survey? G: _____	소년: 민지, 너 매우 바빠 보인다. 소녀: 그래. 설문 조사 문제를 만들고 있거든. 내 설문 조사 좀 도와줄 수 있니? 소년: 물론. 무엇에 관한 건데? 소녀: 그건 네가 돈을 어떻게 쓰느냐에 관한 거야. 소년: 알겠어. 설문 조사에 어떻게 참여할 수 있어? 소녀: _____ ① 응, 넌 할 수 있어. ② 여기 설문 조사 링크가 있어. ③ 그게 정답이야. ④ 너는 언제든 나에게 물어봐도 돼.

🎵 LISTEN UP   실력 높여 보기

01 ③   **02** ④   **03** ⑤   **04** ②   **05** ⑤

정답	스크립트	해석
01 ③ 콘서트에 초대하는 말에 물론 그렇게 하겠다며 수락하고 있다. • drummer 드럼 연주자 • concert 콘서트, 음악회	M: Hi, Lucy. Where are you going? W: I'm going to my school band practice. M: Sounds fun. You're the drummer, right? W: Yes. We're having a concert next Friday. Can you come? M: Sure, I'd love to.	남자: 안녕, Lucy. 너 어디 가? 여자: 학교 밴드 연습에 가는 중이야. 남자: 재미있겠다. 넌 드럼 연주자야, 맞지? 여자: 그래. 다음 주 금요일에 콘서트가 있어. 올 수 있니? 남자: 물론이지, 그러고 싶어.
02 ④ 영화의 제목, 출연 배우, 연령 제한, 관람료는 언급하였으나 영화음악에 관해서는 언급하지 않았다. • book 예약하다 • age 나이, 연령 • adult 어른	M: What are you doing? W: I'm booking tickets for the movie *Hannah's Diary*. M: Who is in the movie? W: Jeremy Smith and Katie Collins are in it. M: Can children see it, too? W: Yes. It's open to all ages. M: How much is a ticket? W: 15 dollars for adults, 10 dollars for kids under 14.	남자: 뭐 하고 있어? 여자: 'Hannah's Diary'라는 영화표를 예약하고 있어. 남자: 영화에 누가 나오니? 여자: Jeremy Smith와 Katie Collins가 출연해. 남자: 어린이들도 그것을 볼 수 있니? 여자: 응. 모든 연령대가 볼 수 있어. 남자: 표는 얼마야? 여자: 어른은 15달러, 14세 미만 어린이는 10달러야.
03 ⑤ 남자는 노래 대회를 하루 앞두고 긴장되는 마음을	W: Hi, Eric. How are you doing? M: Not so good.	여자: 안녕, Eric. 어떻게 지내? 남자: 별로 좋지 않아.

정답	스크립트	해석

표현하고 있다.
- contest 대회
- worry 걱정하다
- stage 무대

W: What's wrong?
M: My singing contest is tomorrow.
W: You've practiced a lot. You'll do great.
M: But this is my first time to sing on stage.
W: Don't worry. You'll sing well.

여자: 뭐가 문제인데?
남자: 내일 노래 대회가 있거든.
여자: 연습을 많이 했잖아. 넌 잘할 거야.
남자: 하지만 무대에서 노래하는 것은 이번이 처음이거든.
여자: 걱정하지 마. 넌 노래를 잘할 거야.
① 슬픈 ② 화난 ③ 안심하는 ④ 신이 난 ⑤ 긴장한

04 ② 1~3학년은 7월 1일 월요일, 4~6학년은 7월 5일 금요일이 반납일이다.
- notice 공지
- return 돌려주다, 반납하다
- borrow 빌리다
- begin 시작하다

W: This is a notice from the school library. Please return the books you borrowed before summer vacation begins. 1st, 2nd, and 3rd grade students should return them on Monday July 1st. 4th, 5th, and 6th grade students should return them on Friday, July 5th. Thank you.

여자: 이것은 학교 도서관에서 드리는 공지 사항입니다. 여름 방학이 시작되기 전에 빌린 책을 반납하기 바랍니다. 1, 2, 3학년 학생들은 7월 1일 월요일에 그것들을 반납해야 합니다. 4, 5, 6학년 학생들은 7월 5일 금요일에 그것들을 반납해야 합니다. 감사합니다.

05 ⑤ 게임을 하자는 남자의 제안에 좋은 생각이라고 응답하는 것이 자연스럽다.
- rain cats and dogs 비가 억수같이 쏟아지다, 아주 세차게 비가 오다
- not ~ anymore 더 이상 ~않다
- so long 안녕(작별 인사)

M: It's raining cats and dogs.
W: Yes. It's been raining all day.
M: I'm so bored.
W: Me, too. Watching TV is not fun anymore.
M: Why don't we play computer games?
W: _____

남자: 비가 억수같이 내리고 있어요.
여자: 네. 하루 종일 비가 내리고 있어요.
남자: 너무 심심해요.
여자: 나도요. TV를 보는 것은 더 이상 즐겁지 않아요.
남자: 컴퓨터 게임을 하는 것이 어때요?
여자: _____
① 안녕. ② 전혀 아니에요. ③ 잘됐어요. ④ 천만에요. ⑤ 그거 좋은 생각이에요.

 **FLY UP**

본문 146~147쪽

01 B No. We're going to the gym. / 아니. 우리는 체육관에 갈 거야. **02** B I'm doing okay. / 나는 잘 지내고 있어. **03** B Our team is winning 5 to 3. / 우리 팀이 5대 3으로 이기고 있어요. **04** B I'm in 6th grade. / 나는 6학년이야. **05** B I'm leaving next Saturday. / 저는 다음 주 토요일에 떠납니다. **06** How much is a ticket? / 표는 얼마인가요? **07** It's open to all ages. / 그것은 모든 연령대가 이용할 수 있습니다. **08** Admission is 15 dollars for adults, 10 dollars for kids under 14. / 입장료는 성인은 15달러, 14세 미만 어린이는 10달러입니다. **09** Please return the books you borrowed before summer vacation begins. / 여름 방학이 시작되기 전에 빌린 책을 반납하세요. **10** Watching TV is not fun anymore. / TV를 보는 것은 더 이상 즐겁지 않아요.

 **SPEAK UP**

본문 148쪽

01 I love PE class because I can get some exercise. **02** With colors, I could express my feelings. **03** We need to make a guest list. **04** The library stays open until 9 p.m. **05** Do you know how to use this machine? **06** My mom says the color looks good on me. **07** Do you want to add money to your transportation card?

초등

영어듣기평가
완벽대비
Listen & Speak Up

6-2

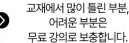

EBS와 함께하는 자기주도 학습 초등·중학 교재 로드맵

		예비 초등	1학년	2학년	3학년	4학년	5학년	6학년
전과목 기본서/평가			**만점왕** 국어/수학/사회/과학 교과서 중심 초등 기본서			**만점왕 통합본** 학기별(8책) **HOT** 바쁜 초등학생을 위한 국어·사회·과학 압축본		
			만점왕 단원평가 학기별(8책) 한 권으로 학교 단원평가 대비					
			기초학력 진단평가 초2~중2 초2부터 중2까지 기초학력 진단평가 대비					
국어	독해		**4주 완성 독해력** 1~6단계 학년별 교과 연계 단기 독해 학습					
	문학							
	문법							
	어휘		**어휘가 독해다!** 초등 국어 어휘 1~2단계 1, 2학년 교과서 필수 낱말 + 읽기 학습		**어휘가 독해다!** 초등 국어 어휘 기본 3, 4학년 교과서 필수 낱말 + 읽기 학습		**어휘가 독해다!** 초등 국어 어휘 실력 5, 6학년 교과서 필수 낱말 + 읽기 학습	
	한자		**참 쉬운 급수 한자** 8급/7급 II/7급 한자능력검정시험 대비 급수별 학습	**어휘가 독해다!** 초등 한자 어휘 1~4단계 하루 1개 한자 학습을 통한 어휘 + 독해 학습				
	쓰기		**참 쉬운 글쓰기** 1 - 따라 쓰는 글쓰기 맞춤법·받아쓰기로 시작하는 기초 글쓰기 연습		**참 쉬운 글쓰기** 2-문법에 맞는 글쓰기/3-목적에 맞는 글쓰기 초등학생에게 꼭 필요한 기초 글쓰기 연습			
	문해력		**어휘/쓰기/ERI독해/배경지식/디지털독해가 문해력이다** 평생을 살아가는 힘, 문해력을 키우는 학기별·단계별 종합 학습				**문해력 등급 평가** 초1~중1 내 문해력 수준을 확인하는 등급 평가	
영어	독해		**EBS ELT 시리즈** | 권장 학년 : 유아 ~ 중1 EBS Big Cat **Collins BIG CAT** 다양한 스토리를 통한 영어 리딩 실력 향상		**EBS랑 홈스쿨 초등 영독해** Level 1~3 다양한 부가 자료가 있는 단계별 영독해 학습			
							EBS 기초 영독해 중학 영어 내신 만점을 위한 첫 영독해	
	문법		EBS Big Cat Shinoy and the Chaos Crew 흥미롭고 몰입감 있는 스토리를 통한 풍부한 영어 독서		**EBS랑 홈스쿨 초등 영문법** 1~2 다양한 부가 자료가 있는 단계별 영문법 학습			
							EBS 기초 영문법 1~2 **HOT** 중학 영어 내신 만점을 위한 첫 영문법	
	어휘		EBS easy learning **easy learning** First letters 저연령 학습자를 위한 기초 영어 프로그램		**EBS랑 홈스쿨 초등 필수 영단어** Level 1~2 다양한 부가 자료가 있는 단계별 영단어 테마 연상 종합 학습			
	쓰기							
	듣기				**초등 영어듣기평가 완벽대비** 학기별(8책) 듣기 + 받아쓰기 + 말하기 All in One 학습서			
수학	연산		**만점왕 연산** Pre 1~2단계, 1~12단계 과학적 연산 방법을 통한 계산력 훈련					
	개념							
	응용		**만점왕 수학 플러스** 학기별(12책) 교과서 중심 기본 + 응용 문제					
	심화					**만점왕 수학 고난도** 학기별(6책) 상위권 학생을 위한 초등 고난도 문제집		
	특화		**초등 수해력** 영역별 P단계, 1~6단계(14책) 다음 학년 수학이 쉬워지는 영역별 초등 수학 특화 학습서					
사회	사회 역사				**초등학생을 위한 多담은 한국사 연표** 연표로 흐름을 잡는 한국사 학습			
					매일 쉬운 스토리 한국사 1~2 / **스토리 한국사** 1~2 하루 한 주제를 이야기로 배우는 한국사/ 고학년 사회 학습 입문서			
과학	과학							
기타	창체		**창의체험 탐구생활** 1~12권 창의력을 키우는 창의체험활동·탐구					
	AI		**쉽게 배우는 초등 AI** 1(1~2학년) 초등 교과와 융합한 초등 1~2학년 인공지능 입문서		**쉽게 배우는 초등 AI** 2(3~4학년) 초등 교과와 융합한 초등 3~4학년 인공지능 입문서		**쉽게 배우는 초등 AI** 3(5~6학년) 초등 교과와 융합한 초등 5~6학년 인공지능 입문서	